美国大学的通识教育

黄坤锦 著

图书在版编目(CIP)数据

美国大学的通识教育/黄坤锦著.—北京:商务印书馆,2023
ISBN 978-7-100-21825-2

Ⅰ.①美… Ⅱ.①黄… Ⅲ.①高等教育—通识教育—研究—美国 Ⅳ.①G649.712

中国国家版本馆 CIP 数据核字(2023)第 042147 号

权利保留,侵权必究。

美国大学的通识教育
黄坤锦 著

商 务 印 书 馆 出 版
(北京王府井大街36号 邮政编码100710)
商 务 印 书 馆 发 行
北京市白帆印务有限公司印刷
ISBN 978-7-100-21825-2

2023年5月第1版　　开本 880×1230 1/32
2023年5月北京第1次印刷　印张 11¾
定价:58.00元

目 录

上篇　历史与理论

第一章　大学的发展与通识教育的演进 ⋯⋯⋯⋯⋯⋯⋯⋯ 3
　一　殖民时期的传统与革新 ⋯⋯⋯⋯⋯⋯⋯⋯⋯⋯⋯⋯ 3
　二　文雅与实用的论争 ⋯⋯⋯⋯⋯⋯⋯⋯⋯⋯⋯⋯⋯⋯ 7
　三　学术自由与自由选修的风潮 ⋯⋯⋯⋯⋯⋯⋯⋯⋯⋯ 9
　四　学科分化与通识分类必修 ⋯⋯⋯⋯⋯⋯⋯⋯⋯⋯⋯ 14
　五　经典名著与核心课程的提倡 ⋯⋯⋯⋯⋯⋯⋯⋯⋯⋯ 16
　六　《哈佛红皮书》及战后通识教育的改革 ⋯⋯⋯⋯⋯ 19
　七　苏联卫星的震撼与通识教育的强化 ⋯⋯⋯⋯⋯⋯⋯ 22
　八　学生运动和越战挫败中的通识教育 ⋯⋯⋯⋯⋯⋯⋯ 25
　九　越战挫败和"水门丑闻"中的通识教育 ⋯⋯⋯⋯⋯ 29
　十　哈佛核心课程的影响与通识教育的改革 ⋯⋯⋯⋯⋯ 31
　本章小结 ⋯⋯⋯⋯⋯⋯⋯⋯⋯⋯⋯⋯⋯⋯⋯⋯⋯⋯⋯⋯ 36

第二章　通识教育的理论派别 ⋯⋯⋯⋯⋯⋯⋯⋯⋯⋯⋯ 39
　一　理想常经主义的通识教育 ⋯⋯⋯⋯⋯⋯⋯⋯⋯⋯⋯ 39

二　进步实用主义的通识教育 ………………………………… 50
三　精粹本质主义的通识教育 ………………………………… 60
本章小结 …………………………………………………………… 92

第三章　通识教育的重要案例 ……………………………………… 97
一　哈佛早期的通识教育措施 ………………………………… 97
二　《1828年耶鲁报告》 ……………………………………… 101
三　莫里尔法案 ………………………………………………… 102
四　哥伦比亚大学的通识核心课程 …………………………… 104
五　芝加哥大学的理想主义通识教育 ………………………… 107
六　圣约翰学院的经典名著通识课程 ………………………… 109
七　《哈佛红皮书》的通识教育 ……………………………… 112
八　杜鲁门总统的高等教育通识方案 ………………………… 114
九　伯克利的学生自由大学和图斯曼实验学院 ……………… 117
十　圣克鲁斯加州大学的住宿学院式通识教育 ……………… 119
十一　布朗大学的通识教育改革 ……………………………… 122
十二　哈佛的核心课程通识教育改革 ………………………… 124
十三　哈佛2009年和2019年两次课程调整 ………………… 132
本章小结 …………………………………………………………… 136

中篇　检讨、改进与实施情况

第四章　课程与修业 ………………………………………………… 143
一　对1960—1970年代的检讨 ……………………………… 143
二　改进的途径与争论 ………………………………………… 145
三　近期实施情况 ……………………………………………… 156

四　21世纪的现状 176
　　本章小结 188
第五章　教学和评估 190
　　一　对1960-1970年代的检讨 190
　　二　改进的途径与争论 192
　　三　近期实施情况 196
　　四　21世纪的现状 212
　　本章小结 224
第六章　辅导和生活 226
　　一　对1960-1970年代的检讨 226
　　二　改进的途径与争论 227
　　三　近期实施情况 232
　　四　21世纪的概况 240
　　本章小结 243
第七章　行政和支援 245
　　一　对1960-1970年代的检讨 245
　　二　改进的途径与争论 247
　　三　近期实施情况 248
　　四　21世纪的现况 262
　　五　近况综览 268
　　本章小结 271

下篇　趋势与启示

第八章　目前动态与改革趋势 276

一　社会影响 276
　二　学理发展 289
　三　课程动态 296
　四　教学趋势 304
　五　学生心态 308
　六　行政前景 316
　本章小结 321

第九章　对美国的意义和启示 324
　一　文雅教育和通识教育内涵不同 324
　二　对西方价值的领悟和维护 328
　三　对世界文明的了解和尊重 329
　四　通识教育理论的沟通和了解 332
　五　通识教学的改进建议 335
　六　科系本位主义的化解 339
　七　科层与专业冲突的解决 341
　八　利益或意气之争的化除 342
　九　为通识教育而通力合作 343
　十　自然人→社会人→理想人 345

参考文献 349
跋 365

缩略语表

AAC	Association of American Colleges（美国大学协会）
AAC & U	American Association of Colleges and Universities（美国高校协会）
AAHE	American Association of Higher Education（美国高等教育协会）
AASCU	American Association of State Colleges and Universities（美国州立大学院校协会）
AAUP	American Association of University Professors（美国大学教授协会）
ACE	American Council on Education（美国教育委员会）
ACI	American Competitiveness Initiative（美国竞争力计划）
ACT	American College Test（美国大学入学考试）
ACTA	American Council of Trustees and Alumni（美国大学董事会和校友协会）
ACTC	Association for Core Texts and Course（核心原典与科目协会）

ACTP	American College Testing Program（美国大学院校评估专案）
AGB	Association of Governing Boards of Universities and Colleges（美国高校管理委员会协会）
AGLS	Association for General Liberal Studies（通识博雅教育研究协会）
APEP	Academic Program Evaluation Project（学术课程评估方案）
CAAP	Collegiate Assessment of Academic Proficiency（大学学术熟练程度测试）
CAPHE	Consortium for the Advancement of Private Higher Education（私立高等教育促进会）
CBASE	College Basic Academic Subjects Exam（大学基本学术科目测验）
CEEB	College Entrance Examination Board（大学入学考试委员会，有时也简称为 College Board）
CGE	Committee for General Education（通识教育委员会）
CLEP	College Level Examination Program（高校水准测验计划）
COMP	College Outcome Measures Program（高校教育成果评估方案）
CS for All	Computer Science for All（全民电脑科学）
CSU	California State Universities（加州州立大学系统）
CUE	Committee on Undergraduate Education（本科教育委员会）

ELOs	Essential Learning Outcomes（精粹学习成果）
ETS	Educational Testing Service（教育考试服务社）
FIPSE	Fund for the Improvement of Postsecondary Education（高等教育促进基金会）
GEA	General Education Administrator（通识教育主管）
GISA	General Intellectual Skills Assessment（通识智慧测验）
HIPs	High Impact Practices（高影响力项目）
IGEA	Institute on General Education and Assessment（通识教育与评估学会）
LEAP	Liberal Education and American's Promise（博雅教育和美国承诺）
NAC&U	The New American Colleges & Universities（美国新设学院和大学联盟）
NDEA	National Defense Education Act（国防教育法案）
NEH	National Endowment for the Humanities（全国人文基金会）
NLC	National Leadership Council（全国领导咨议会）
NRCFYEST	National Resource Center for the First-Year Experience and Students in Transition（大一经验与学生转学全国资源中心）
NWAF	Northwest Area Foundation（西北地区基金会）
STEAM	Science, Technology, Engineering, Art, and Mathematics（科学、技术、工程、艺术与数学）
STEARM	Science, Technology, Engineering, Art, Reading and

	Mathematics(科学、技术、工程、艺术、阅读与数学)
STEM	Science, Technology, Engineering, and Mathematics(科学、技术、工程与数学)
STEMM	Science, Technology, Engineering, Mathematics and Medicine(科学、技术、工程、数学与医学)
STEP	Sequential Tests of Educational Program(教育进步系列测验)
UCLA	University of California at Los Angels(洛杉矶加州大学)
VALUE	Valid Assessment of Learning in Undergraduate Education(有效评估本科教育学习)

上 篇
历史与理论

第一章
大学的发展与通识教育的演进

比较教育学的权威专家艾萨克·利昂·康德尔（Isaac Leon Kandel, 1881-1965）尝言，影响一国教育的因素，其政治、经济、社会、文化方面的势力，有时比教育本身的力量还要大。康德尔之意是，研究一国的教育，除了教育本身内在的因素如课程科目、教材教法、师资、设备等之外，教育外在的政治、经济、社会、文化等力量，是不容忽视的。通识教育是大学教育的重要一环，其演进和大学的发展息息相关，都受该国政治、经济、社会、文化的深刻影响。本章拟从左右美国大学通识教育的外在因素出发，以历史发展的阶段为脉络，进行探讨研究。

一 殖民时期的传统与革新

（一）英格兰的传统学风

在独立战争以前的英国殖民地时期，美国高等教育学府先后计有哈佛学院（Harvard College, 1636, 今哈佛大学）、威廉与玛丽学院（College of William and Mary, 1693, 今仍沿用此名）、耶鲁学院（Yale College, 1701, 今耶鲁大学）、新泽西学院（College of New Jersey, 1746, 今普林斯顿大学）、国王学院（King's College, 1754, 今哥伦比亚大学）、费城学院（The College of Philadelphia, 1755, 今宾夕法尼亚大学）、罗得岛学院（College of Rhode Island, 1764, 今布朗大学）、皇后学院（Queen's College, 1766, 今罗格斯大学）和达特茅斯学院（Dartmouth College, 1769, 今仍沿用此名）等九所。这九所学院多系基督教各教派创立，其目的主要在于培养牧师和律师，学生人数很少，因而其课程大都承袭欧洲大学的传统，特别是英国牛津大学和剑桥大学的作风，以修习七艺（文法、逻辑、修辞的三艺，以及几何、天文、算术、音乐的四艺）和文雅学科（Liberal Arts）等为主要学科，称为博雅教育（Liberal Education）。以哈佛为例，其"早先的两百多年当中，一直是维持着小型规模的经营，课程一直研习牛津、剑桥的古典经文，教学注重文辞的演练，要求机械式的背诵学习和反复的口语练习"（哈佛大学，1991，p.3）。

美国第一个大学部的正式课程是1642年在哈佛开设的，哈佛的第一任校长邓斯特（Dunster）一个人教所有年级的全部科目：一年级学生全体研读逻辑、希腊文、希伯来文、修辞、教义问答、历史和植物学，二年级学生研读伦理与政治、希腊文、修辞、阿拉伯文和教义问答，三、四年级学生修读数学、天文、希腊文、修辞、叙利亚文和教义问答（Levine, 1988, pp.538-539）。这些科目，今日乍看起来，也许有人会觉得太偏向古典的文雅学科，然而，就西方十七八世纪的知识体系而言，却不能不说是相当完整而周全。仔细分析可知，这些科目，其实包含语文（分量最多，因为修辞即为英文写作，其余希腊文、阿拉伯文等可视为今日的外语或外国文化）、人文（教义问答、历史、逻辑）、社会（伦理与政治）、自然（植物学、天文、数学），这和今日美国大学的通识教育要求回归基本（Back to Basics），即注重英文写作和外国文化、通识课程常以人文、社会、自然三大类为基本范畴的精神是一致的，只是20世纪人类的知识广度远非十七八世纪可比。就这个角度而言，似乎吾人不应该对当年的文雅学科以轻蔑的态度而视其为褊狭甚或粗浅，相反，这些科目大体上涉及了当时人类知识的体系，即使不能完整无缺地涵盖，也属相当程度地反映了通识的精神。比起现今大学部的专精褊狭，当年这种大学部的课程安排似乎更能体悟通识教育的意义。此外，这些科目是全体学生皆得必修，以今天的观点而言，是最彻底的"共同必修科目"。

（二）殖民地的创新尝试

欧洲的移民到美洲新大陆之后，除了延续英格兰的传统教育之外，难道没有因为适应的问题而求变创新吗？答案是有的。在独立战争前的殖民时期，在深受牛津、剑桥学风的影响之下，美国的这几所常青藤盟校的确有一些改变和新的尝试。

1. 不同于哈佛注重语文，1693年成立的威廉与玛丽学院受到苏格兰爱丁堡大学的影响，教学上重视的是数学、历史、自然科学，而且在独立战争期间，开始尝试着实验少部分的选修科目和鼓励学生多选读一些荣誉科目（Honor Program）。

2. 哈佛在承袭牛津、剑桥的过程中，有不少的革新，在第一任校长邓斯特和第二任校长昌西（Chauncey）主持下，17世纪的哈佛便开授当时与教会不兼容的哥白尼学说课程。1701年时，无法容忍哈佛教授自由学风的第六任校长马瑟（Mather）只好自行离开。当1860年代，牛津、剑桥仍然是教会宗派浓厚色彩时，哈佛早已脱离了教派教义的限制（Smith, 1986, p.17）。不仅如此，哈佛于1728年也受到苏格兰爱丁堡大学的影响，设置了数学和自然科学的讲座，平衡了以往侧重古典语文的偏失。

3. 费城学院1756年开始开设比较实用的科目。因为创校人富兰克林（Benjamin Franklin）本身是自学成才而且早年从事印刷工作和科学实验，其教学便在文雅教育之中加注了科学实验和实用技艺的科目。另外，这所学校与其他常青藤盟校最大的不同点是，它虽然也是教派设立的学府，但却是好几个教派共同设立的，而不像其他学府是单一教派设立的。单一教派设立的学府显然易于强调某一教义，并培养某一教派的牧师，但好几个教派的学府便只好冲淡了教义的教学，不只培养牧师，更注重实用人才的培养，教学科目便趋向文雅和实用并重。新的学科，如政治学、化学、航海、商业贸易、动物学、机械、农业等科目开始设立，1765年还设置了医学讲座。此外，富兰克林因为自学成功，认为时间宝贵，主张大学不一定要读四年，聪明的、努力的三年亦可毕业。

二　文雅与实用的论争

美国独立之后，美国人一方面在情绪上想割舍或抛弃英国的遗风，一方面在实际上要培养各式各样的人才作为建国和开发之需，大学就不再只限于教授文雅学科、培养牧师，因而新兴的科目如现代语言、法律、政治、自然科学、工艺技术等开始大量地在大学开授，甚至开始质疑传统的古典文雅学科有多少价值和功用。

在建国之初的1779年，威廉与玛丽学院首先开设了全美第一个法律讲座，同时允许有小部分学生选修。1785年，南方的佐治亚大学成立，该校是全美第一个州立大学，学科不限于文雅古典科目。1819年，杰斐逊（Thomas Jefferson）创建弗吉尼亚大学，1824年招生，学生研读从天文学、医学到古典语文等八大类的课程。1825年，俄亥俄州的迈阿密大学允许学生以现代语文、应用数学和政治经济学等代替传统或古典的科目。1825年，纳什维尔（Nashville）大学的校长温斯莱（Philip Windsley）开始设立功利的、职业的课程。1830年，哥伦比亚大学开授科学和现代语科目。

就是在这种质疑和攻击古典文雅学科的学风中，1828年，耶鲁的教授们为了维护古典文雅学科，发表了著名的《1828年耶鲁报告》（*The Yale Report of 1828*）。这是美国高等教育史上第一篇正式为共同必修科目作强有力辩护的文献（Hofstadter and Smith, 1961, Vol.1, pp.277-291）。报告强调，大学的目的在于"提供心灵的训练和教养"。"训练"系指要扩展心能的力量,而"教养"是指要充实具有知识的心灵。耶鲁的教授们认为古典文雅学科就是达成这种训练和教养的最佳选择。该报告拒绝大学中开授实用的技艺科目,主张提供心能训练最好的科目是古典语文,认为现代语的教育价值不高,而职业的专门科目根本不应在大学中存在,主张传统的讲述和反复背诵是最直接有效的教学法。耶鲁报告坚信共同学科的广博学习是学生未来从事任何行业所必需且最重要的,因此耶鲁大学不应该像其他大学那样开授"广受欢迎的流行科目"。

耶鲁报告发表之后第二年,帕卡德(A. S. Packard)在《北美评论》上发表文章支持耶鲁报告,并用"通识教育"(General Education)申论共同科目学习的必要性,这是"通识教育"一词第一次在美国正式出现(Levine, 1988, p.4)。

《1828年耶鲁报告》和其后帕卡德提倡的"通识教育",在美国常被称为第一次"通识教育运动"(General Education Movement),然而细究起来,耶鲁所发动的此一运动,其内容实质上是维护古典文雅科目,特别是古典语文,而排斥现代语文和职业实用科目,甚至轻视社会科学和自然科学的课程,现在看来其实是很褊狭的,与我们当今所称的通识系统(包含人文、社会、自然三大知识领域)是矛盾的,甚至是违背的。虽然它称为第一次的"通识教育运动",但其实只是狭义的文雅教育,而非通识教育。

当然,在实用职业科目浸染到大学时,耶鲁教授力辩古典科目的重要性是可以理解的,甚至其"忠贞"于古典语文,也是令人感佩的。但和哈佛比较而言,这也反映了耶鲁保守学风的顽强。当1701年哈佛第六任校长马瑟因为受不了哈佛教授的自由学风,愤而辞职并转任耶鲁第一任校长时,我们便可窥知其中端倪,耶鲁是倾向于"坚贞强固"的古典文雅教育,而哈佛则是朝向"自由容忍"的现代精神。

三 学术自由与自由选修的风潮

(一)学术自由的因素与影响

美国早年的大学都模仿牛津、剑桥的模式,以教学为主,一直到18世纪五六十年代,牛津大学三一学院出身的枢机主教纽曼(John Henry Newman)在其名著《大学的理念》(*The Idea of a University*)中,还依然极力主张大学的任务在于教学,尤其是宗教的教学更是首要中之首要。多年来,美国大学都深受这种英格兰式以教学为主的大学风尚的影响,但德国柏林大学自1809年创设之后,极力倡导大学的研究功能,认为大学不仅在于传授已有的知识,更重要的是在于探究未知的、可能的知识;对现有已知世界的了解和认识固然重要,但那是不够的,大学更要向人类未知的世界进行开拓。柏林大学的这种基本理念显然不同于牛津、剑桥。

大学既然注重研究,要向未知探究,就必须赋予自由而不受限,教师要有"教的自由",学生要有"学的自由",这是柏林大学学术自由的基本含义。1815年,首批美国留学生埃弗里特(Edward Everett)、科格斯韦尔(Edward Cogswell)、蒂克纳

（George Ticknor）三人前往德国柏林大学学习，其后1820-1850年，大量的美国大学生前往德国留学，将德国大学学术自由和注重研究的风气带回美国。例如前述首批留德三人当中的蒂克纳1819年回到哈佛任教之后，便强烈批判当时美国大学只知教学而无研究的风气（Levine, 1988, p.501）。

在德国大学的影响下，美国许多大学的课程逐渐趋向自由，前节所述的现代语文、自然科学、法律政治等课程，亦是受此影响而开授的，而这也是《1828年耶鲁报告》所反对的，然而，耶鲁的坚持和反对终敌不过整个美国的学术环境，多数大学还是朝向课程自由和多元方向发展。

德国大学注重学术自由和高深研究的风气影响着美国大学朝向研究所发展。因为德国大学朝向专精研究、自由讲授和自由学习，美国各大学有鉴于此，便开始为大学毕业生（graduate）提供更高深专精的课程，称之为研究生院（Graduate School），相对于此研究生院，大学原来的学生遂称之为大学部学生（Undergraduate），大学部和研究生院成为大学的两大组成部分，通识课程都在大学部阶段完成。1850年代，美国各大学开始注重和发展研究生院的教育，以至1876年成立的约翰·霍普金斯大学成为全美第一所以研究生院为主的大学，主要功能即在专精和研究。

（二）自由选修的形成与结果

1820-1850年，美国各大学自由开课和选课的情形，一方面受德国大学教课自由和学习自由这种学术自由的影响，可以说是外在的因素；另一方面，也许是更直接而且更强力的原因，即美国本身开发西部的需求，这是美国本身内在的因素。

美国国会1862年通过《土地赠予学院法案》（Land Grant College Act），再加上南北战争结束，各州纷纷成立以农工为主的州立大学。其课程固然并未排除古典人文学科，但最重视的是与开发西部以及与生活有关的职业及农工技术教育，可见公立大学改变了过去欧洲大学的传统，注入了美国实用主义的农工商实用技术教育。

私立的新兴大学也深受这种实用主义的影响，例如1866年创立的康奈尔大学，其目的就在于造就工业社会中有用的人而不是培养绅士，强调职业技术学科，其设校宗旨为"任何人都可以来学，任何科目都可以开授，学生可以广泛地选课"。1876年成立的约翰·霍普金斯大学以科学的基础研究为主。1885年设立的斯坦福大学和1890年成立的芝加哥大学则综合了康奈尔和约翰·霍普金斯大学的特点，以职业技术的教育和自然科学的研究为主（Robinson, 1989, pp.362-363）。

在这些新设的公私立大学都注重实用技术科目和基础研究的大环境中，原先以欧洲古老传统和文雅学科为主的大学受到了冲击，显然需要有一番改革。以哈佛为例，校长艾略特（Eliot）认为，哈佛以研习牛津、剑桥的古典学科以及要求克己禁欲的清教徒式教育，在美国科技进展的时代中是不够的，因此，他在1869年的就职演说中说："本大学认为文学和科学之间并无真正的敌对不容……古典文学和数学、自然科学和形而上学之间并没有互不相容。我们可以同时拥有这些科目，而且开设得最好。"（Smith, 1986, p.35）从此，哈佛的课程开始了多样化。

以往的课程很少,每个学生都读相同的科目,如今课程既然多样化,哈佛便首创了选修制度(elective)。在艾略特的观念中,每个学生应该自己能够选择、安排自己的科目。他强调学生不可能统一和一致的(Smith, 1986, p.34)。艾略特允许学生有自由选修物理、化学、希腊文、拉丁文的权利,选修之风充满哈佛。1872年大四学生不再有必修科目,1879年大三废除必修科目,1884年大二废除必修科目(Robinson, 1989, p.364)。选修制度给哈佛注入了自由的传统和对学生的尊重,艾略特在长达40年(1869—1909)的校长任期当中,极力维护和倡导选修制度、自由风气和对学生的尊重,至今成为哈佛的学风,认为只有借助于自由和尊重,才能达到哈佛的校训:真理(Verita)。

促成大学自由选修的另一个重要原因,是南北战争之后民主和人权的观念扩张。南北战争刚结束时,南方在战败的残余和荒凉中,因为欠缺经费而无法重整校园和扩展大学,而且精神上一时也无法适应,因而南方的大学绝大多数仍沉湎于昔日"古老南方"(Old South)的传统和光荣,心理上既不想改变,实际上也无法更张,依然维持往昔的文雅教育乃至浪漫的怀旧。

然而,在美国其他地方,特别是北方和中西部,战后重建在胜利的气氛中全面展开,工商业发展前景看好,伴随着民主与人权的需要和动力,大学教育也开始蓬勃发展。在这样的大环境中,铁路大王约翰·霍普金斯、石油大王洛克菲勒、钢铁大王卡耐基、烟草大王杜克,以及电报业巨头康奈尔,这些工商界的各类"大王"直接或间接地捐款设立大学,促成了许许多多人上大学的愿望和机会。这期间,哈佛大学校长艾略特、密歇根大学校长安吉尔

(Angell)、康奈尔大学校长怀特(White)、麻省理工学院校长罗杰斯(Rogers)、约翰·霍普金斯大学校长吉尔曼(Gilman)等人,均深深体悟到美国的重建和发展、民主与人权、工商技能都是不可或缺的,而中产阶级上大学的需求也将持续地越来越旺盛。

这些改革派的校长认为,往昔的课程太狭窄而不够广博,太华丽而不敷实用;许多美国大学仍不能充分了解德国大学教的自由、学的自由和研究的重要性;美国大学不应轻视自然科学和技能实用的课程;美国大学太受宗教教派的控制,而不够民主;太受官能心理学和有限的哲学所局限。有鉴于此,这些校长要革新大学,使之成为民主化和多元化的学府,因而课程朝向自由选修、文雅和实用并蓄、人文与科技共存的方向发展。

在战后重建和西部开发的历史进程中,大学教育的革新显现了务实和结合社区的性质。大学不再是孤立的学术象牙塔,大学里的课程应兼容并蓄,因为大学要培养的是美国重建和发展所需的士农工商各行各业的人才。大学不能再孤芳自赏地疏离群众,相反,要承担服务社区的功能,为社会的需要而施教。大学除了早年英格兰式牛津、剑桥的教学功能,以及引进德国大学的研究功能之外,还应有第三个功能——服务。1890年,石油大王洛克菲勒创设芝加哥大学,其第一任校长哈珀(Harper)便将牛津、剑桥的教学、德国大学的研究和美国本土发展出来的"服务"三种功能结合,作设校的宗旨和目的。1904年,威斯康星大学校长梵海斯(Charles Van Hise)将该校的服务功能充分发挥,称之为"威斯康星理念"(Wisconsin Idea),认为威斯康星大学的校园是整个威斯康星州,其教学和研究的目的是为全州的农业、畜牧、工业生产、商业行销服务,为全州人民服务,其教学和研究的成果要向全州推广。大学在服务和推广的功能中,便发展了推广教育的建教合作以及通识教育的课程。

美国大学发展至此,上大学就是读学位的观念因而改变。大学的功能不一定就是提供完整的某级某类的学位课程,上大学不一定就是拿到学位,而是要解决工作上或生活上的某些实际问题,或是要在大学中选课以满足精神上或心灵上的某些形而上的需求,就现今通识教育的观点而言,这是相当务实而又理想的。

四　学科分化与通识分类必修

1870-1910年,四十年间,美国大学盛行自由选修。由于没有任何限制,这带来不少弊病:其一是自由任选之后学生所学欠缺系统,零乱杂蔓;其二是过度集中于某一学门领域,形成褊狭化;其三是没有全体学生的共同必修科目,难以形成共同的文化。这三者皆非大学教育的旨意,为拯救这种乱象和危机,遂有"第二次通识教育运动"的出现(Levine, 1988, p.5)。

首先开始这次运动的是哈佛校长洛厄尔(Lowell)。他于1909年接替艾略特继任校长前,便已经对哈佛的自由选修感到不满意,1909年一上任,便立刻取消了哈佛在艾略特时代推行40年之久的"自由选修",以至于"退休后改任董事的艾略特,多次在董事会中责难"洛厄尔校长(Smith, 1986, p.68)。

洛厄尔认为哈佛等学校的自由选修制度导致"教得太多而学得太少",因而在其校长任内(1909-1933)开始推行主修

（concentration）制度，要求学生毕业最低限的16门课当中，必须有六门是集中主修某一个学门或领域，科系（department）因而在哈佛产生。其他四门则必须在文学、自然科学、历史、数学四个分类（distribution）当中各选修一科；另外六门才由学生自由选修（Smith, 1986, p.71）。

除了规定主修和分类必修（distribution requirements）之外，洛厄尔校长规定大一学生必须住校，作为促进学生之间和师生之间研讨论辩和请教问难的重要措施。洛厄尔非常重视学生的住宿制度和这种宿舍中的导师制度，在其24年的校长任内，除了大一学生必须住在校内的哈佛园（Harvard Yard）外，他还陆续兴建了七幢宿舍楼供大二、大三、大四的学生住宿，以实施其内涵丰富的通识教育（Harvard University, 1991, p.3）。

在第二次通识教育运动中，除了科系主修制度和通识分类必修制度被许多大学采用之外，通识课程中新设了概论性的科目（the survey course），将广泛的学术知识做大纲概要式的介绍，其理论基础是认为人类知识不断地扩大增加，不用这种概论性的介绍，学生难以获得当今知识的全貌。这类课程的设计注重事件的逻辑（logic of events）而非科目的逻辑（logic of subject matters），重点在使学生对不同科目有广泛的初步了解之外，还用人类整体知识的进展依事件逻辑先后次序做介绍，以使教材相连贯，使学生得到人类经验的完整性。1914年，阿默斯特学院（Amherst College）的米克尔约翰（Alexander Meiklejohn）院长首先采用这种概论性的科目，其大一的科目称为"社会与经济制度"，所有文理科系的学生均需研读，目的在于使学生"了解人类社会的事实情况"和"显示社会科学的研究方法",并且提供有关伦理、逻辑、历史、经济、法律和政治方面的教育内容(Thomas, 1962, pp.66-67)。

随后这种概论性科目在各大学中相当盛行。例如,1919年哥伦比亚大学著名的"当代文明"课程,更成为各校参酌仿行的范本,其内容是从政治、经济、建筑、艺术、工艺等多方面对西方人类文明做综览性和介绍性的说明与探讨。这项科目是所有学生不分科系均需修读的。大约在同一时期,达特茅斯学院也开授"进化"和"民主的问题"两门此类性质的课程。这些课程系人文、社会和自然科学的综合性探讨,就现今观点而言,也具有整合性的用意。

五 经典名著与核心课程的提倡

当许多大学开始分科分系以加强主修课程的学习、通识教育采取分类必修或概论性课程的时候,有不少人士是反对的,认为大学不应分科系,而且概论性课程欠缺实质性内容。这些反对者当中,最著名的是哈钦斯(Robert Maynard Hutchins, 1899-1977)。

从耶鲁大学毕业并在耶鲁法学院执教的哈钦斯,一向主张以文雅教育为高等教育的实施主体,他对19世纪三四十年代的美国大学提出许多批评,认为大学的科系制度将课程分门别类,愈来愈零碎,其利固在于专精之研究与学习,其弊则为使知识或人类的经验过分割裂与孤立。学科与学科之间至为隔阂,学生所习得的知识仅限于人类知识整体的一小部分,不能顾及全体人类智慧的经验。哈钦斯更反对大学教育的职业实用倾向,认为这倾向侵蚀了大学在智力探求上的理想,违反了大学崇高的文雅教育之目的。

有鉴于此,哈钦斯1929年担任芝加哥大学校长后,极力改变大学教育的发展方向和课程安排。芝加哥大学在创校时,第一任校长哈珀(William Harper, 1856-1906)坚持结合教学、研究、服务三合一性质,随后却愈来愈侧重实用技艺的职业课程,哈钦斯对此至为不满,主张变革。首先,芝加哥大学的教授们在哈钦斯的支持下,针对以往概论性科目的不满,另外设计一种多科系组合的科目,将全部课程组合成四个部门——人文学、社会学、生物学、物理学,每位学生必须通晓每一部门的教材,并具备表达能力。但是哈钦斯对这种课程仍不满意,认为这样的组合还不够彻底,为使学生得到文雅教育的永恒性和广博性,他主张所有的课程都须建立在基本而具有永恒价值的研究上,而这些教材可从不朽的经典名著(Great Books)中得到。不朽的标准,哈钦斯的定义是:"在每一时代里,都可以被视为当代的。"

哈钦斯当然是反对自由选修的,这种以文雅教育为主干,而又以经典名著为全体学生必修的课程,即成为共同核心科目(common core course),以使学生据以统观西方文化的精髓,并得到放诸四海而皆准且百世而不惑的普遍而又绝对的价值。因此,芝加哥大学学生在大学部前两年人人必修此等核心科目。

哈钦斯的理念,经过其信徒巴尔(Stringfellow Barr)、布坎南(Scott Buchanan)和阿德勒(Mortimer Adler)等人的传播、

移植，1937年转移到位于马里兰州安那波利斯的圣约翰学院中，其贯彻实施更是有过之而无不及。1937年起，圣约翰学院教育的宗旨明确订立如下：①文雅教育之中心目的，为智慧或原理之理解；②文雅教育之根本渊源，乃是经典名著；③文雅教育的主要方法，在于思考的论辩；④文雅教育的基本特征，是追求普遍性、一般性、人文性（St. John's Bulletin, 1993-1994, pp.6-7）。

由于哈钦斯也是该校董事之一，圣约翰学院在这批"复古派"师徒的强力主政当中，认为经典名著是"历万古而常新"（timeless and timely）的，其课程要求所有大一学生读古希腊时期名著47本，大二读古罗马、中世纪、文艺复兴时期名著32本，大三读十七八世纪时期名著38本，大四读19-20世纪名著28本，合计145本（徐宗林，1973，第94页）。此等古典名著，不完全属于文学作品，亦有宗教学、历史、哲学、数学、物理、心理学、经济学和政治学等。此外，为配合经典名著的课程，另有语文、数学、科学和音乐等辅导教学（tutorial）课程。

古典名著课程的教学，主要是学生进行课前的充分研读之后，经由小组讨论（seminar）的方式进行，每次人数为15-25人，以便讨论之进行。每次上课重点不是老师在讲解该书的内容，而是学生读后的心得讨论和发表，经由师生共同研讨的方式，以期保持与伟大心灵的交谈，使人类最高的心智活动，得以持续不断。

另外一种核心课程的设计，是在马萨诸塞州阿默斯特学院实施概论性课程的米克尔约翰院长，于1927年前往威斯康星大学进行通识教育的实验。米克尔约翰的"实验学院"（Experimental College）是在威斯康星大学内另设一个两年制的学院，提供所有学生共同必修科目的课程,系将人类知识内容作主题式的通识教育(thematic general education)。其课程内容是人类知识和生活经验,从古代希腊以迄当代美国,不分学科学系的领域,而依每一时代人类生活的整体问题,予以统整编排。

六 《哈佛红皮书》及战后通识教育的改革

第二次世界大战给人类带来了空前的震撼、破坏和疑忌,战后的世界并没有因战争结束而归于和平。大学应扮演什么角色、大学教育的功能是什么,这是美国高等教育的领导人士在战争期间及战后初期所思索和必须回答的问题。在这样的背景之下,哈佛大学第23任的校长科南特(James Bryant Conant, 1893—1978, 1933—1953年在任)有感于战后大学的角色和功能的问题,特别是通识教育的问题,1943年任命哈佛的教授和校外学界知名人士,组成"自由社会的通识教育目标委员会"(The Committee on the Objectives of a General Education in a Free Society)。委员会经两年的研究,于1945年战争结束时提出报告,名为《自由社会的通识教育》(General Education in a Free Society),科南特校长在报告中写了长篇导言。该书用哈佛的传统深红校色为封面,由于出刊后广受注意和讨论,日后影响也很大,因而习称为《哈佛红皮书》(Harvard Redbook),甚至被称为"二战"后通识教育的"圣经"。

《哈佛红皮书》宣示通识教育之目的在于培养"完整的人",此种人需具备四种能力,即有效思考的能力、能清晰地沟通思想的能力、能做适切明确判断的能力、能辨识普遍性价值的认知能力（Harvard Committee, 1945, pp.64–73），并认为通识课程应包括人文学科、社会科学、自然科学三大领域。

哈佛此项通识教育改革中，大学毕业最低限的16门科目中，主修仍为六科，通识课程占六科（洛厄尔时期为四科），自由选修由六科减为四科。六科的通识课程必须在人文、社会、自然三大领域的每一领域中至少选一科，而人文领域中至少要读"文学经典名著"（Great Texts of Literature）一科，此外可以选读文学、哲学、美术、音乐方面的科目。社会科学领域中至少要读"西方思想与制度"（Western Thought and Institutions）一科，此外可以选读美国的民主以及人际关系方面的科目。自然科学领域中可以选读自然科学概论、数学、物理、生物等方面的科目（Harvard Committee, 1945, pp.204–230）。

担任通识课程的教师，都是人文、社会、自然各领域各科系推选的声望卓著的教授，因而任教通识科目系一种荣誉，例如科南特校长本身是化学领域的卓越学者，但他对历史和西方经验主义素有研究而享有盛名，他便在通识课程中开设"自然科学史"和"休谟的哲学"两科。

需要特别指出的是，《哈佛红皮书》所规划和建议的通识教育，并不局限于大学，而是着眼于整个西方社会中健全公民素质的养成，因而特别注意中小学阶段就着手通识教育。因为未必人人都能上大学，但是中小学阶段却是当时美国的国民义务教育，人人都需在中小学阶段即能对自由民主的本质和人对社会的职责，有充分的认识。该书许多篇幅是探讨中小学阶段如何实施通识教育的内容。《哈佛红皮书》将通识教育的养成阶段，由大学阶段扩及中小学阶段,视通识教育为人的自由成长、终生学习和实践的观点,较以往各项方案理念,确实宏观而且深远。

《哈佛红皮书》引起了全美广泛的注意和讨论,例如1946年阿默斯特学院成立长程计划(Long Range Planning)委员会,研究战后西方社会中的大学角色和通识教育的功能,获致与哈佛相同的结论并予以实施。1947年,美国总统有鉴于第二次世界大战后的心灵重建和人类自由民主的维护捍卫,成立"杜鲁门总统高等教育委员会",委员会的报告《追求民主的高等教育》(*Higher Education for Democracy*)中特别强调通识教育的重要性,列出十项通识教育的目标,要求学生不仅在理念层次上了解、认识自由民主,更需要在行为上、在生活中展现公民的责任,捍卫民主自由。

杜鲁门总统高等教育委员会的此项报告切中肯綮地指出,"用指定任何某一形态的课程以要求全体学生必修,并不能达成通识教育的目标"(Levine, 1988, p.619),而且这样做本身就违反了自由和民主的原则;培养学生的公民责任,是出自对人性的尊重而非强迫共同必修某一类的科目;要使学生能护卫民主自由,课程和教学的本身就要依据民主和自由的原理,"达成通识教育的方法与途径,就如学生各式各类的不同才质与个性一样,是多样而广泛的"(Levine, 1988, p.619)。

受《哈佛红皮书》和杜鲁门总统高等教育委员会报告的影响,加上战后初期许多在战争中没有机会上大学而赴国外各地参战的美国士兵,如今复员要进入大学,许多大学纷纷更新、调整通识课程,加入了许多新的科目或内容,特别注重非西方的或美国之外的他国文化的经验与研究,以求知己知彼;注重新旧学科内容的组合,如布兰迪斯大学的"20世纪的物理及其哲学的意义";注重以问题解决为中心的科目,如安提阿学院(Antioch College)的"人类存亡问题的全球观点";注重思考方法的培养而非传述内容的科目,如布朗大学的"思想的类型";以及注重个别差异的小型讨论课程,如杜克大学的"学习经验小组讨论"等。总而言之,就是在课程和教学上,具体地反映战后初期美国人所关切的问题。

由此可知,由于第二次世界大战及其后的朝鲜战争,美国成为国际战争的主要参与者,开始扮演世界警察的角色,取代英、法而为西方社会的主要维护者。美国大学的角色自然就不再局限于本身的中西部开发而侧重实用技艺,更不拘泥于殖民时期和建国初期的仅限于西方文雅教育而已,美国人开始担负了世界责任,其大学教育的眼光便需从美国本土或西方社会投向世界全局,通识课程的内容和教学自然要有全球的视野和考虑。

七 苏联卫星的震撼与通识教育的强化

美国在"二战"后强调自由和民主,因而在学校教育中出现了学生兴趣至上、儿童本位主义的现象。就在美国人沉醉于美国是世界第一的乐观气氛当中时,1957年苏联抢先成功发射了世界第一颗人造地球卫星,美国在美苏太空竞赛中落后了。美国各界迅速加以检讨,指出这是战后自由化、兴趣化、以学生为中心的教育所带来的肤浅散漫、趋易避难的结果。在举国一片惊慌中,各种检讨和改进方案纷纷要求强化教学和辅导,《国防教育法案》（National Defense Education Act）遂于1958年通过,主张对教育加大投资当中必须加强学生的数学、科学和外语的教学。美国学生在自由化、趣味化、以学生为中心的学习当中,最害怕的即此三科,这也是造成美国在太空竞赛和国际竞争中因浮躁骄傲而失败的主因。

有鉴于此,学习英文写作、数理统计、自然科学、外语,几乎成为各校通识教育的基本要求,无论学生就读哪一科系,这四门科目几乎成为共同的核心必修科目,用以奠定学生坚实的学术基础。这期间,各大学除了对通识课程（各科系专门课程亦同）均予以加深、强化之外,还有两个明显的案例,分别是密歇根州奥克兰大学和佛罗里达州新学院（New College）在此一时期的创设。

1957年,苏联第一颗人造卫星发射后,密歇根州立大学校长汉南（John Hannan）任命副校长瓦尔纳（D. B. Varner）在奥克兰另设立一个新校区,其后在1959年以奥克兰大学为名而自行独立。该校设校主旨即在强化当时流于散漫的通识教育,"第一年到校任教的23位教授中,绝大部分出身东部常青藤盟校,而四分之三都是人文学者和自然科学的基础学科教授"（Levine, 1988, p.364）,目的就在于强化语文、数理等基础学科的教学。通识科目中,一半以上为共同必修,还鼓励学生多读多修,以达到"荣誉科目"的要求。所有学生必须修读两年的西方文学和西方制度、两年的俄文或法文、一年的非西方文化、一年的数学、一年的自然科学、一学期的音乐或艺术,还要参加各种经常性的研讨会。

位于南方佛罗里达州萨拉索达市（Sarasota）的新学院，是1960年由联合教会创立的，一方面是感于西方基督教文明的式微，另一方面则是感于美苏竞赛中必须加强大学教育的坚实内容和学术水准，因而设校宗旨在于追求"为卓越而教育"（Education for Excellence）的目标。新学院为求卓越有效，大学是三年制而非四年，全体教师和学生一年有11个月均住校（除了圣诞节和新年假期的两周，以及暑期的两周之外），师生全体专心于学业，并要求在三年时间里紧凑扎实研读，以奠定深厚的学术基础，使学生以继续攻读研究所为目的。

新学院每一学年划分为三个12周的学季制，每一学季都在12周的正式上课之外，另加一个四周的独立自我学习，因此实际上一学季是16周，全年48周。教授们不是以科系为归属，而只是以人文学科、社会科学、自然科学三大类作编组，每一位学生在某一学科上均配有一位辅导教授（tutorial），定期或不定期地在课堂或宿舍中就某一主题进行研讨。学生第一年全体都修读通识课程，一年后通过综合考试方得升级；第二年以后修读专门主修为主，但仍有三分之一课程系通识科目；第三年则专门主修和通识课程两者并重，以期主修专门科目能对通识课程有较深入的了解，方能达到统整的功能，大三时还必须完成一个类似论文的题目，经口试通过方得毕业。

从北方密歇根州的奥克兰大学，到南方佛罗里达州的新学院，可以明显地察觉出，他们对以往松散的、假自由民主之名的教学相当不满，因而力图增强学生在英语写作、外语能力、数理统计、自然基础科学等四方面的坚实学习，以做继续高深学术的探究，追求教育学术的卓越，维持美国在世界的领导地位。类似这种加强改进教学的方案或措施，其他许多大学，亦在努力之中。

八 学生运动和越战挫败中的通识教育

也许是大学校园在战后初期因倡导自由民主而带来个人的自由选择之风受到眷恋，也许是苏联第一颗人造卫星的震撼给美国造成了巨大压力，大学教育在一度放松之后突然上紧发条，大学生普遍难以适应——除了少数原本学术能力就很强或打算当学者的"啃书型"学生。学生从中年、青年教师（那些在战后初期享受到自由民主校园之乐的当年大学生）口中，闻说十几年前校园自由民主的盛况，而今却要忍受功课要求更严、学校标准提高的痛苦，更重要的是，大师宿儒凋零，这些中青年教师原就在1950年代大学时因自由随兴而学术根基不够，如今却严格要求学生，学生心中普遍不满，因而爆发了学生运动，造成校园骚乱。

学生校园动乱首先在1964年伯克利加州大学爆发的原因，除了全美各大学的普遍因素之外，很重要的一项独特因素是克尔（Clark Kerr）在1952-1958年担任校长期间，就是主张学术自由和言论自由的。其后克尔升任为加州大学系统总校长，他于1964年出版的《大学的功用》（*The Uses of the University*）中便力倡"多元大学"（Multiversity）的观念。既然大学是教授、行政人员、技术人员、校友以及社会各界人士共管支配的学府，学生便质疑为何独缺学生的部分；既然倡言校园是民主社会的缩影，大学是多元的代表，何以大学主体的学生没有得到重视？如果校园要民主多元，学生便显然要主动出来发言，争取主动和权益。

大学生的自我权利和重要性的觉醒，另一个重要因素则是1960年肯尼迪当选总统。以一个四十出头的年轻人，便可跃升为一国至尊，掌握大权，这是美国以往所没有的。一如肯尼迪与约翰逊在争取民主党总统提名，约翰逊讥讽肯尼迪年轻少不更事时所言："总统的大选，要看候选人的头发是黑还是白，是多还是少。"肯尼迪则立刻还以颜色："总统人选，重要的不是头发多还是少，而在于看头发底下（指智力）是多还是少。"肯尼迪的当选，显然证明年资辈分伦理已经不重要了。大学青年怎能不受此鼓舞而准备向既有的权势抗争？何况克尔总校长1962年还亲邀肯尼迪总统到伯克利加州大学对上万名学生演讲。新境界、新边疆、新的一代、新的力量、世代交替……这些肯尼迪式的口号，带给大学生莫大鼓舞；要参与校政、要主导课程便是1964年伯克利学生"言论自由运动"（Free Speech Movement）最直接最具体的诉求，这种"伯克利精神"的言行作风自然迅速传遍全美大学校园。

肯尼迪总统1963年被暗杀，对美国人、对大学校园造成很大的震撼。一个有大无畏精神向新境界、新边疆开拓和挑战的前途灿烂无限的新生代政治明星，突然就被一颗小小的子弹结束了生命，一切的雄图大志、风流倜傥都化为乌有，人生的虚幻、生命的无常，深深烙印在美国大学生的心中，引发疑惑和迷失。大学通识课程中的价值和理念能给学生确切的答案和抚慰吗？答案可能也是很疑惑和贫乏的,这也是激发学生走向否定既有权威、到体制之外去寻找答案的原因之一。在大学校园运动和骚乱当中,学生纷纷把持校政,要求课程由学生自主决定,学习方式和教学时间等均由学生安排,各校学生甚至竞相比赛看哪校最先进最新潮,以致演变到服装、言行、性关系的自由无拘的嬉皮时代,蔚为校园的风潮盛况。

就在这种学生意气风发的风潮盛况中,伯克利更要扮演领导者角色,而有1965年"学生运作的伯克利自由大学"(The Student-Run Free University in Berkeley)的产生。1965年春,一群响应学生"言论自由运动"的研究生,在伯克利校区附近"开办"一个体制外的"自由大学",是要作为"一种抗议和一种承诺",抗议大学院校的虚假矫饰和官僚行政,抗议课程的迂腐不切实际,抗议教学的不当要求和师资水准的低落,抗议对校园的各种不满;承诺要尊重学生的个别需求,尊重学生的人格尊严,课程要有智力的思辨空间和作用而非一味加紧猛填,教师的教法要确实有效而非一味地自我吹嘘等(Free University, 1966, p.1)。

在学生校园运动和骚乱当中,约翰逊总统"伟大社会"(Great Society)的高等教育政策是广开大学之门、扩充大学教育。大学生人数急速增加,18-21岁的入学大学生人数自1964年的40%快速升到1970年的48%(Levine, 1988, pp.511-513)。大量进入大学的青年,主要是冲着在大学读职业性的专门科目而来,在疑惑迷失的年代中,大学毕业后寻找一份好工作是最迫切而具体的实际需要,谁还能用太多时间精力去研读"广博空疏、自命清高"的通识科目?何况,文雅学科原本就倾向于少数英才优异分子习读的,而非平民百姓"清心寡欲、僧侣苦修"式的研究,学生在自由选读当中,要求的是速效的实用,哪有闲工夫作哲理的思辨?

校门广开的入学政策,使众多学生进入大学。大学生的异质性便快速增高,各种各类学生之间要求平等的呼声也快速增大,同时又受到肯尼迪政府《民权法案》(Civic Rights Bill)的鼓舞和1968年约翰逊政府《平权法案》(Affirmative Action)的催化,将原先用于政治社会上种族、性别和残障等平等的法案,引用到大学校园的课程、教学以及生活、住宿各方面,要求大学在施教和资源分配上,对于种族、性别、宗教、残障和年龄等,不能有任何的歧视或差别对待。在这种环境和压力之中,大学的通识课程和教学只好改变,以满足大众各色人等的不同需求,符合《民权法案》和《平权法案》。

有些改变的确是朝向辅导就学不利的学生,例如1968年通过的《高等教育修正案》,要求各校针对"就学条件不利学生的特殊辅导"的补救性课程、学业辅导、心理咨询和校园服务等,确实做到了"积极行动"(affirmative action 的字面含义)。但大多数的所谓改变,虽然书面文字上写得冠冕堂皇,实质上是自由放任的,例如1969年布朗大学在激进学生的要求下,将大学部原有课程,包括通识教育和专门教育,均做了革命性的改变,朝向自由化的方向发展,几乎取消了原先的修课规定,只要修满最低要求的学分即可毕业;1970年,纽约市立大学(The City University of New York)放弃入学的一切标准,所有纽约市的高中毕业生都可无条件地到该校就读,成为"门户开放"(open door)的大学；1971年，受到美国卫生教育福利部长委托的纽曼工作小组（Frank Newman Task Force）提出其著名的《高等教育报告》（Report on Higher Education），主张政府要大力提倡平民化的大学教育机会，打破四年制大学的课程藩篱，提供少数民族、妇女、成人就业等的大学通识教育，要求教师多样化、大学"无围墙"。各州纷纷响应，最快的如明尼苏达州于1971年通过设立无围墙式的"大都会州立大学"（Metropolitan State University）、亚拉巴马大学1971年成立"新学院"这种不要求任何资格、人人可以申请就读的开放式大学（更多内容参见第三章）。

学生要求参与和自主，找到了学习的主体性和自发性，就大学的起源本义、学习的动机与效果而言，可以说确有正面的积极意义，也正是通识教育的目的之一，学生运动就此而言，是值得肯定的。然而，因学生欠缺经验和经费，而且要持续长久，就必须得有组织，这就不得不痛苦地要有行政科层运作，自由大学和学生运动就在两难中进行。其实，这也是当年大学的困境。

九　越战挫败和"水门丑闻"中的通识教育

当学生言论自由和校园民主运动正兴盛之际，自1966年起，由美国主导的越南战争规模越来越大，美军的伤亡日渐增加，距离胜利或停战却愈来愈远。这是美国自"二战"之后，除朝鲜战争外，又尝败绩，世界警察的威力已大不如前，美国人战后的骄傲被重重击伤。更为雪上加霜的是，正在越南战争挫败的怨叹伤害中，1974年又爆发了尼克松总统的"水门丑闻"案。尼克松在学生校园运动期间的总统大选时,力倡"法律与秩序",斥责学生和社会上对"自由与民主"的滥用,谈得颇义正词严,颇合广大中产阶层人士求安定的心理愿望,俨然以卫道人士的角色连任总统。但其后"水门案件"爆发,使伦理道义、法律秩序的口号成为最大的讽刺,美国人民在越南战争挫败的外伤当中,又发现本身正并发严重的内疾。拥有言论自由和校政参与权的大学,自然要对这种外伤和内疾痛加批评。

大学生对社会和政治的批评,很自然地延伸到对大学教育特别是通识教育的批评,认为通识教育迂腐空疏,道统说教和政治各界公众人物言行不一。嘴上说得冠冕堂皇,实际行为却见不得人,何以通识教育造就了这么多口是心非的各界名人?何以成人的世界总是虚假不一?通识教育普遍永恒的价值何在?在发泄反战、反权威情绪的同时,传统价值和通识教育也连带遭殃。一项全国性的调查统计显示,通识教育在大学生课程中的比例由1967年的43%迅速降至1974年的33%(Blackburn and Associates, 1976),七年之间降低了10个百分点。量的减少还是其次,更严重的是在通识学分数的减少当中,课程结构和实际教学这种质的降低更大,根据1977年卡耐基高等教育政策研究协会的报告(Levine, 1988, pp.9-15),这个时期只有10%的大学采用共同必修的核心课程,85%的大学采取松散的分类必修课程办法,只要学生修足学分即可,不敢再多规定共同的核心必修课程,以免学生抗议示威。在实际教学方面,则因教师的权威大受挑战,教师因而不敢有太多的要求,教学效果自然就要差很多。在这种质、量均下降的情形下,1977年卡耐基的报告称这期间的通识教育为大学教育"大灾难区",也就不足为奇了。

1976年,民主党的卡特当选总统,原先他也有意扭转越南战争挫败和"水门丑闻"带给美国人的低落士气,他在就职演说中力言:"世间有可变的,也有不变的。"他要求美国人挽回基督教传统的价值观和美国人无畏的创新精神,并以"人权"这个既融合旧道德又包含新价值的理念作为施政标的,一时间,颇有清新之感,大学校园也多予肯定,因而课程中讨论种族、性别和弱势团体等问题普遍受到重视。无奈卡特主政的美国,连年在外交上失利,人权外交也因多重标准而失去其理想光环,内政乏善可陈,大学校园又在怨叹声中相互攻讦而抵消力量,通识教育依然未有实质性的改善。

十 哈佛核心课程的影响与通识教育的改革

在大学生校园运动和骚乱不安达到巅峰的1970年代中期,学生课业松弛,特别是通识教育更加荒废零乱,不少高等教育界领导人士忧心忡忡,颇思挽狂澜、导正途。1977年,卡耐基教学促进基金会首先针对大学的课程与教学,做了一系列深入的研究报告《大学课程的使命:对当今的检讨与建议》,其中著名高等教育史学者鲁道夫(Frederick Rudolph)的《美国大学部课程史研究》,以及著名高等教育课程学者莱文(Arthur Levine)的《大学部课程手册》两部巨著,即重点探究通识教育,宏观透视通识教育的性质和功能,深刻检讨当时通识教育的缺失,提出可行的改进方案。

鲁道夫和莱文的学术研究报告固然引起了高等教育人士的重视，但是把通识教育在某一个大学中具体地改弦更张，而且使其具有相当影响作用的，则是哈佛大学在罗索夫斯基（Henry Rosovsky）领导下实施的核心课程改革方案。哈佛自1945年发布"红皮书"以来，原先分人文、社会、自然三大领域的通识教育实施二十多年后，逐渐松散。尤其自20世纪六七十年代以来，由于学生运动和骚乱，美国高等教育进入"混乱期"，精神文明的衰颓波及哈佛校园，学生滥用自主和反叛，导致原先的通识课程全面瓦解。例如从1967—1968学年的哈佛教学科目便可看出，原先人文领域中必读的"文学经典名著"和社会科学必读的"西方思想与制度"均取消（Harvard University, 1967），学生大都竞相选读较轻松容易的科目。

哈佛校长博克有鉴于此，1973年聘任曾力主大学通识教育全盘改革的罗索夫斯基担任文理学院（即哈佛大学部）院长，主持改革规划。罗索夫斯基于1973年10月发出长函致各位教授，纵谈大学教育改革，经多方讨论和综合，于1975年5月，邀请教授、学生，组成七个工作组，分别负责核心课程、主修、教学改进、学生辅导、大学生活、入学政策及教育资源分配七项主题，广泛讨论，决定优先改进事项。从1975年一直到1978年年初，不断举行各项讨论和沟通，决定从1978年秋起先行实验四年，到1982年开始全面实施，以核心课程取代原有的通识课程。

罗索夫斯基对哈佛的通识教育定出一套标准（Rosovsky, 1990, pp.105–107）：

1. 一个有教养的人，必须能清晰而有效地思考和写作。学生得到学士学位时，必须能够准确、中肯、有力地表达。换言之，学生必须被培养成具有正确而批判性的思考方式。

2. 一个有教养的人，必须对自然、社会和人文有批判性的了解。因此，学生必须具备多方面的知识和能力：能运用物理学和生物学上的数学和实验方法，能够运用历史文献分析和数量统计的方法探究现代社会的问题，了解以往重要的文学和艺术作品，了解人类主要宗教和哲学上的概念。

这个目标很大的定义可能显得不切实际。许多大学教授承认要达到这样的标准，他们自己就很困难，但我认为这是短视的。第一，有一个明确陈述的理想，其本身就是有价值的；第二，我前述系统的理念说明，均化入这些标准中，例如，物理、历史或英语文学。我并非要所有的大学生都精熟于这些领域。我们不是要求精熟，目标是利用相当广泛概念的一组必修领域来达成具备多方面的知识、能力。

从多方面知识、能力的熟悉跃进到批判性的了解是更重要，也更困难的。为达到此目的，我们必须将课程的内容转化为能做一般性的适用。知识的更新是相当快速的，我们必须鼓励学生成为终生的学习者。人的时间有限，因此只能选择某些科目。我们可以期盼一位非科学家选读介绍科学的课程，但无法要求所有的学生研习物理、生物、化学、几何和数学。因此，必修科目的普遍性功能是特别重要的。在理想层面上，必修科目应该既具有重要的内容，又具有了解该学科的方法。比如，研读经济学固然能对经济学的内涵有所认识,但更重要的是能运用经济学的方法来了解社会科学的问题,这样经济学在通识教育中才显其价值和意义。

3. 一个有教养的美国人,在20世纪最后四分之一的年头里,不应该有地方的褊狭性而忽视其他地区或时代的文化,我们必须了解塑造现在和未来的其他地区和历史上其他时期的文化和力量。也许很少人能拥有如此广博的世界观点,但我认为一个人有无受过教育,最大的区别就在于生活经验是否能用广阔的视野来省察。

4. 一个有教养的人,要能了解并思考道德和伦理的问题,虽然这些问题几世纪以来变化很少,但每代人面临道德伦理问题时,都会碰到两难抉择的困扰,因此受过教育的人,要能做出智慧的判断,从事道德的抉择。

5. 最后,一个有教养的人,应在某一知识领域有深入的研究,达到介于广泛的知识能力和专业层级之间的程度。用美国大学院校的术语而言,称之为主修或"集中研习"。

经多年研讨和规划,罗索夫斯基于1978年提出《哈佛核心课程报告书》,把哈佛通识课程开课的领域分为五大类:文学与艺术、科学与数学、历史研究、社会与哲学分析、外国语文和文化。核心课程经过教学反映和多方研讨,到1985年有所变动,课程领域分为六大类:文学与艺术、科学、历史研究、社会分析、道德思考、外国文化。

对于哈佛核心课程的改革,邻近的麻省理工学院(MIT)自然感受最深。向来以理工为主的麻省理工学院，在学生校园不安的时期，因注重理工专门教育而较少波及，但此时也深刻意识到改进通识教育的必要性，认为即使理工科技的大学教育，也必须具备广博而有系统的核心通识教育，与理工专门教育相得益彰。因此，除了加强写作和语文的要求之外，将人类文明的历史、社会、科学、工艺、伦理、政治等整合成颇具连贯性和统整性的核心课程（Seamane & Hansen, 1981），这些课程是所有大学部学生的必修课程。

哈佛和麻省理工，一个代表人文社会科学、一个代表理工自然学科的杰出学府，其核心课程的改革和实施，初期当然正反意见都有，原先自由惯了的师生认为太严苛，而向来保守且恨透学生运动的人士又认为还不够统一。的确，哈佛和麻省理工的核心课程，就是在自由中追求统一，在规定中容有自主的设计，也许是多元大学各方势力的妥协，校园动乱之后，这是大家较能接受的中庸之道，但也很可能是大家痛定思痛之余的共识，因而这种核心课程的模式很快便受到许多大学的参酌采用。

大学生在学生运动中闹也闹够了，在越南战争挫败和"水门丑闻"中骂也骂够了，却发现这期间真是荒废了课业；在闹与骂之后，觉察到自己的知识其实也不够坚实而顿有空失之感，在哪里能寻求安身立命的源头呢？这股寻求安定的力量，正好在保守主义的里根担任总统时得到恢复和壮大。里根这位保守主义的守护神，当年在加州州长任上，在伯克利大学学生运动正盛时，将支持学生运动的加州大学总校长克尔革职，如今当选总统，正反映了"里根革命"是要重整大学校园，使之恢复秩序，从而重振卡特时代开始低迷的国威，重视西方原有的道德价值，恢复家庭的伦理功能，大学校园由嬉皮的恹恹气息，改变成为积极流行的活跃气息。通识课程的价值，对于身心的修养、文明的维护，又显示其作用和必要了。

本章小结

美国大学的发展和通识教育的演进，由前述自殖民时期的传统与革新，经过1980年代里根保守主义的重振与哈佛核心课程的典范，直到21世纪的反思与沉淀，明显地可以看出通识教育和大学的发展息息相关。通识教育是历次大学发展史的重要阶段中彼此相互影响最大的，甚至可以说，通识教育的演进史就是大学发展史的主轴或缩影。通识教育在大学里受重视程度的起起伏伏，正好说明了大学每一阶段的蜕变。

殖民时期的传统与革新，显示美国大学必须有其从文化的渊源流传到新大陆的适应变革，通识教育的精义——继承与开创的同时进行、保守与自由的维持平衡、人文与科技的相互沟通——就隐含或萌芽于此阶段。从美国建国初期至1830年代，对于文雅与实用学科的论争，其实新增的实用职业科目不多，但却引起耶鲁教授保守主义者的强烈不满，他们坚持古典文雅科目的重要性和领先原则。但是形势比人强，1830-1870年期间，美国建国开发的实际需要和德国学术自由和研究导向的功能，打破古典文雅的保守；其后的1870-1910年间，美国大学因注重研究专精和分科分系的制度，通识教育由往昔的全体共同必修演变为各科系分类必修，而且少部分的共同必修科目也大都由阅读原典古籍的方式改为综览式的概论性课程。1930-1940年代，因不满大学过度以职业准备或专门分科的教学，认为这降低了大学的理想性和学术性，哈钦斯等人力主古典名著的研读是大学应追求的最佳方式，大学是探究普遍真理的殿堂而非职业培训所，因而大学生必须人人必修共同的核心课程。

第二次世界大战期间及战后初期，鉴于民主自由的可贵，1945年《哈佛红皮书》力言大学是培养健全人格和民主社会公民的场所，通识课程必须在人文、社会、自然三方面均衡兼顾，而且通识教育是自中小学至大学都需要规划实施的。《哈佛红皮书》兼顾人文与科技、个人自由与社会规范、继承与开创，然而大多数美国人在第二次世界大战结束时，因国威誉满全球而滋生骄奢陶醉之心，以致苏联第一颗人造卫星发射后，大梦初醒，立刻要在教育上增强实力、加重要求、提高标准，的确有一段时期的功效。国威声势和大学教育得以重振，美国仍然是世界第一，处于居首领袖地位。

但1960-1970年间，因黑人种族暴动、肯尼迪总统遇刺以及越南战争挫败、"水门丑闻"等重大事件一波波地冲击美国大学校园，动摇既有体制和固有价值，引发大学的动荡不安，通识课程在骚动中有各种革新，或者放任不管。大学是迷失的年代，也是挑战的岁月，通识课程人人可以发言、设计，也无法让人人信服遵从。从1980年代一直到21世纪初，历经了前卫激进和自由开放，美国开始回归保守的价值观，大学校园进入了平静的沉思和伤痛的省察期，通识教育的检讨因而受到各方的重视。

美国大学由早年以培养牧师为主,崇尚牛津、剑桥的教学模式,进入到受苏格兰爱丁堡大学自然科学色彩和德国柏林大学学术自由和注重研究的影响;然后因开发中西部的实质需要,大学发展为服务社区和推广教育的性质,美国大学教学、研究、服务的三大功能便如此发展而来。通识教育的演进也是如此,由早年殖民时期的以古典文雅为尚,进入到职业科目和专门学科的自然科技为主时期,在大学民主化与大众化之际,注重人格的完整和多元大学的教学,通识教育之人文、自然、社会的三大领域也是在大学发展的历程中依次逐渐得到强调和重视。当然,教学不会只管人文学科,研究不会只重视自然科学,服务也不限社会科学,但似乎牛津和剑桥的人文教学、德国大学自然科学的专精研究、美国本土自行发展出的职业科目和社会服务,隐然有其重点,通识教育的内容和目的在演进的各个时期因而也各有重心。

美国大学的发展及其通识教育的演进,便是在这种传统与革新、保守与自由、人文与科技的角力中进行的。本章的描述和说明着重于美国政治、社会和经济的影响,可以说是大学教育和通识课程的外在因素。难道这种大学的发展和通识的演进,没有文化哲学或理论学派的影响吗?答案是有的,而且有其深刻之影响,这将于下章讨论。

第二章
通识教育的理论派别

上一章从政治、社会、经济的宏观视野,探讨了美国大学的发展及通识教育的演进状况,这些政治、社会、经济的因素或可视为对大学通识教育的外在影响因素,叙述采取的方式是历史性的纵向观察或垂直性的纵剖分析。本章着眼于大学通识教育的哲学理念或思想学派,从深入微观的角度,对美国大学通识教育做学理的探讨,可视之为内在因素的研究,叙述的方式是横剖面的比较分析。

美国大学通识教育的哲学派别和思想理念,颇为繁杂,大致可分为理想常经主义、进步实用主义和精粹本质主义三大类作为代表。

一 理想常经主义的通识教育

理想主义(Idealism)起源于柏拉图,他认为宇宙本体有一个永恒而普遍的真理或实体,这种真理或实体系一种无形的或精神的存在，柏拉图谓之"理念"（Idea），宇宙间的种种事物、现象都是依此理念而来，因而具体的事物、现象是派生出的，也就是暂时的或幻影的。人类要追求的当然是永恒的普遍的真理，而非短暂的有限的物象。其后，理想主义的笛卡尔认为，要认识或达到这种永恒的普遍的真理，最佳的甚至唯一的方法便是运用我们理智的思辨，用心思索各种怀疑以求得最后的肯定，其方法是内省的。可知柏拉图对通识教育（甚至一切的教育）的最大影响，在于要求追求永恒的普遍的观念或价值，而笛卡尔则在于要求运用内省的思辨法则；柏拉图重在通识教育目的论的成立，笛卡尔重在方法论的建构。

（一）纽曼的宗教教育

枢机主教纽曼（John Henry Cardinal Newman, 1801-1890）深信这种永恒且普遍的追求和内省思辨的锻炼是大学教育最重要的本质。纽曼主教曾在宗教气息浓厚的牛津大学三一学院（Trinity College）就读，1820年学士毕业，1826-1832年担任牛津教授兼宿舍导师（tutor），1833年领导"牛津运动"（Oxford Movement），希望促使其本人所信奉的英国安利根国教（Anglican, Church of England）和罗马天主教合并，但一直未成功，自己遂于1845年改宗成为天主教徒，1847年成为天主教的神父，1851年到爱尔兰创办都柏林天主教大学（Dublin Catholic University），并担任第一任校长至1858年。1853-1858年，他在校长任内多次发表大学教育的演讲和文章，1873年将之汇辑刊行，即为著名的《大学的理念》

(*The Idea of a University*),其大学和通识教育的理论几乎均在此名著中得以体现。

纽曼主教认为,大学是教授和学生的"学者社区",用他本人的话,大学是"一个教导宇宙普遍知识的场所"(Newman, 1873, p.7,本章其后所引纽曼言论皆出自此书)。研究是被摒除在大学之外的,因为纽曼认为研究对于教学的功能是很遥远而且有区别的。他深信教学和研究的能力,并不是每一位大学教师都同时具备的,研究最好是在一个孤立的状态或环境中进行,而不是大学这种师生相互讨论的社区中应有的事;或者研究最好是在大学教师任教退休时再全力以赴,以便任教时全心投入教学和辅导工作,以免分神使得教学和研究两样均做不好(Newman, 1873, pp.10-11)。

大学既然是师生的学者社区,师生就必须共同居住在宿舍里,大学教授便有担任宿舍导师的职责,以便随时和学生咨询讨论。纽曼坚信,一所大学是"一个母校(alma mater),对其学生视如子女,认识了解每一个子女,大学不是一座铸造场、造币厂,或者单调机械的转踏车"(Newman, p.165)。

纽曼对于当时的大学,有许多的不满。他的观点主要如下。

1. 大学不是研究机构。伟大的研究工作必须藏身于地窖、顶楼、高塔或实验室。然而大学是师生交谈切磋的场所,是心灵交会的社区,不是彼此见面却互不认识、互不了解的研究机构。

2. 大学不是一个考试委员会。如果大学只是那样的话,邮政单位就行了,"一组不敢明誓本身见解、没有共通原则的考试委员,拿一大堆种类纷杂而不曾以某一伟大的哲学为之贯通的主题,去教导或考问一群既不认识了解他们,自家也彼此互不相识的青年",那不是大学。

3. 大学不是只传承或教授知识的场所。如果自足于此,便不是大学,而只是补习班。大学的目标在于发展心灵,要发展心灵,当然先前传授知识是必需的,但目的在于运用知识以开启心灵,而不是用大量知识的记忆和背诵来压制学生。

4. 如果大学不应只满足于学富五车的知识,它就更不应该满足于一知半解。必须对所学要求透彻地了解,不要人云亦云,因此必须读原典著作,以求原作者的全文全貌,因此所学不必太多。纽曼认为大学不是要让学生无所不学、无所不知,因为无所不知即是一无所知。

5. 大学不是一个要让人多才多艺的场所。人生有限,要把握的是追求最高、最后的真理,而且用哲理内省和相互辩论的方式。纽曼坚决反对绘画、击剑、植物、海洋贝壳、会计、演奏弦乐器等体能性、职业性、娱乐性的科目,而将它们全部排除在大学之外。

在这么多的反对之后,纽曼认为大学的目标主要在于"心灵的扩展和启明"。心灵的扩展不仅是从书架上取下要查看的书籍,而是融成为读者的一部分,成为一种性质,一种态度,一种习尚;不是被动地接受知识,而是主动地吸纳和融化;消化新材料,使之与久已获得的证据和谐。经此种种历程,然后能达到有素养的心灵的启明。纽曼如此赞美这种心灵的扩展和启明:

> 领受了纪律的调理而力量臻于完美,而善于致知的智力(intellect)……学会了以屈伸自如的理性力量,去潜化稠密堆积的事实与事件,使智力不再褊狭,不再闭锁,使言行不

再浮躁，不再迷惘，养成了耐心、镇静，并且庄严中有安详。那是对于心灵所能拥抱的一切事物的正确见识与领悟。……心灵借由历史知识而近乎先知，由人文学科近乎反躬自省；心灵要由蜕弃小气和褊狭而有近乎超自然的清明；它要近乎信仰的沉静，因为它万物不能惊；它有近乎神的静观之美与和谐，因为它与永恒的秩序以及天籁相得而莫逆（彭淮栋，1984，第 61-62 页）。

纽曼认为，这种有素养的心灵之培养才是大学真正的理想，而在各种学科当中，以牛津所采用的古代语言和文学为最好的题材。当许多人认为这种古代语言死亡了的时候，纽曼却依然津津乐道。借此而得的心灵素养无用吗？纽曼认为正相反，有用莫过于此。何况人类必须为目标本身而追求目标，不可因目标有用才去追求。教育若变成因为功利上有用才训练，那就成了职业训练，就是大学的腐化。为知识而探讨知识，为真理而追求真理，这是大学必须坚持的，也是大学存在的理由。

大学的课程要在林林总总的知识中选择，选择的标准是其永恒性和普遍性，因为宗教神学是最永恒、最普遍的，西方古代文明是最值得探究的，因此宗教科目和西方古代语文是最佳教材，因为这些科目本身就是目标而没有实利的作用。纽曼认为，法律和医学不是文雅教育的内容和目的，因而是次要的，可有可无的。他独尊人文而轻视科学，因为他认为古典文学科目系经由一千多年的考验而保存下来的，因而仍具有价值，自然科学则是新近才产生的而且随时会改变的。至于植物、工艺、会计、击剑等农工商和体力活动的科目，他认为根本不应该在大学存在，甚至是野蛮的。纽曼之所以如此坚持，是因为他认为文雅教育是"追求各类知识的真理，各类科学与科学之间的关系，彼此之间的关联性，以及本身的永恒价值，达到广泛综合视野的'心灵的扩展'"（Newman, 1873, p.130）。

通过这样永恒且普遍的科目所培养出来的具备"心灵的扩展和启明"的人，便是文雅教育所要培养的绅士，"以便他在生命当中能展现出一种累积的智力、精致的品位、一种坦白正直的、公平正义的、沉着冷静的精神，一种高贵和虔诚的态度"（Newman, 1873, p.144）。

（二）哈钦斯的经典名著课程

纽曼主教大学教育的理念和文雅教育的课程理论，在海外间接地影响着美国，至于在美国国内，直接而有力地影响大学通识教育理论的理想主义者哈钦斯是最具代表性的人物。哈钦斯出生于牧师家庭，1919年在耶鲁攻读历史、文学，1922年获文学硕士学位，1925年获耶鲁法学硕士学位。哈钦斯之所以选择学习历史，是由于他自忖科学、数学基础薄弱。大学部期间，他自认为从生物学科上了无收获，毫无裨益其日后的学术研究工作。学习历史学之后，他热衷于法律的研究。法学的钻研开展了他的心智，尤其是法律学科上的"个案教学法"对他影响最大。

法律的个案研究，在文字的斟酌、意理的辨明、论证的确切、逻辑的符合等方面，均要求研究者必须完整仔细地阅读资料、正确精细地用文字表达、条理明畅地辩论，因此在语文教育上，讲求的是正确性、严谨性、条理性，这就要求学生必须在文法、修辞和逻辑上特别努力。这些从法律学科所得出的治学方法，奠定了哈钦斯对文雅教育的基本标准，便是读、写、算等基本文化能力的严格要求。

他1925—1929年在耶鲁法学院担任教职，其间曾任法学院院长；1929—1951年在芝加哥大学担任校长，将其教育理念充分发挥。

柏拉图的思想固然影响哈钦斯，但亚里士多德可能对其影响更大，这从其代表作《高深学术在美国》可以得到明证。亚里士多德深信万物的活动，其内在都蕴藏着一个潜在的目的，主张目的论（Teleology）的思想。在人类生活的目的方面，哈钦斯跟亚里士多德一样，主张美好的生活与幸福的追求，是一切生活活动的终极依归。人类的生活，基于追求"共同的善"（Common Good），此一"共同的善"乃是永恒而普遍的，自然不是物质的占有与享用，因为物质是短暂的、有限的。

亚里士多德的"美好的生活"与"幸福"，是以"德行"（Virtue）为主的生活观。生活的目的既然不是短暂的有限的物质财富或权力欲望，那么便是德行的具备与发展。因此，外在的物质和身体的需求，乃是为了心灵。心灵是目的，物质是手段，目的之心灵不能受手段之物质所役；相反，必须依据心灵之目的而选择寻取手段的物质。因此，哈钦斯认为，从本质上和目的上讲，"人是一个道德的、理性的、精神的存在体"（Hutchins, 1943, p.45）。

依据《教育百科全书》记载,亚里士多德是西方最早将知识或科目分为文雅和技艺两类的学者,亚氏在其《政治学》(第八卷)中说:"一切有用的知识,并不都适合于教育,在文雅科目和非文雅科目之间是有差别的,显然,只有那些不使学生趋向于机械性的活动者,始可置于教材中。所谓机械性科目,即那些技艺科目,并不能使自由民的身体、心灵、智慧有助于善的行使……此类科目,以获得工资为目的,未能给予心灵休闲,反使心灵趋向机械性的较低层次。"

另一个深刻影响哈钦斯的人是圣托玛斯·阿奎那(St. Thomas Acquinas, 1225—1274),因为圣托玛斯的思想渊源也主要来自亚里士多德。就宇宙的本体论(Ontology)而言,圣托玛斯和亚里士多德的观点基本上是相同的,均认为宇宙有实体和潜能,但是亚里士多德比较强调本质(Essence),而圣托玛斯侧重存在(Being)。圣托玛斯借用亚里士多德的潜能原则认为本质于存在时,才能显现出其存在来。圣托玛斯这种本质需要依存于事物的存在而显露出来的观点,强调了事物由潜在的本质,演变成为实质的存在。此一过程的重要性,在哈钦斯的教育观点上充分体现,如教育目的是潜在的本质,但必须在展示的德行方面显露其存在;教育的实施内容是普遍而永恒的潜在本质,就必须用永恒价值的教材来展现;人有理性的潜能本质,就必须在言语、行为、为人处世上显示清楚明白和秩序条理。

在知识论方面,理想主义的人都倾向于智力而轻视感觉。因为感觉是根源于物质的肉体感官,而智力则来自精神的反省思维,思辨和领悟自然高于感觉和尝试。这也是西方人文主义所相信的,理想主义的哈钦斯也就很自然地倾向于人文主义。作为人文主义信徒的哈钦斯认为,通过古典语文特别是古希腊文和拉丁文的学习,能够将中世纪所失去的人的精神予以恢复,重新回到理性之光的原本人的精神,因此必须把感觉的、实用的、职业的科目去除,至少是减低。受人文主义的影响,他认为教育的科目要以人文学科为主,以学问本身为目的,以人本身的精神心灵为依归,而不是职业科目的训练。他认为将人进行职业训练是把人当工具而非目的,因而哈钦斯认为,"教育的目的,并不是人力(manpower),而是全人(manhood)的发展"(Hutchins, 1968, p.39),教育既然不是职业导向,而是人格心灵导向的,则职业科目便不应在大学存在。

受到亚里士多德、圣托玛斯以及人文主义的思想的影响,哈钦斯便形成了其理想主义的大学教育和通识教育观点。在大学的目的方面,他的主张如下。

1. 大学为独立思想之中心。"我能够想得出的大学的最好定义,就是独立思想的中心,大学可能有许多定义,但若不能成为独立思想的中心,大学就腐败了"(Hutchins, 1953, p.10)。

2. 大学为实施通识教育之机构。"如果我们能真正成立一所名副其实的大学,而且真正推行通识教育的课程;如果美国大学的课程,均能奠基于此,则美国的文明会逐渐改变。我们就可能铲除赚钱唯利的思想,而达到公正廉洁的民主社会,以达到真正的教育目的"(Hutchins, 1936, p.119)。

3. 大学是智性的发展、智慧的培养。"高等教育的目的是智慧的培养,因为智力与智慧乃是研究原理与原则的要素与结果"

(Hutchins, 1936, p.98)。

4. 大学的存在目的是追求真理。"一个大学的各部分组织均有着一个共同的目的,就是追求真理"(Hutchins, 1936, p.95)。

5. 大学为高深学术研究之机构。"大学之所以成为机构,乃是在于其致力于高深学术之研究、专业教育及研究,其目的即以文雅教育来孕育有能力担任独立研究之智性工作者"(Hutchins, 1943, p.1)。

符合上述要求的,才是理想主义者哈钦斯的大学,这种大学的任务明显是在于追求真理、学术研究和通识教育,以培养完整的人类心灵。

为达成这种本质和理想的大学,就大学的施教而言,便是实施文雅教育,其理由乃是:人的本性既然是理性的、智性的,因而在施教上就是扩充人的理性,使人琢磨和锻炼,使之以辨识事物演变的原理、原则为第一要务。要达到这种理性的扩展,就需要心智的陶冶,以养成心灵良好的习惯,"教育的第一个步骤,就是给心灵良好的习惯"(Hutchins, 1934, p.91),所谓良好的习惯,是指要发展"思辨德行"(speculative virtue)的习惯,可分三类(Hutchins, 1936, p.63):①形成直观知识的是演绎的习惯;②形成科学知识的是演示的习惯;③形成哲学智慧的是智性的习惯。

这种直观、科学、哲学的方式形成演绎、演示、智性的习惯,便是通识教育所需的理智能力的基础。这种理智能力的长期培养训练,可以提升各种思辨的能力,依哈钦斯所言,可分为了解、判断、批评、推理和评价等五种能力(徐宗林,1983,第70页)。

至于课程内容的选择,依哈钦斯的各种标准就必须是:

①具有永恒的和普遍的价值;②具有统整的和连贯的功能;③具有基本的和共同的观念。

这样的课程标准,便是文雅的而非实用的,心智的而非职业的,统整的而非部门的,共同必修的而非自由选修的。能达到永恒普遍和统整连贯,在基本共同的标准教材当中,伟大的经典名著便是上上之选。因为哈钦斯认为,堪称经典名著的书籍,一定都是历经时代的考验,恒久而至今仍新的,而且其讨论的主题是普遍存在的;而经典名著本身就是一部广博知识的总集,通过伟大心灵的统整"酝酿",它不是一堆零乱的资料,也不是某一部门的知识而已,它是精练的智慧,具有贯通性。这种人类的存在问题和人生历练,应该是人人都会面临而且共同珍视,值得作为基本而共同的人类文明的资源。

(三)理想常经主义当今的学者观点

美国当今继承理想常经主义的学者颇多,如当年协助哈钦斯在芝加哥大学推动赫氏理念的巴尔、布坎南以及阿德勒等人。这些人后来离开芝加哥到圣约翰学院,继续并更彻底地实施经典名著文雅课程的理想主义通识教育(详见下章)。其中阿德勒还成为《大英百科全书》的总主编,他于1983年提出颇具影响的"人文主义教育计划",于1990年出版《教育的改革》,其副题为"美国心灵的开启"(*Reforming Education: The Opening of the American Mind*),力倡理想常经主义的人文教育对美国当今在物质主义充斥的教育中之重要性和紧迫性。

其他如美国前教育部长贝内特（William Bennett）1984年出版《拯救遗产》一书中，力倡人文教育是美国文化的重要遗产，必须赶快加强，以免沦丧。再如，1987年布鲁姆（Allan Bloom）的畅销名著《走向封闭的美国精神》（*The Closing of American Mind*），力斥美国当今大学教育的知识贩卖和零碎不全，大学沦为职业训练等。贝内特甚至在1986年哈佛大学毕业典礼上斥责哈佛核心课程的不实，没有为坚守永恒的固定的价值而做典范。1987年赫什（Hirsch）发表《文化的能力：美国人人必须知晓的》（*Cultural Literacy: What Every American Need to Know*），认为美国人现在的文字书写和文化基本能力太欠缺，就是因缺乏理想常经主义的教育之故，因而大声疾呼要恢复语文的教学和对各种经典名著的阅读。全国人文基金会主席切尼（Lynne V. Cheney）1988年出版的《人文精神在美国：对总统、国会、美国民众的报告》（*Humanities in America: A Report to the President, the Congress, and the American People*）、1989年出版的《五十学分：大学生的核心课程》（*Fifty Hours: A Core Curriculum for the College Students*），以及1990年出版的《暴虐的机器》（*Tyrannical Machines*）等，均极力主张理想常经主义的人文教育。

二　进步实用主义的通识教育

进步主义（Progressivism）一词虽然出现于20世纪初期的美国，但其思想渊源却是渊远而流长的。古希腊时期的赫拉克利特（Heraclitus）认为宇宙的实体是变动而无永恒性的，"濯足流水，水非前水"，一切皆如流水，瞬息万变，因而他说："无物不朽，唯改变耳。"诡辩学派（Sophists）不认为宇宙有所谓永恒固定的真理或普遍的标准，认为宇宙是变化不定的、世事无常的，因此"人为万物的尺度"，人人皆各是其是，各非其非，人人有自己的衡量标准，因此，要求统一或一致是没有意义、没有必要的。这种对世间事物体察到的变动性和不确定感，赋予每个人有自由决定的伸缩空间和自由解释的心理需要。

西方的经验主义者，如洛克等人，就不认为人生而具有笛卡尔所谓的"天赋观念"，而认为人的知识是在后天的生活经验中慢慢累积而得，是经由尝试错误而得来的教训，教育因而必须提供学生各式各样的机会，让学生在自由选择当中成长，因此知识的来源是感觉和经验。每一个人的感觉和经验都未必相同，因此对各个人而言，有用或无用，有效或无效，便成为决定学习时取舍的标准，这种功利主义（Utilitarianism）的价值观便因此形成。

卢梭的自然主义教育观认为教育的过程要顺应自然的程序，配合个人的自然成长阶段，由易而难，由简而繁，由近而远，并依个人不同的节奏而施教，给予学生个人的自由和兴趣的表现。

其后达尔文的进化论，认为人的进化是生物本能的演进，人要生存必须适应外在的环境，在适应环境当中，人必须不断调适自己，改变自己。这种生活的经验，是教育的基本条件。

人在生活当中，因为不断受到有机体本身的内在成长因素和环境改变的外在因素，以及内外交互产生的更复杂因素的影响，生活便有许多问题或困难。解决这些生活上的困难问题，便是教育最刻不容缓的事，因而解决问题是教育的中心要务。要解决人生的各种问题,应该由切近紧迫的部分开始,因而斯宾塞提出人类生活的五种活动,教育必须对此五种活动做充分的准备,而且依次由最迫切的开始,依序为:①与自己生存有直接关系的活动,即身体的保健与卫生;②与自己生存有间接关系的活动,即谋生的职业与技能;③自己死后繁殖世代的活动,即做父母的准备如婚姻知识和育儿学;④维持社会关系和政治的活动,即公民道德与法律的维护;⑤休闲生活和趣味活动,即休闲和娱乐。

进步主义受到上述古希腊哲人、诡辩学派的宇宙变化无常之宇宙观,经验主义的感觉与经验的知识论,功利主义的相对论,自然主义的学生自然学习,进化论的生活适应,以及斯宾塞的五种生活活动等思想影响,而形成其教育理论。早年的詹姆斯(William James, 1842-1910)的实用主义,就已经显示了美国人的这种教育观,而集大成、最具代表性的人物为杜威(John Dewey)。

(一)杜威的进步主义通识教育

杜威(1859-1952)25岁时获得约翰·霍普金斯大学的哲学博士学位,其博士论文《康德哲学研究》严厉批判了康德哲学中绝对义务感、绝对道德心的思想,他认为真理是相对的,真理的标准是看其对问题的解决有无效用而决定的。杜威自25岁起历任密歇根大学、明尼苏达大学哲学教授,1894-1904年在芝加哥大学担任哲学和教育学教授,并担任教育研究所所长,1904-1939年在哥伦比亚大学担任教育和哲学教授。重要的教育和哲学著作颇多，如《我的教育信念》(*My Pedagogic Creed*, 1897)、《学校与社会》(*The School and Society*, 1900)、《民主与教育》(*Democracy and Education*, 1916)、《哲学的重建》(*Reconstruction in Philosophy*, 1920)、《思维术》(*How Do We Think*, 1925)、《确实性的探求》(*The Quest of Certainty*, 1929)、《经验与教育》(*Experience and Education*, 1938)等。

杜威对教育的论点起始于视教育为生活的一个历程。生活是一种变动中的不断发展，问题在不断发生，"生活必须（被）看作（是）一种继续不断的历程，作为教育合理的努力方向"（Dewey, 1916, p.65)。教育系生活经验连续性的生长，所谓生长是自发的，因此教育的本质是自动自发的，不该预设一个未来的、高远而渺茫之目的，更不该有成人外加的、设想的、固定的目的。

基于教育即生活经验和生长发展的观念，杜威便有如下的教育基本原则：①强调学生自由，经自由活动而达到思想独立；②学校课程系依学生的生活经验为基础，而非学习由教师事先编拟好的固定教材，教师应与学生共同设计课程；③教材是用来解决生活上的困难问题，愈迫切紧急的困难问题，愈在课堂中占有优先的地位（参见杨国赐，1980，p.112)。

在教育的活动当中为解决生活的问题，自然会发展出三种历程：一为仔细观察现有的环境，发现其中的障碍，寻找出解决问题的方法；二为在应用方法时，用适当的顺序或先后，做出逻辑安排；三为在各项方法或方案中，选择优先而试行。如果人能在此一历程中，解决问题，便能判断这种行为是可欲的（Dewey,

1916, p.119）。

虽然教育没有外在的、终极的目的，但在解决问题的历程中，便是良好的目的，此种良好的目的，必须在学习上具有直接有用的价值。直接有用的价值，可分为内在价值（intrinsic values）和工具价值（instrumental values）两种。前者指任何科目，只要在经验上是唯一的，不能由他物替代的功能，本身就具有增进生活的价值，这种内在价值是不能比较的，如美学；后者乃指各科目中的内容和技能是可资应用的，既然可资应用，则其应用程度便有比较，因而工具价值是一种比较的价值，愈有应用程度的，便愈有价值。甚至，我们应该把内在价值转变为工具价值，才有实际的作用，对生活才有真实的帮助（参见 Dewey, 1916, p.285）。

进步主义固然不会完全排除理性，也承认理性和经验在实践力行的历程中相互作用，但进步主义仍然是偏重经验的。詹姆斯就认为，"意识本身并非实体，只是各种事象的关系的组织及其流动；在外表和现象之外，就别无他物存在。超越经验过程而直达灵魂是不可能的，灵魂只不过是我们生活的某种组合"。杜威据此而引申认为"没有意义的经验，不可能是思想的要素"（Dewey, 1916, p.169）。经验是解决生活问题的手段和工具，经验的不断重组和改造便是教育的本质和作用，使知识逐渐丰富，生活逐渐减少错误。通识教育的本质便是提供各式各类的机会和经验，将所学所习视为对其生活问题的挑战及解决，在各类各科的学习中，寻求最佳的解决方案。

显然，进步主义的通识教育观点是工具主义（Instrumentalism）

的,然而达尔文的进化论只侧重在生物的顺应环境而改变自身,但工具主义则在进化的基础上,由被动消极的顺应,提倡积极主动的适应,此种过程和分野,是杜威所特别强调重视的。他说:"工具主义是将形式不同的概念、判断和论断构成一种详尽的逻辑理论,在实验中主要考虑到解决问题的功能,以决定未来的结果。"而且,概念也不是如人文主义者所言的只存在于抽象的意识中,而是和动作相联结的。杜威力言,"任何的概念在意义上一点也不多于一组的动作;概念和一组的动作是同义且一致的"(杜威,1929,p.5)。知识必须在概念和动作中同时得到证实,这就更增加了知识的工具性和实用性。在这种观点下,通识教育就不纯粹是文雅好尚的绅士玩意儿,也不是心灵意象中的休闲玩意儿,而是与生活、职业、工作息息相关的。

人的生活经验当中,无可避免地要和自然的物质环境、社会的人群环境、自身的内在环境不断接触与交涉,生活问题来自此三方面,解决的途径也在此三方面。因此就理论而言,人在生活中所有可能的问题,都是通识教育的内容,不管是文雅的或职业的。所有可能解决的方案也都是通识教育要探讨的,不论是内在的思辨或外在的实验,或者说,只要是学生感受到有需要的,便是通识教育的教材和课程;不管教师或成年人认为其有无永恒普遍的价值,要解决学生眼前现实的困难最重要;即使对其他学生没有价值,但对这位学生有效用,便有价值。通识课程不应该有所谓共同的必修,也没有基本的核心科目——一种药,对甲是良药;对乙可能是废物,终生用不上;对丙可能是毒药,吃了反而有害。

（二）克尔的实用主义通识教育

在 1910-1940 年间，杜威进步主义的教育思想，的确引起美国教育的重要改革，形成主流。但是这种以学生兴趣为中心和自由学习的理论，在 1957 年苏联发射第一颗人造卫星之后，便大受检讨、攻击，以致沉寂一段时间。此外，杜威的理论基本上是为中小学考虑的，对大学直接的发言较少。进步主义对大学校园最具有直接影响力，而且可以说是复兴和重振进步主义或实用主义的代表人物是克尔。

克尔来自美国东部宾夕法尼亚州农村，却到西部加州斯坦福大学读经济学硕士学位。1939 年，他又在伯克利加州大学获得经济学博士学位。他在历任斯坦福大学和华盛顿大学教职之后，1945 年起回到伯克利担任劳工关系研究所所长，1952-1958 年担任伯克利分校校长，1958-1967 年担任加州大学系统的总校长。他与保守主义的里根州长闹翻后被迫离开加州大学，1967 年担任卡耐基高等教育委员会主席，1974 年改任卡耐基高等教育政策委员会主席至 1980 年退休。他有关高等教育的重要著作有：《大学的功用》(*The Uses of the University*, 1963)；《三千个未来》(*Three Thousand Futures*, 1980)，系描述美国二战以来三千个大学的故事；《工业社会的未来》(*Future of Industrial Society*, 1982)，预测高等教育与未来工业社会的关系；《校长造就不同的大学》(*Presidents Make a Difference*, 1984)，历述美国大学著名校长对学校的贡献和作风；《大学校长的多姿生活》(*Many Lives of Academic Presidents*, 1986)等。

在《大学的功用》一书中，克尔将大学视同人的成长一样，描述各阶段、各时期大学发展的问题，以及解决方案的试验。细读全书可发现，本质上，克尔视大学为一种有机体，在环境的生长发展中不断地适应和更新改造，整个大学的历史，就是一部大学的进化史。他说："大学既受国家、工业与学术的引力所左右，便须能够迅速顺应机会，适应变化。"（Kerr, 1982, p.53）

克尔的基本思想，在于詹姆斯的"多元宇宙论"（Multiverse）。在《大学的功用》一书中，克尔一再说明和阐释詹姆斯的观念，认为一元论之目的，在于探究和发现一个单一的绝对。在此绝对之中，没有独立的部分，因而是一致性、单纯性的。詹姆斯当然反对这种看法，认为每件事情都在不停地变动，在变动当中，总有许多力量在互相冲突，在冲突当中获得暂时的妥协和安定，每一件事物或人想保守此种安定，但总有其他的事物或人不满而打破此种安定，因此个人实在是处在非决定论（Indeterminism）的环境中。反过来讲，个人也较有更多的自由空间和意志，因而组织中及组织间的功能较弱。詹姆斯说，"整体的各个部分，可能只有外在的关联，而没有内在的关联"，因此多元宇宙论便是每一部分与其他各部分相连。其联结的方式是联结形式（strung-along type）的整体，或者是一种连续性（continuity），并没有一个集中式的绝对体，因此"没有任何事情可以包含每一件事情，或者支配每一件事情"。一元绝对主义者总认为冲突是负面的、不好的，但多元主义者克尔认为，"发展比安定更为重要"。他说："短期内的发展有助于长期的安定，虽然发展可能会引起争辩，而破坏了短期的安定。"（Kerr, 1982, p.83）明显可知，克尔视冲突为必然的现象,而且就长期观点而言,冲突有其正面的效益。

在相信多元主义和肯定冲突的正面效益的同时,克尔揭示其多元大学(Multiversity)理念。他说:"传统的'大学'一词,所指的是一种传统的、统一的观点,指的是'教师和学生的一个社群',有其单一的'精神'和目标。现在,有了一种新的状况,如果能用一个新的字眼来描绘此一形势,那将是很有助益的,此一词即为'multiversity'……不过,新的字眼总是容易遭受误解,有人把它看成是一种多校区大学(multi-university),即是一种多校区的大学。固然多校区的大学,是最近的一种现象,不过这是一个有关但却不同的发展。很显然地,'Multiversity'基本上还是一个校区,只不过拥有着'多面向的校园'(multi-faced campus)而已,像现代的哈佛大学就是个明显的例子。"(Kerr, 1982, pp.77-78)

克尔所谓多元大学的含义,是指现代大学是一个多元化的机构,它有三层含义:(1)大学是多目标的,而非单一目标;(2)大学是多个权力中心的,而非单一权力中心;(3)大学服务的对象是多方面的"顾客",而非单方面的"顾客"。因此,大学"不崇拜单一的上帝,不组成任何统一的单一社群,也没有任何特殊的消费者,它的特征是充满了真善美的各种理想,同时,有许多途径可以达成这些理想。它的中间有权力冲突,它服务社会、关怀大众的各种层面"(Ibid., p.78)。克尔的大学理念是:"想把多元大学与一些比较具有单一目标的大学做个鲜明的对比,后者拥有比较单一的精神、统一的领导以及单一的顾客——像古老的牛津大学和柏林大学就是很好的例子。牛津大学比较强调教学,由教授治校,服务的对象是自称为绅士的人;柏林大学比较强调研究,由主任教授(Chair Professors)治校,提供的服务是新知识",而伯克利加州大学则是多元的,除了教学、研究、服务的多功能之外,学校是由校内各机构、各阶层人士共管,包含校长、行政主管、学术主管、教授、职员、学生、校友等各方面的人员。

大学既是多元的理念,则入学政策和教学措施方面,自然是多元理念中的一项,因而要求开放入学许可,废除课程的统一规定,废除成绩的统一标准。在通识教育方面,当然也依此多元化和自由化而进行,学生可以在多元化的课程中自行选择,当然也要负自行抉择的责任,以及在尝试错误当中的代价。克尔说:"多元大学是很让学生困惑的地方,学生必须在困惑当中自行确定问题以及找到安定,学校提供给他极大程度和范围的选择,足够让其心灵惊吓和满足的智力挑战,在此选择当中,学生会面临抉择的机会与困难,意外灾祸的比率可能很高,失误受伤可能很多,然而就学习自由——学生自行挑战和抉择、自行要停留或前进——而言,却是胜利的。"(Kerr, 1982, p.42)

通识科目要尽量繁多甚至杂乱,以适应和满足各类学生的各种需求,乱中自然有序,多中自然均衡,一如克尔所坚信的"尽可能地使其繁杂,以使整体不安定的平衡得以维持"(Ibid., p.18)。

(三)当今进步实用主义者的观点

美国当今进步主义和实用主义的教育学者,颇不乏人,杜威式进步主义者如贝利(Stephen Bailey)便认为教育必须为三个基本的目的而服务:其一为"在学生发展的阶段中,能对变动的社会环境有预测和增进解决问题的能力";其二为"能适应、运用、善用学生的自由时间,以减低神经上的困扰不安,或无聊厌倦,从而增进内在的满足和喜乐";其三为"学习、培育影响我们周围各种政治社会的能力,以促进自己和他人的社会公平、正义和自由"(Bailey, 1977, pp.254-255)。因此,通识课程的安排在这种理念中,必须"对学生的生活有效用",并以科际整合的方式"补救目前科系部门分化的专精,联系各专门学科,作为一种新的透视和整合,将所有的专门学科整合成具有上述三种目的可能"(Ibid., p.257)。

当今克尔式实用主义者如里斯曼(David Riesman)认为,现代大学是各种势力的相互生存斗争之所,在斗争中妥协和相互适应发展。他在著作中承认,"我相信大学是不可能用某一理想做一次大改革,就认为可以达到永久普遍适用的,它是随时空的演变,逐项逐项地演化改进的"(Riesman, 1981, p.xix)。课程也是不可能用某一理想一次就决定了完美的形式而垂诸永久的。另一位当代著名的进步/实用主义者是哈佛大学教育研究所的克罗斯(Patricia Cross),他在1986年所著的《大学教学的改进方案》(*A Proposal to Improve College Teaching*)一书中,力陈学生的参与和师生的互动,以及对学生真实困境的协助和解决策略。

三 精粹本质主义的通识教育

精粹主义(Essentialism)教育思想1930年代在美国兴起,主因是反对杜威等人的进步主义教育思想,但也不满于哈钦斯等人的常经复古思想，遂有从1940年代开始，比较教育学者康德尔、哈佛哲学与教育学者尤利希（Robert Ulich）、哈佛校长科南特等人倡导的精粹主义教育思想。

精粹主义固然反对和不满进步主义与理想主义，但并不全然否定，而是取两者之精华，因为精粹主义的思想渊源一方面是和哈钦斯等人一样，来自西方的理想主义，另一方面却又和杜威等人相同，来自实用主义（Realism），但在思想的发展上却和哈钦斯及杜威均不同。

结合柏拉图的永恒而普遍的理念和英才教育的思想，在美国日后成为精粹主义先驱的是第三任总统杰斐逊。杰斐逊的理想是建立一个属于自由人的文明共和国。他曾提出三大教育方案：一是"普及知识建议书"，二是"修改威廉与玛丽学院组织建议书"，三是"设立公共图书馆建议书"。其理由是一项民主革命性的前提——政府有责任供给贫民免费的教育。杰斐逊在其第一个教育方案的引言中，对民主国家中人民应接受教育的理由作了经典的说明：

> 经验昭示，那些被赋予权力的，或早或晚，会滥用所赋予的权力而演变为专制暴政；是以我们认为，最有效的防范之策应该是，充分启发全国人民的心智。……再则，凡是法律最佳而执行法律又最善的结果，其人民也将是最幸福的。至于法律是否制定得高明，执行是否公正，则视其制定法律与执行法律的人的高明与公正的程度而定。因而，让这些造物赋予才智与德行的人，有机会接受通识教育，俾配接受其

同胞之权利与自由之神圣付托,乃是合适而切要之举。并且,他们承担此种任务,应不受财产、家世或其他一时的地位与环境之限制;但是,大多数这般人的贫困使他们不能自行负担学费,使其子女失去机会接受这种教育无法造就成为有用的公仆,所以,应该使这些子女,得到全国人提供的公费以受到适当的教育。如此,比将全国人的幸福交付给无能或无德之辈,要高明得多了。(巴道维编、胡叔仁译:《杰斐逊传》,pp.60-61)

然而,精粹主义与进步主义、理想主义,仍有其共通之处,因为精粹主义一方面和进步主义一样,以个人的兴趣作为学习的起点,承认教育上兴趣与活动的意义与价值;但在另一方面,因重视民主社会中全体公民的一般共同知识和福祉,强调社会的标准和要求,则又与理想主义相近。但是,精粹学派绝不是常经传统主义的复古,或古典文雅主义的重现,更不是学生本位、兴趣中心的放任自由。它是执两用中、择取精华的主义,也是在杜威和哈钦斯的两种学校目的和课程设计都各自显出缺失之际,新兴出现的教育观点。精粹主义认为人类要掌握自己与生活环境中的许多真理,以为自我发展与社会福祉之需,同时也认为人性在自律之前,有必要接受成人的意见,学习运用自由。大体而言,精粹学派认为成人的指导训练有助于发展中的青年明智地使用自由;主张学校采用一种有组织、有计划,但不是全体一致或全体唯一的课程;强调社会需求和个人才能的密切配合;依民主的理念,按机会均等的原则,实施各级各类教育。

精粹主义的这些观点、理念，当然并不是简单地将哈钦斯和杜威的思想理念相加除以二，也不是只在传统古典与自由进步两者之中采乡愿的折中。精粹主义确有其思想的渊源和教育的另一番见地，如科南特即值得详述。下面拟对科南特的理念思想多加叙述和探究讨论。

（一）科南特的精粹主义通识教育

科南特是20世纪国际著名的科学家和教育家。他1910年进入哈佛大学攻读化学，仅以三年时间便读毕大学化学课程，获学士学位，1916年获得哈佛大学化学博士学位，留校担任化学助教；1925年前往德国柏林、汉堡、哥廷根、马堡、蒂宾根等著名大学，考察各大学学术研究和教学方法。此德国之行，对他日后的教育观点影响至深。1931年，他出任哈佛大学化学系主任；1933年被任命为哈佛大学校长。科南特没有前两任校长艾略特和洛厄尔出身波士顿贵族的背景。

担任校长期间，科南特不断推进系际合作，强化各部门学生在通识教育方面的基础，此一政策在发展到硕士教育计划方面尤其有效。科南特不愿使哈佛大学成为地区性的大学，也不愿哈佛成为高收入家庭子女的专利学校。科南特乃均等主义的拥护者和优秀学生的发掘者，所以在其校长任内，最关切的问题便是将才智最好的学生吸收到哈佛大学来，而不论学生的地域和贫富。为了寻求和教育这些才智最好的学生，他拟订了一个"哈佛国家奖学金计划"。此一计划后来公认是美国人才教育的主要方案,贡献卓著,成效弥彰。

1943年,科南特意识到上述前两种教育哲学的对立和课程设计的极端差异,也感受到"二战"中及战后大学生应该研习的内容,以及大学教育的目的等重大问题颇须重新讨论,因而请哈佛文理学院院长巴克(Paul Buck)组织一个委员会,研究哈佛通识教育规划。委员会历经一年半的研究,于1945年出版《哈佛红皮书》,科南特为该书作一长序,力陈通识教育在个人发展和国家社会方面的重要功能,明确阐述通识教育的目标在于培养学生的四种能力——有效思考的能力、沟通的能力、能做适当判断的能力、对价值的认知能力,并规划通识课程应包括三个领域——人文学科、社会科学、自然科学。

1953年,担任哈佛大学校长20年后,科南特辞去哈佛大学校长一职,受命担任美国驻德国使节团团长,与英、法两国使节团长共同担任同盟国最高驻德使节。1955年,联邦德国成立,他旋即担任美国驻联邦德国大使。1957年,辞去驻联邦德国大使返美后,从事美国教育研究,其各项研究报告,均极受重视,并产生颇大影响。其重要著作有:

①《自由社会中的通识教育》(*General Education in a Free Society*, 1945)的前言导论;

②《论认识科学》(*On Understanding Science*, 1946);

③《分裂世界中的教育》(*Education in a Divided World*, 1949);

④《我们战斗的信心》(*Our Fighting Faith*, 1950);

⑤《科学与常识》(*Science and Common Sense*, 1951);

⑥《现代科学与现代人》(*Modern Science and Modern Man*,

1952）；

⑦《教育与自由》（Education and Liberty, 1952）；

⑧《学术的城堡》（The Citadel of Learning, 1955）；

⑨《德国与自由》（Germany and Freedom, 1958）；

⑩《美国今日的中学》（The American High School Today, 1959）；

⑪《儿童、父母与国家》（The Child, the Parents and the State, 1959）；

⑫《初级中学的教育》（Education in the Junior High School Years, 1960）；

⑬《贫民区与郊区的教育》（Slums and Suburbs, 1961）；

⑭《杰斐逊与美国公立教育的演进》（Thomas Jefferson and the Development of American Public Education, 1963）；

⑮《美国师范教育》（The Education of American Teachers, 1963）；

⑯《制定教育政策》（Shaping Educational Policy, 1964）；

⑰《两类思想的方式》（Two Modes of Thought, 1964）；

⑱《美国综合中学》（The Comprehensive High School, 1967）；

⑲《科学原则与道德行为》（Scientific Principle and Moral Conduct, 1967）；

⑳《我的生活》（My Several Lives, 1970）。

1. 理想主义的影响

科南特深受杰斐逊教育理念的影响，在自传中说："我最能回忆起在哈佛时，一位演说者讲述杰斐逊教育哲学的情景。"科南特除了在各项著述中不断提及杰斐逊的教育理想之外，还出版

《杰斐逊与美国公立教育的演进》一书,详论杰斐逊的理想教育以及如何影响其本人。

杰斐逊的理想学校制度分为四个阶段:

第一阶段:小学三年。

第二阶段:文法中学六年。

第三阶段:学院三年。高等教育应由公共费用支持,招收经挑选的少数才能和德行优秀的学生,以备为该州服务,并日后担任小学教师。课程内容是适合自己的各种专门学识。

第四阶段:大学,修业年限不定。大学是完全的人才教育,招收最优秀的学生,并予以公费的教育(Conant, 1963a, p.3)。

杰斐逊的这种学校制度可以上溯到柏拉图的教育理想制度。柏拉图在其理想国中,把人分为铜质、银质、金质三等,其理想的学校亦可分为四阶段:

第一阶段:6-18 岁。

第二阶段:18-20 岁。

第三阶段:20-30 岁,经过认真的挑选和淘汰,选其优异者,施以次级官吏的教育。课程是几何、天文、算术等,但这些科目不在于讲求实用,而在于认识存在;不是要娴习技术,而是要明白理论。

第四阶段:30-35 岁,选择比以前更严格,这批人便是未来国家的高级人才、领导阶层。课程内容是思辨哲学、辩证法和形而上学等。

显然,杰斐逊理想的学校制度颇似柏拉图的学校制度,所不同者,柏拉图的教育是贵族的教育,而杰斐逊的教育是"自然的智慧和才德上的贵族"教育；柏拉图仍受当时的阶级制度所局限，而杰斐逊的所谓"贵族"其实是指人人只要具备智慧和才德，不论其出身和阶级，皆应受到教育，是立足点上的平等教育。然而不论如何，主张人才的教育，将国民分为三类：铜质的人接受第一、第二阶段的教育，银质的人接受第三阶段的教育，金质的人接受第四阶段的教育，可见杰斐逊深受柏拉图教育观念之影响。

杰斐逊这种承袭柏拉图观点的学校制度，深深影响了科南特。科南特的学校制度是：第一阶段：小学；第二阶段：综合中学；第三阶段：初级学院和四年制学院；第四阶段：大学与研究所。科南特主张小学至初级学院应普遍设立，是为一般大众而设立的学校，可以说是铜质人的教育。四年制学院为优秀学生而设，科南特主张应该减缩校数和学生数，培养的是各类专门学识人才，可以说是柏拉图次级官吏或银质人的教育。大学是真正优异的人才教育，为的是造就国家的高级领导人才，因此其教育的标准应该相当严格，学生数应该更为减少。他自言："我最有兴趣的便是如何培养和教育学术优异人才的问题。"不仅如此，他更主张国家应该依杰斐逊的传统和理想，发掘自然的智慧上和德行上的贵族予以免费的高深教育。"杰斐逊挑选学生的原则和提供奖学金的计划是如此完美。"（Conant, 1963a, p.138）"由于我对杰斐逊理想的体认和崇仰，遂在哈佛大学校长任内，努力着手奖学金的实施和扩充，尤其是'哈佛国家奖学金'的创设，以便全国有才能而家境贫穷的学生得以接受教育。"（Conant, 1963a, p.xii）

科南特的教育思想，特别是在学校制度和人才教育方面，深受柏拉图和杰斐逊的影响,但是,科南特采取杰斐逊"自然的智慧和德行上的贵族"这种立足点上的自由平等精神,不同于柏拉图时代局限于"身世或财富上的贵族"(Conant, 1963a, p.62)。前者是经由个人实现自己的潜能而得,后者则纯粹依赖世袭。因此,科南特的教育思想常被称为"新柏拉图主义"。

另外,科南特还深受杰斐逊民主、平等观念的影响,"杰斐逊要介绍我们美国社会的,就是今日吾人惯称的'高度社会流动'……杰斐逊最不喜欢在弗吉尼亚州建立起类似英国、法国、德国或意大利式的学校制度"(Ibid., pp.58-60)。

除了柏拉图和杰斐逊之外,尚有美国理想主义教育家尤利希。尤利希在哈佛大学任教,是《哈佛红皮书》报告的委员之一。而且,尤利希的名著《自我超越的哲学》(*The Human Career: A Philosopher of Self-transcendence*),亦请科南特为之校订,彼此之间,公谊私情之来往对思想自有影响。由上各种叙述,科南特自言:"我的思想,是来自美国理想主义的本流,我对公立学校的观点,是坚强的理想主义者,一方面相当倾心于社会科学,一方面是笃信人文主义的、宽容的和个人主义的。的确,我们必须要有美国的理想主义,来抵抗伪装的保守党(Toryism),也要有坚强的批评,来防止我们任何教育学者不切实际的乌托邦空想。"(Conant, 1949, p.52)他所言伪装的保守党是指一心要沿袭欧洲往昔教育制度的人士,如哈钦斯等。所谓教育学者不切实际的乌托邦空想,是指杜威等人进步主义的兴趣中心思想。

2. 实在主义的影响

实在主义(Realism)的先驱是英国的经验主义。经验主义主张一切知识起源于经验而非理性的学说。影响科南特的经验主义人物主要有培根和休谟两人。经验主义之后，演变为实在主义，实在主义分理性实在主义和自然或科学的实在主义两大派别，影响科南特的派别系自然或科学的实在主义。此种自然或科学的实在主义又可分新实在主义（Neo-realism）和批判的实在主义（Critical Realism）两种，前者以怀特海（Whitehead）、罗素（Russell）为代表，后者以桑塔亚纳（Santayana）为代表。

科南特上中学时，受其恩师布雷克之悉心指导，潜心研究化学，在研究方法上特别重视实验与观察，不但如此，他还在自传中说："布雷克先生尤其要我们对化学实验上的事项采取怀疑的精神，并且要求如何一步步地作自我调整，他没有给我考试或测验，只有不断地保持着分析和实验上的有关谈话。"（Conant, 1970, p.15）科南特开始应用了培根实验和观察的归纳法，这种思考方式对科南特后来在其知识论中的知识起源和知识的历程中，有强烈的影响。

培根影响科南特的，不仅是观察实验的方法和怀疑的探索态度，更重要的是培根对于知识的分类。培根在其名著《学问之增进》（*The Advancement of Learning*）一书中，认为人的心能有记忆、想象、推理三种，由记忆而产生历史，由想象而产生诗歌，由推理而产生哲学。历史、诗歌、哲学便是人类的知识全部。

但是培根认为，学历史的目的在于训练记忆力，而科南特认为研读历史的目的在于了解事情的演变及其因果。不论是自然科学抑或是社会科学，科南特认为历史研究是最重要的。另外，他认为研读美国历史是促进美国统一的主要力量。可见他对于历史的观点和评价超越了培根。

经验主义哲学中第二位影响科南特的是休谟（David Hume），科南特1952年任哈佛大学校长时，曾在大学部开授通识课"休谟：现代的观点"（Hume: In Modern Dress）。

休谟认为我们所见所闻所触都是所谓"印象"，这是由外而成的印象。至于我们所乐所苦，有要有不要，这便是内的印象。也就是说，印象有两种：一种起于外的所谓外感，一种起于内的所谓内感。休谟认为这种内外的印象必是新鲜的，但它们只能一次出现，至第二次出现时便不再是原来的印象，而已经成为"观念"了。此观念不是别的，只是原来印象的重观，没有印象不会有观念，这是休谟极端经验论之所在。

怎样由观念而成为有秩序的世界或知识呢？休谟认为，观念与观念之间的联合靠三种"律"来联结：第一是相似律（similarity），第二是空间或时间上的相近律（contiguity），第三是因果律（causality）。

总之，休谟既反对唯物论，亦反对唯心论。他反对以心灵为本体之说，根据经验之说，以心灵为一束之知觉，心灵即诸经验会合之总体，其中诸印象、诸观念，往来继续，成一永恒不绝之长流。

科南特在知识论方面说："一旦一个客体被吾人吸收，它便不再是外在的了；一旦一个一个的观念被吾人吸收和同化，组成一个复杂的观念，则往昔外面的入侵者，便成了内部的强力因素。"（Conant, 1946, p.18）他还认为，"新概念可能由一些旧概念，经过一系列成功的近似和修正而得"（Conant, 1946, p.105）。

新实在论者怀特海 63 岁之际受聘在哈佛大学讲授哲学，从此在哈佛大学任教十余年。1936 年退休后仍任哈佛大学研究教授，科南特说："自 1933 年我任哈佛大学校长时，1933 年为继续前任校长洛厄尔所推动筹组设立的大学评议员协会（Society of Fellows），此协会以六人为委员，由校长、文理学院院长和包括怀特海教授在内的四位著名教授组成，共同评议大学之教育"（Conant, 1970, p.107）。科氏于自传中提及怀氏思想时多所敬佩，可知怀特海的思想影响了科南特。怀特海思想简介如下，从中可窥知其影响了科氏的知识论以及教育目标和课程。

怀特海的哲学建立在科学的观察上，使用的是科学的方法。怀氏以为科学是形式的知识，而哲学乃是具体理智的知识，他反对传统哲学固定不变的形式，而主张事素（events）为构成实在之说，事素为空间与时间之会合，为生命历程中的诸实在。怀特海以为经验论者休谟主张知识全系感观经验所构成，其对感官知觉的理论是对的，但感官知觉仅系我们经验的表层，不免肤浅，他认为我们的知觉有两种形式，一为直接呈现，一为因果效力。

怀特海认为，教育之目的在于造就有文化而又有专门知识的人，因此怀氏对于课程的主张，以达成文化与技术相联络，使知识抵于生活实用为其鹄的。他认为教育应包括三种课程：文学课程、科学课程、技术课程。每个学生对于这三种课程可依照他的需要与才能而有所轻重，参差其分量，但都必须学习，因为它们之中任何一种不免失之于偏，不足谓之生活教育。文学教育是教学语文。科学教育是训练观察自然现象，怀特海认为科学教育的核心为物理和化学，与科学具有密切关系的是数学。技术教育是训练将知识应用于物质生产与制造的技术。

综合上述，科南特的思想受培根、休谟的经验主义和怀特海的新实在主义影响极大。培根和休谟在科南特的知识论上影响颇深，而怀特海则主要在知识论、教育目的、教育课程方面影响力了科南特。

3. 哲学思想

（1）形而上学。科南特说："今天的宇宙论是以50年前梦想不到的实验结果做基础的。"（Conant, 1952a, p.88）他又说："接受关于辩证法唯物论的解释……从哲学方面说，这个理论在我看来是荒谬绝伦的……我赞同'宇宙在实质上是说明不来的'这个解答。"（Ibid., p.100）因此，"想把精神价值、现代物理学、生物学和宇宙学等包罗在一个总的统一设计里的学说，在我看来，未免太不自量力了。姑且不问这个统一的原则是心物二元论、机械论、形式论，或者是某种形式的唯心论，我认为这一努力根本走错了方向。我赞成宁可对某些有限度的属于经验的特殊领域，作更充分的探求"（Ibid., p.107）。

科氏认为："确信宗教信条的人，看见任何像我提出的，不但临时而且零碎的宇宙观，其不能接受是必然的事。"（Ibid., p.109）他认为："我们既然是执行者，对许多现象至少必须给予暂时的相信。这许多现象的实情如何，尚待科学研究去查明。"（Ibid., p.114）最后，他说："若有人说他相信加尔文的上帝或天主教的上帝，或者正统犹太教的耶和华的存在，与相信有一个真正的外在世界，都属同一类的信心时，我不欲与之争论。但若有人把对

上帝的相信与对有其他人的存在相提并论时,我却怀疑其正确性了。"(Ibid., p.113)

科南特认为,宇宙的实体是一种超乎吾人目前所能用观察与实验来了解的一种存在。他不否定其存在,但承认目前人类微弱的力量无法真正了解宇宙实体究竟是什么。从他坚决反对唯物论可知,至少他不承认宇宙是唯物的,但他也不完全偏向于唯心论,他认为宇宙的实体是一种目前的"未知"。

对此一"未知",科南特则不愿意用任何一种实体来界定它、称呼它。在他的观念中,"自然只具有部分的齐一性"(Ibid., p.111),意即宇宙并不一定是可以"以一驳万"的。他解释说:"一个认为无需在原则上全盘一致的统一'宇宙假设'的宇宙观,就科学进步而言,并不是失败意义的。每一个学说须经常不断地受到实验与观察的考验……所以重要的是在于观察与实验,而非推理的思考或抽象的论究上。"(Ibid., p.110)

至于宇宙是变抑或不变的争论,科南特认为宇宙有变的部分,即工艺技术;也有不变的部分,即原理原则。

科南特的形而上学承认有一个确实的真正的外在世界,而认知外在世界必须靠科学的观察与实验,这种观点接近实在主义。他认为,世界的最后实体是一种暂时的"未知",因为到目前为止,人无法去证实,无法去解释此"未知"的宇宙本质问题,但至少此"未知"不是唯物的。

最后,由其《现代科学与现代人》一书最后的结论,可以明晰科南特对形而上学的基本观点。他说:"我们很惭愧地承认,我们所不知道的东西多得如无边的海洋,只有经验能做我们的舵师，但是我们'心灵的国土'之未来发展前途实在不可限量。"（Ibid., p.117）也就是说，到目前为止，人类的知识还不能真正了解宇宙的最后本体，但是科南特并非宇宙的不可知论者，而是宇宙的未知论者，认为经由经验的不断增加，知识的不断进步，对宇宙本体的认识也将随之增加。而且，在形而上学方面，如果对唯心论和唯物论要有所衡量的话，科南特可能比较偏向唯心论，因为他认为心灵的发展是没有止境、无可限量的。

（2）知识论。关于知识的起源，科南特说："好奇是探究文化遗产的主要动机。"（1949, p.91）又说："知识的来源是基于两个密切相关的活动，一个活动是以几何学为代表的抽象推理，另一个活动是以炼金术士的工作为代表的实验。"（1952a, p.23）他又说："近代科学的三要素是：一、纯粹推理的一般观念；二、演绎法；三、实验。"（1951, p.29）科南特认为知识的起源，在动机上是个人的好奇所发生的驱动力，经由感官的观察与实验，并配合脑神经的推理，经过一步步的归纳或演绎而得到知识。

关于知识的分类，科南特说："我受到培根之笼罩，试着将知识区分为三大类：①累积的知识——下分自然科学和社会科学两类；②哲学；③诗。"

科南特的知识分类可列简表如下：

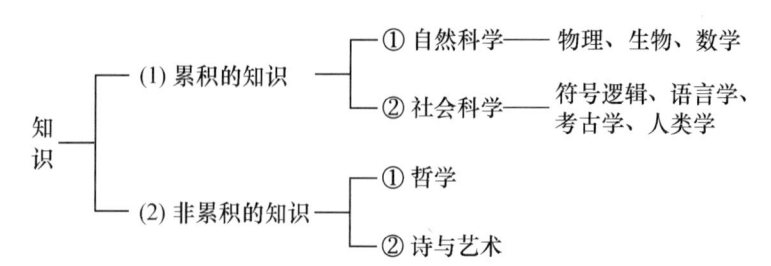

```
知识 ─┬─ (1) 累积的知识 ─┬─ ① 自然科学 ── 物理、生物、数学
      │                  └─ ② 社会科学 ── 符号逻辑、语言学、考古学、人类学
      └─ (2) 非累积的知识 ┬─ ① 哲学
                          └─ ② 诗与艺术
```

由科南特沿袭培根的方法,将知识做如此分法可知,他将哲学、诗与艺术视为心灵之学,称之为非累积的知识,而自然科学和社会科学是累积的知识,是科氏心目中广义的科学。

累积的知识与非累积的知识何者随岁月而进步?科南特说:"累积的知识……我们可以肯定地说,这些学科在近三百年中已有了伟大的进步,但是,类似的话不能用之于哲学、诗和艺术……我想,谁都会认为假如今日伽利略、牛顿、哈维复生,他们会惊讶于我们现代科学的进步。但米开朗基罗或但丁的反应也许就大不相同,至于多玛斯、斯宾诺莎、洛克或康德的反应可能根本不承认我们有进步。今日我们哲学、诗与艺术的情况,在一位已逝的艺术家、诗人或哲学家眼中,是否比他们的时代进步抑或退步呢?我们可能为这一问题争辩终日,而得不到一致的意见……我以为这些非累积的知识,其价值远在其他学科之上。我只需提出两点例证就可明白:其一,在我们日常生活中作重要决定时,我们有多少次真正受过近代科学研究结果的影响?其二,我们多年来自觉或不自觉地感受着哲学与诗的影响……一个希望想控制国内知识分子的独裁者,可能对科学家不加干涉,但是,他却不能放过哲学家、作家与艺术家,他必须争取他们的支持,否则,就得杀掉他们。"(Conant, 1946, pp.34-35)

在知识的分类当中,科南特对历史和科学有特别的论述,在哲学和历史方面,他认为,"划分累积的知识领域的方法有很多种,在我看来,历史应像数学一样,占有一个独立的地位"(Conant, 1951, p.23)。"即使是研究自然科学,我们也应该指引学生研究哲学,能够以哲学的基础来处理科学上的问题……但是对于未成熟而年纪尚轻的学生,就如研究人的科学一样,宜用历史来代替哲学"(Conant, 1949, p.130)。因此,"历史比哲学更是传播文化给儿童的重要媒介……美国史便是学生研究的共同核心"(Ibid., p.106)。最后,科氏总结说:"只要历史的主要目标能增加我们的知识,能让我们多了解人类在不同环境中的生活方式,我就满足了。17世纪的大学者约翰·塞尔登(John Selden)曾有一句名言:'历史的研究可以增长我们的年岁,好像我们从开天辟地以来就活着似的。'这句话说出了为什么历史的研究应该是一切教育的中心的原因。"(Selden, 1951, p.173)

由上述引文可知,柯南特认为,要让年幼或初学的学生了解人类的生活问题,用历史的叙述比用哲学的探究更有效。研究美国史是美国学生的共同核心课程,研究科学也宜先研究整个科学史。他认为历史是一切教育的中心,这种思想影响在他的课程理论上非常明显和强烈。

另外,在知识的分类中,他特别推崇科学——自然科学——的研究,他说:"我们日常生活差不多每天都得做一些有关科学问题的研究,若不能了解科学为何物,你怎知如何应付?……一个青年,如果有朝气、愿上进,很可能成为未来社会上的领袖,很可能有一天要负起决策的责任,对一些牵涉科学或科学应用的问题下判断。……不论我们喜不喜欢,我们总是活在一个方方面面都碰到科学的时代。我们可能恨科学,也可能爱得想去拥抱它,可是没有人能甩开科学。今天,人人都应该对科学与科学家尽量加以认识与了解……我们不在于把科学知识广泛传播于非科学家,因为丰富科学知识和了解科学的意义并不尽相同。我们大众需要的是一些科学方法，所以要把科学的原理与实际灌输给非科学家。"（Conant, 1951, pp.3-4）这就是何以精粹主义学者主张大学通识课程一定要有自然科学的重要理由。

科学的起源如何？科南特有其特别的说明："谁是十六七世纪早期科学研究者的先驱？谁是哥白尼、伽利略、维萨里（Vesalius）的精神祖先？是中古时期偶或做实验，或者是发明点奇巧机械来逐渐增加我们实验知识的人么？不是的，这些人给后代传下了不少东西，传下了获取实用知识的宝贵方法，但是没有给后人传下科学研究的精神。我们若要探索公正的科学研究新热忱发生之源，必须从那些浸润于苏格拉底传统思想中的哲人和那些用原始考古学方法首先获得希腊罗马文化精神的早期学者那儿去寻找。在文艺复兴时代初期，愿意客观地研究真理的人，并不是那些研究有生命或无生命自然的人，而是那些以人或人的工作为研究对象的人……那么，诗人彼特拉克（Petrarch）、小说家薄伽丘（Boccaccio）、政治家马基雅维里（Machiavelli）与教育家伊拉斯谟（Erasmus）等人，必远较炼金术士有资格被认为是具有近代科学研究精神的先驱者。同理，推断批判哲学精神的法国讽刺派作家拉伯雷（Rabelais）与蒙田（Montaigne）也必须列入近代科学家先进之林。"（Ibid., pp.8-10）可知，科南特论科学的起源是源于文艺复兴的早期人文主义者而非炼金术士，由此可见，科氏的科学观点，是充满了人文主义色彩的科学。

科学是什么？科氏说："我对科学的定义是，实验与观察的结果产生概念与学说，旧有的概念与学说又衍生新的实验与观察，科学便是这些概念与学说的互相联结体。"（Conant, 1951, p.16）又说："一个人的注意力只局限于实验科学，绝不能圆满地答复什么是科学。"（Ibid., p.15）科氏还认为科学可以分为两类，"一是静的科学观，一是动的科学观。静的科学观认为，科学就是解释我们生存于其中的宇宙之途径，它把现有的互相关联的一串法则、定律、学说作为科学的核心，再加以庞大的系统化了的知识……如果我们仅把科学当作这种知识的集结体的话，就算所有的实验室明天都关门，世界仍能保证有现代科学在文化上及实用上的贡献。当然，这种集结体是不完全的。动的科学观与静的科学观恰恰相反，动的科学观认为科学是一种活动。因此，现有知识之所以重要，主要是因为它能做进一步研究活动的基础。就这一观点而言，如果所有的实验室一齐关门，科学便要消失了；用文字写下的学说、法则、定律也要变成教条。因为，假定所有的实验室都关了门，进一步的研究都停止了，任何命题便没有了再检验的机会……要了解科学家以及16世纪以来的科学先驱者，我们越强调科学之动的本质越好。"（Ibid., pp.15-16）由此可知，科南特的科学观点，所注重的是科学的精神、科学的方法与态度，而不是科学的静态产品，他所重视的乃是科学的精神活动。

科学是否万能？科学方法能普遍应用于万事万物吗？科南特说："如果有人说，一切公正而精确的事实分析皆是科学方法，那就使认识科学为何物的问题越发混乱。如果有人说，科学研究对那些希望公正地分析人生问题的青年是最好的教育，这种话充其量也不过是一个非常暧昧的教育学假说。那些主张一个科学家以科学家的身份所持的观点与思维习惯，可以很方便地移用到其他人类活动领域的人，真得花点劲儿来证明他们的命运。我必须坦白承认，我不是同情人把科学当作偶像崇拜的。不过，普通人能对自然科学的方法有一个较好的了解总是好事。科学研究既能在处理问题的有效方法上提供广泛而且常是极生动的榜样，我们的大、中学校便必须加强灌输科学方法起源的知识。我们除了必须了解科学方法之外，尤需了解科学活动乃是人类的一种事业。"（Conant, 1951, p.10）因此，科氏最后的结论是："科学应该在大、中学校成为通识教育的一部分。目前大学一年级所授的科学科目如物理、化学、生物，甚至天文、地质学等都欠缺考虑。我们不是要他们一科一科地研读这些学科的知识，而是要他们了解所有这些学科的个案历史，研究科学史可以使学生了解在有些简单的问题背后，隐含着多么复杂的人类问题。"（Conant, 1949, pp.130-131）由此可知，科南特否定科学万能说，认为科学方法的使用是有限度的。但是，科学方法对一般人仍然是有其功效的、重要的，因此，在学校里实行科学教育便是必要的了，因而科氏将科学教育列为通识教育的一个部门。尤其重要的是，他强调通识教育里的科学教育，目的不在精研一科一科的科学专门知识，而重在所有科学的个案历史，即探讨其发生的背景、使用的方法、给人类的启示和影响等。科南特本人便亲自在哈佛大学主编《实验科学个案历史》，供大学一年级学生共同研读，目的在于让学生了解在自然科学问题的背后复杂的人类问题。就此而论，科南特是一位相当具有人文主义的科学观点的教育家。

最后，科南特对知识的分类，对他教育上的课程论有何影响？他说："假如我对知识的分类有任何价值或优点，即便是在分析教育问题时用得着,学术科目可以用我上述的知识三个范围来区分:通识教育,可以区分为人文学科、社会学科、自然学科三方面。我相信,在谈论通识教育时,诗和哲学要比科学甚至全部累积的知识都来得格外重要。"(Conant, 1949, p.126)

4. 教育理念

受理想主义和实在主义的影响,作为精粹主义者的科南特,其哲学思想自然会在教育理念中展现。科南特说:"教育的目的有三,第一是公民教育,第二是良好生活的教育,第三是职业教育。第一个目的在于实现美国传统的理想,以确保民主社会的发展。第二个目的在于培养未来民主的公民,使其过有效而满意的生活。第三个目的在于发现和教导各种各类的才能者,引导他们进入适当的职业途径,以造成高度工业化的国家。"(Ibid., p.69)他又说:"通常吾人可以用通识教育这一术语来涵盖第一和第二目的。通识教育因此便被界定是与专门教育相对的,后者是指获取职业上有用的技能、资料和态度。在我们的大学里,通识教育和专门教育的区别,前者可以称之为文雅教育,而今天通识教育一词比较广泛地使用……专门教育又可称为职业教育和专业教育。"(Ibid., p.70)

关于通识教育,科南特说:"通识教育的争论,主要在于选择何种西方世界的文学和哲学作为全国青少年的教育基础。"(Conant, 1949, p.74)他又说:"什么是我们公立教育制度的目的?假设答案是发展一个自由民主国家的有效公民,那么我们的通识教育便应朝某种方向;假如答案仅是发展学生的理性能力和要学生沉浸在我们的文化遗产之内,那么我们通识教育的方向便与上一个方向完全相反。第一个方向是现代教育的观点,视书本教育仅为达成民主公民教育的途径之一而已,书本教育并非教育的全部;第二个方向是传统的教育观点,视心灵生活为文化的基本目的,并且坚持认为这种目的只有由研习西方文明的文学和哲学遗产才能达成。"(Ibid., p.75)在这两个方向中,他采用第一个方向。关于"心灵的生活",他坚信:"如果我们视学校为塑造心灵生活这种自视高人一等的人为通识教育的目标,那么,我们充其量只是在保存和区别'有教养的人'和一般大众这种陈腐的观念罢了。"(Ibid., p.73)

科南特认为,教育功能一方面是基于教育机会均等的原则,充分发挥个人的潜能,以达到美国民主社会的理想;另一方面,教育是社会的历程,是达成民主理想的途径。到底谁应接受高等教育?在答复此一问题之前,他先问:"谁应接受教育?……各种职业的人应分别接受多长的教育?'高等'(higher)这一名词所含的任何阶级性含义都应予以剔除,而应该以教育机会均等来代表它的含义。"(Ibid., p.154)因为"'高等'这个形容词已经造成了许多弊害,它代表着虚伪的价值,产生摆架子的势利,更妨碍了我们劝导中学生追求、研究适合他们才能的课程所花费的种种努力"。他解释道:"在我的观念中,高中以上全日制的教育,不应视之为一种名望,而应该是发展学生才能所必须的事物。为了培养未来的科学家、医生、律师和学者,六年的中学时期是太短了。其他职业,则稍短时期的教育是公平的,再有一批人,全时制的教育可以在中学或更早时期便终结。"他说"各种职业皆有其尊严,而不论其所需训练年限之长短",所以他强调

"每一正当的行业,皆有其精英之存在,皆有其由于工作完美的贵族。将某一行业视为高于另一行业,是一种虚假的架子"。

关于大学,科南特说:"大学的生命,要靠……文雅教育的通识教育和专业教育来维持。"(Conant, 1936, p.386)通识教育在大学的阶段,应包含人文、社会、自然三大门类。

把大学生研读自然学科当作通识教育的一部分,其目的是给非专门研究自然科学的学生提供共同修读的科目,科南特说:"这里所谓的科学,是给非科学家所必须了解的一般常识。……物理和生物学发展过程的各项程序,有益于吾人作为处世的标准。"(Conant, 1949, p.120)他认为,大学的通识教育之所以要有自然科学,是因为"科学的概念成了生活在我们文明中的人们日用工具的一部分,其程度之深已经让今日的人们在作伦理或道德决定时,不但自觉地使用这些科学概念,还会不知不觉地运用它们。再者,科学家在实验室里的活动,无一不带有精神价值的判断在内。这两点,至少是我要辩护的主题……这个时代是属于各式各样专家的时代,但更重要的教育问题之一,便是着手在我们的青年人当中培养一种情操,借着它使一群专家更能懂得另一群专家究竟在做些什么"(Conant, 1952a, p.69)。

至于大学的专业教育,科南特虽认识高度部门分科化的功效,但他仍认为:"这种高度部门分科化停滞了激励性的教学和想象力的研究……各科系教授间的接触太少,各科系之间的僵硬和欠缺交流合作,使得许多学者和科学研究者将他们的智力局限在自己的小范围里"(Conant, 1934, p.9),"以致大学在名义上是一所大学,其实只是数种学院的物理合并而已,没有化学的交融;

只是数种学院同时坐落在同一块土地上罢了。"(Conant, 1933, p.7)

为了缓和专业教育过度分化的缺陷,科南特在上任哈佛校长时,便立即致力于各科系之间的交流合作,并于1936年在哈佛大学创设了一系列交错在各科系之间的"漫游教授",他解释说:"例如一位法律学教授,往后若在历史学方面有研究成果,便可以在不同时期教授法律、商学、历史、政治和经济等系的学生。总之,在他教授的生涯中,他可以依各时期自己最感兴趣和有研究心得的学科或专题而自由讲授……为了打破各系之间的界限和藩篱,漫游教授可以任意依其兴趣和心得而在任何所、系授课,以达到现代各种学识的综合。"(Conant, 1934, p.11)另外,为了致力于各系科学识的交流和联系,他在任哈佛大学校长时,"学生宿舍不再按以往分科分系居住,而是各科系混杂同住,使学生有更多机会彼此作学识上的交流"(Ibid., p.12)。

科南特对大学的定义是:"一个学者们高度独立的自治区,一个进行专业化的教育、促进知识的进步、涵养文雅教育的场所,其目的在于培养未来公民的领袖。"(Conant, 1949, p.158)他坚信大学有其固有定义上的严格性,一所大学必须能平衡而圆满地达成下列四个要素,才能成其为大学。他说:"构成大学的四个要素是:知识的钻研、专业的教育、文雅的教育和学生活动。……单是知识的钻研只能产生研究机构而非大学;太多学生活动,只能产生社团或足球队而非大学;独重专业教育只能产生学店(a trade school),而仅有文雅教育,那只是学院而非大学……此四项必须平衡,大学方能健全而有朝气。假如任何一因素被忽视或比

其他因素过度发展,那么大学的生命便将丧失。"(Conant, 1946, p.42)

科南特又说:"大学有两个主要的功能:教学和研究……如果要使美国的大学成为研究的中心,必须给教授以相当的自由,提供设备,提高酬劳——不仅是金钱的酬劳,尤其是在进修方面的酬劳。此外,大学里的兼任教授或赶场教授(driving professors)将使大学成为训练所而非大学。"(Conant, 1955, p.49)关于大学的研究,科氏最为重视,他说:"大学的研究不能仅限定在实用的观点和价值之内。"(Conant, 1936, p.453)他又说:"虽然大学里的若干研究,在旁观者看来是毫无希望的沼泽地带,但它们对真理的探求却是极有裨益的。"(Conant, 1935, p.441)最后,他得出结论说:"一所大学要充分尽其功能,必须有讨论的绝对自由和研究的绝对无干扰。我们必须有允许各种意见充分表达的宽容精神,不论其见解是如何的怪异。在大学的研究上是没有妥协的。我们一方面害怕在大学里出现异端怪论,但大学里没有了异端怪论也同样令人害怕。如果我们真正害怕的话,大学里便没有了对于当今重大问题的充分讨论,没有了对影响吾人生活基本问题的绝对无干扰、无恐惧的探究。这么一来,我们文化发展的门径,便要关闭了。"(Conant, 1946, p.45)

最后,科南特认为大学是知识和道德的领导者,"大学应该尽到在教育和知识范围内领导者的责任,担任在该地区具有道德影响力的领导者角色"。"大学应该和它所在的地区密切相关,并作为该地区的灵魂。大学不仅是时代的反映,更是影响时代的模范和典型。大学是协助国家处理社会和经济基本问题的机构。

为达此目的,大学教授不但应该热忱地探讨人类行为的各个重要层面,也应该运用目前的知识去解决人类的问题",而且"大学是知识上、教育上和道德上的领导者,要达成此任务,大学毕业生必须具备:专家的能力、广博的观点和道德的勇气"(Conant, 1949, p.5)。科氏得出结论说:"从历史上来看,大学有两个长远的功能:一是知识的进步,二是高深的教育。第一种功能超越了时间和空间,不受国界的影响,这是大学的国际功能。第二种功能受到时间和空间的社会情况所影响,这是大学在国内的功能。"(Conant, 1955, p.5)

(二)罗索夫斯基的精粹主义通识教育

罗索夫斯基(Henry Rosovsky)是精粹学派中因实际规划哈佛大学通识教育核心课程而著名的学者。罗索夫斯基系俄裔,1927年出生于德国但泽(Danzig),1940年随家人逃避纳粹而移民美国,1949年从威廉与玛丽学院毕业获得学士学位,并于当年入籍美国,其后在哈佛攻读经济和历史,1959年获得哈佛博士学位。1958—1965年间他在伯克利加州大学任教,担任经济学和历史学方面的课程,其间还担任日本和韩国研究中心主任。罗氏自1965年起在哈佛经济系任教,1969—1972年担任经济系主任,1973年起担任哈佛文理学院(即大学部)院长至1984年,1990—1991年又暂兼院长一年。他还是哈佛大学法人团体(Harvard University Corporation)之委员。

在哈佛任教期间,他多次前往德国、以色列、日本等国著名大学担任客座教授,并获许多荣誉博士学位,其著作以宏观经济学和日本经济为主，教育方面则除了历年担任文理学院院长的年度报告以及规划《哈佛核心课程报告》（*Task Force on the Core Curriculum : Report on the Core Curriculum*, 1977）之外，主要著作有《大学：所有者手册》（*The University: An Owner's Manual*, 1990, 本节所引，皆出自此书）。

关于美国大学的性质，罗索夫斯基不是从自我理论的概念或理想的设计出发，而是从目前实际的观察和经验得知，"像美国这样的民主社会，要求所有的公民都以从综合高中毕业为目标，学生形形色色，到大学时无法避免地要有一个共同性的课程。美国各级教育制度又都是地方分权的，各地区的教育内容和水准大不相同，所谓全国性的标准实际上是不存在的。各类中学的教学品质和水准受到下列因素影响而千差万别：各州或各地区的税收财源、都市里的各色人种和各样学龄人口、私人捐献的多寡、历史上公私立中学的关系等"（1990, p.110）。此外，"美国的大学是从多元化的社会中——地理的、种族的、经济的——接受各式各样才能的学生。我们的入学条件很宽松，我们承认不是所有的学生在求学的起跑点上都平等，我们关切的是终点"（p.111）。

罗索夫斯基强调美国地方分权的民主社会，各州各地的高中水准不一，以及大学必须从多元化的社会中，接受各式各样才能的学生，这种经验的体察和事实的认知是经验主义和实在主义的。然而，在多元社会和水准不一的高中毕业生中，到大学就读时要求有一个共同性的课程，这是理想主义永恒普遍的观点。承认学生在起跑点上不平等，因而要提供各种机会，使其能发挥才能，达到终点，这是杰斐逊-科南特式的教育机会均等理想。

基于对美国大学的这种认知,罗索夫斯基认为美国学生上大学有许多不同的理由,其中共同的目的是想获得人生第一项职业的学历资格,例如工程、护理、会计或其他领域。然而在许多方面而言,人生中的第一个学位并不意味着仅只是提供职业训练,特别是在以学术研究为主的大学和学院。学生进入这类大学和学院,是期盼着成为学术或文雅专业的一员,比如法律、医学或在大学任教,他们必须在研究生阶段有好几年的专门教育。这类学府大部分的学生都想继续攻读研究所,因此大学部的目标就成了一种通识性的教育——研读"一种旨在授予通才知识和发展通才智力的课程,以有别于专门性、职业性或技术性的课程。当然,通识教育的意义和价值并不是局限于仅为想读研究所的人而设的,通识课程有其本身重要的目的"(pp.99-100)。

　　从这段话中明显可以看出,大学的功能包含职业教育、文雅教育、专业教育,是职业技能和学术研究兼有的,其中大学部的教育目标主要是以实施通识教育为主,到研究所阶段才是专业教育。精粹本质主义人才教育者的杰斐逊和科南特,一向主张大学部重通才之培养,研究所才是专业教育,罗索夫斯基是又一个见证。实在主义者主张职业技能科目不应排除在大学门外,杰斐逊和科南特是坚强的拥护者,认为职业技术才能是社会所需,其重要性不低于文雅古典科目,罗索夫斯基也承认大学生上大学的第一个共同目标是职业的学历资格。这种在理想中不唱高调,在职业技能中不局限于就业糊口的观点,是精粹主义的教育本质。罗索夫斯基认为:"通识教育没有科学的定义,因为教育不是一门科学。被广泛接受的理论并不存在,对以往的和现在的观点要用实验的或逻辑的证明也少有可能,没有唯一的真理。"但他引用两个他认为合适的观点。第一,除了职业训练的功能之外,通识教育的主旨在于个人的整体健全发展,包含提升生活的目的,训练对情绪的反应,以及运用最好的知识来充分了解各种事物的本质。第二,我们生活在一个苦恼和纷乱的世界,未来无人能预测。世界的基础似乎将要分解崩溃,我们的文明正面临着严重的危机。在此关键时刻,如果不能给我们指引,教育就毫无意义了(pp.100-101)。

学术的快速成长表明,"运用我们当今最好的知识以了解事物的本质"并非静止状态的,它也表示必须打破认为"必修课程在永恒性的古典科目(每一年代有其新意、新解)和当今最好的实施方法之间一定要平衡的说法。重点是要选择科目,以及将此两方面做最适当的结合。最重要的是,要教导学生认清所处的环境,以及由此环境所产生的新理论和新解释,这要比单纯地告知学生资料和当今流行的学理更为重要"(参见黄坤锦,1994,第56-57页)。

罗索夫斯基指出,每年哈佛大学毕业典礼上,校长都会祝贺应届毕业生"成为有教养的人",同样的祝贺6月份在全美上千所大学院校发出。这表示什么?应该表示什么?学士学位可能仅表示修满必须修习的大学部课程学分而已。我们知道,并非所有大学毕业生都是有教养的人,也不是所有有教养的人都是大学毕业生。大学毕业是指学生智力发展到了相当的程度,我们并不期望他们是在文学艺术上、科学上或专业上很有学识的人。如果我们认为学士学位是他们智力发展的顶点,我们将会是失败的。

欢迎大学毕业生进入有教养的人群团体,只有在表达我们的信念——他们的心智慧已经达到标准时,才有意义(p.105)。

罗索夫斯基在规划哈佛核心课程时,为通识教育定下以下五项标准(参见黄坤锦,1994,第58-59页)。

第一,一个有教养的人,必须能清晰而有效地思考和写作。学生得到学士学位时,必须能够精确、中肯、有力地表达。换言之,学生必须被培养成具有精确而批判性的思考方式的人。

第二,一个有教养的人,必须对自然、社会和人文有批判性的了解。因此,学生必须具备多方面的知识和能力:能运用物理学和生物学上的数学和实验方法;掌握历史文献分析和数量统计的方法以探知现代社会的问题;了解以往重要的文学和艺术作品;了解人类主要的宗教上和哲学上的概念。

这个目标很大的定义可能显得不切实际。许多大学教授承认,要达到这样的标准,他们自己就很困难,但我认为这是短视的。首先,有一个明确陈述的理想,其本身就是有价值的。其次,前述系统的理念说明均已融入这些标准中,例如物理、历史或英语文学。我们并非要所有的大学生都精熟于这些领域,而是要求他们具备多方面的知识和能力,利用相当广泛概念的一组必修领域来达成。

从多方面知识、能力的熟悉跃进到批判性的了解是更重要更困难的。为达到此目的,我们必须将课程的内容转化为能做一般性的适用。知识的成长是相当快速的,我们必须鼓励学生成为终生的学习者。人的时间有限,因此只能选择某些科目。我们可以期盼一位非科学家选读介绍科学的课程,但无法要求所有的学生研习物理、生物、化学、几何和数学。因此,必修科目的普遍性功能是特别重要的。在理想层面上,必修科目应该既具有重要的内容,又具有了解该学科的方法。比如习读经济学固然能对经济学的内涵有所认识,但更重要的是要能运用经济学的方法来了解社会科学的各项问题,这样经济学在通识教育中才能显示其价值和意义。

第三,一个有教养的人,不应该有地方的褊狭性而忽视其他地区、其他时代的文化,而必须了解塑造现在和形成未来的其他地区和历史上其他时期的文化和力量。也许很少人能拥有如此广博的世界观点,但我认为一个人有无受过教育,最大的区别之处,就在于生活经验是否能用广阔的视野来省察。

第四,一个有教养的人,要能了解并思考道德和伦理的问题。虽然这些问题几世纪以来变化很少,但每代人面临道德伦理问题时,都会碰到两难抉择的困扰,因此受过教育的人要能做出智慧的判断,从事道德的抉择。

第五,一个有教养的人,应在某一知识领域有深入的研究,达到介于广泛的知识能力和专业层级之间的程度。用美国大学院校的术语而言,称之为"主修"(major)或"集中研习"(concentration)。这个道理是很明显的:知识能力的累积对于思考和分析能力的发展是很有效的,因为知识能力在累积时需要对逐渐复杂的现象、技巧和结构进行思索、探究。我们期望学生在其主修的学科中,能够运用所得到的资料、各种理论和方法,将所要探讨的问题予以清楚的界定和多方面深入的分析探究,然后依据令人信服的论证得到结论。

精粹主义对通识教育的价值和期许是很高的。罗索夫斯基认为,"通识教育的好处可能会随着年龄的增加、身心的成熟、世事的洞察和生活经验的累积而越发显著。通识教育的价值是难以捉摸的,是要反复吟咏背诵和不断潜心思索的,甚至有时太早学习是浪费的……最重要的是,通识教育是专业学术能力在其最高层次的实施中所不可或缺的。我们当然期望专业技术高超的专家:一个医生对医学和疾病要有高深的知识,一个律师对重大案件和法律程序要有深入的了解,一个学者对其专攻的学问要有深刻的研究。然而,所有这些才能和特质,当必要的时候,都仍是不够的。专业的理想不应该只是才能优秀的科技主义者,理想的目标是除专业知识才能的权威之外,加上谦虚、仁慈和幽默。我希望我的律师和医师能了解和懂得痛苦、情爱、欢笑、死亡、宗教、正义和科学的有限性,这些远比知道最新的药品或上诉法庭最新的规则重要。现今流行的资料可以随时轻易获得,但是对于人的了解和认识却无法只靠电脑。"(参见黄坤锦,1994,第62-63页)

(三)当今精粹本质主义学者的观点

美国当今对大学通识教育持精粹主义理论和观点的重要学者,有哈佛大学校长博克(Dere Bok, 1971–1991 年在任),其任内除指派罗索夫斯基规划核心课程并大力支持之外,他本身的著作如《走出象牙塔》(*Beyond the Ivory Tower*, 1982)、《高等教育》(*Higher Learning*, 1986)、《大学与美国的未来》(*Universities and the Future of America*, 1990)等,均以精粹本质主义的观点探讨美国通识教育。

斯坦福大学校长卡斯伯（Gerhard Casper, 1992-2000在任）对斯坦福大学的通识教育一直持精粹主义的立场。他强调生活的学习、知识的应用以及文雅科目的学习，其通识课程亦采用核心设计，共分九大类，其中对"文化、理念和价值"特别重视，目前正在进行改革。此外，从事美国通识教育学理和实际多年研究的加夫（Jerry Gaff），在其名著《当今的通识教育》（*General Education Today*, 1983）和《大学课程的新生命》（*New Life for the College Curriculum*, 1991）当中，均明确表达其精粹本质主义的观点（以上各学者理念、观点，将在后文详论）。

本章小结

大致而言，美国大学的通识教育可分为以纽曼和哈钦斯为代表的理想主义和常经主义，以杜威和克尔为代表的进步主义和实用主义，以科南特和罗索夫斯基为代表的精粹主义和本质主义。

通过上述的各节叙述可知，在形而上学的本体论方面，理想常经主义是显然倾向于唯心论的，强调精神，强调心灵，甚至是上帝的唯一神论；其宇宙论便是上帝的创造论，认为宇宙是有目的的，其存在和演化是神的旨意。神既然是唯一的，则真理便永恒而普遍，吾人生活之目的便是追求此永恒而普遍的真理。然而，进步实用主义基本上是倾向于唯物的，强调的是生物的本能，认为宇宙是变化无常的，没有所谓永恒不变的真理，当然更没有唯一绝对的标准，人的生活主要是在自然和社会环境中不断克服困难走出困境。精粹本质主义则是倾向心物二元论的,认为宇宙间有变的事实,但也有不变的根本,人生必须应对多种变化,但也必须追求生命中永恒的价值。

在知识论方面,理想常经主义主张最高的知识是神的智慧,认为人的知识即来自神的赋予,人因而具有理性,理性成为人类知识的源头和检验的标准,知识是理性经过锻炼而来的,而心理官能的训练便是锻炼理性的最好方法,因而主张古典语文和伟大心灵的经典著作才是最佳的教材,因为其具有永恒普遍的价值,是以所有的学生都必须将这种"历万古而常新"的经典教材作为核心必修科目。然而,进步实用主义则认为知识起源于生活经验中的不断尝试和累积,以其能有效解决生活上的困难为真,即为有用的知识。因此,知识通常是由个人生活最切近具体的开始形成,不可能一开始即追求一种高远而抽象的知识。人的生活经验不一,知识的形成和生活的问题自然不一。尊重个体差异和承认每个学生的独特性,是教育的基本历程。教育是个人的自然发展和自我调适,不应有外在社会或成人标准的预设目的。因此,课程便不需统一,尤其不可要求一致或共同必修,力倡自由任选才是最佳的方式。精粹本质主义则以理想的社会中自由人的才能的充分发挥为前提,人的才能需要生长发展,但此种才能必须与社会需求相互配合,方能得以充分实现和发挥。在自由民主的社会中,发展对人类有益的才能才是可贵的,因而教育的历程必须是机会均等,而教育的目的则是追求公民的社会责任。民主社会中的理想公民既具有职业工作技能,又具有社会人际沟通能力,更富有内在精神和心理的满足,此为健全公民所不可或缺的。因此,自然科学、社会科学、人文学科便成为教材中必须要有的基本大类,精粹本质主义的课程就发展出规划在某几大类的必修领域当中,学生可以自由选修本身需要或有兴趣的科目。

在人生价值论方面,理想常经主义要求追求永恒普遍的价值,人生有其绝对的道德感,这是人类共同的目标,也是个人行事为人的准则,因为宇宙的真理是唯一的。为期达到这个理想世界的真善美,则对目前的欲望特别是物质肉体的欲念予以克己节制便是必要的;为了未来的完美理想,必须忍受现在的痛苦熬炼。然而,进步实用主义则显然相反,认为目前生活的困难、问题就是有待解决的,生活既然是一连串问题的解决和经验的不断改造重组的过程,现在便显然比未来重要。因为所谓未来不会突然降临,而是无数个现在的连续,每一个现在均能解决和掌握,则所谓未来自然就易于解决和掌握,人生因而是现世的而非来世的,是现实的而非玄想的,每一个人都自行解决自己的问题,不干涉他人,世界自然太平,而毋须订下全体共守的律则。精粹本质主义则同时考虑个人自由和社会需要两方面,认为只有两者相互配合,才能相互得益。在自由民主的社会中,承认个人价值的尊严和个人才智的不同,提供其生长发展的机会。个人的才能必须对社会有所贡献帮助,方能得到充分发挥实现,两者其实是互引而非相斥的,精粹本质主义的人生论在于培养自由社会的公民,公民有权利要求生存和发展,公民有义务需要服务和奉献。

兹将以上三大类通识教育的理论派别,以表2.1简要标示。

表 2.1　通识教育三大类理论之比较表

	理想常经主义	精粹本质主义	进步实用主义
本体论	1. 唯心 2. 固定不变 3. 真理是绝对的	1. 心物二元 2. 有变有不变 3. 真理是未知的	1. 唯物 2. 变化无常 3. 真理是相对的
宇宙论	1. 创造论的宇宙起源 2. 目的论的宇宙演化	1. 创造的起源、进化的历程 2. 目的的方向中有机械的可能	1. 进化论的宇宙起源 2. 机械论的宇宙演化
认识论	1. 天赋的理性 2. 理性的思维 3. 内省的 4. 观念论	1. 理性和经验均有 2. 经验为先,作素材;理性在后,供思考 3. 实验和推理并用 4. 有外在的实体,但人需要靠观念的认知	1. 后天的经验 2. 经验的尝试 3. 外观的 4. 实在论
知识论	1. 官能的训练 2. 心灵的推展 3. 语文、宗教最重要 4. 重动机 5. 重知识的内容	1. 自由民主的方式 2. 身心健全的公民 3. 人文、社会自然均衡 4. 动机与结果兼顾 5. 内容与方法并重	1. 生活的解决 2. 技能的实用 3. 职业技术最重要 4. 重结果 5. 重知识的方法
价值论	1. 永恒普遍的价值 2. 注重未来的理想 3. 以质作标准	1. 自由民主的社会 2. 重现在未来的联结 3. 质为理想中不忽视量的事实(机会均等)	1. 因时因地的制宜 2. 注重现在的问题 3. 以量作标准
人生论	1. 真善美圣的追求 2. 来世的、天国的	1. 解决现实,追求理想 2. 建立自由民主的人间天国	1. 现实困难的解决 2. 现世的、人间的

这三大类理论,其本体论和宇宙论构成了对通识教育学理的基本出发点,认识论和知识论是影响通识教育的教材选择、课程编排以及教学方法的主要因素,而其价值论和人生论则造成各派学理对通识教育目的之不同观点。

当然，三大类理论各自中仍然有其略微的或程度上的差异，并非每一位同一类理论的代表人物其观点就完全一致。比如，在理想常经主义理论中，纽曼坚持宗教精神和神学科目的教学，但哈钦斯并未强调宗教神学，而推崇伟大的经典名著；在进步实用主义理论当中，杜威强调教育无外在的预悬的目的，但克尔认为满足多元的需要和解决各方的冲突是重要的目的；在精粹本质主义理论中，科南特主张自由民主社会中健全的公民，必须在人文、社会和自然三方面均衡发展，而罗索夫斯基重视的是一个有教养的人应具备的素养。这三大类理论在各大学当中显然都有其主要的代表者。例如，纽曼所在的牛津大学就影响到耶鲁大学，耶鲁大学的哈钦斯改变了芝加哥大学，这种耶鲁、芝加哥式的理想常经主义风格，显然是纽曼、哈钦斯式的。另外，威斯康星大学的观念和伯克利加州大学的精神，明显是杜威、克尔式进步实用主义风尚的；最后，哈佛大学和斯坦福大学的核心课程通识教育，充分显现了两校兼具保守与自由的稳健校风。这些学术理论如何落实在学校的教育措施上，哲学上的形而上学、知识论、人生价值等如何在教学目标、课程安排、教学方式、学生生活中具体实践，将在第二篇各章中叙述和讨论。

第三章

通识教育的重要案例

本书第一章讨论大学的发展与通识教育的演进,着重在政治、社会、经济等大学外在因素的探讨,及其对通识教育的影响。第二章探讨通识教育的理论,重点为从思想理论的内在因素分析通识教育的形成基础。本章将就著名的通识教育个案,做描述性和分析性的探究,结合前两章内在和外在因素的说明和背景,以期获得具体实施的内涵和深入实质的措施。选择的标准是当时普遍受到重视和讨论而又至今深有影响者,计13项案例。

一 哈佛早期的通识教育措施

(一)殖民时期的哈佛教育

创立于1636年的哈佛大学,其课程至1642年时才正式确定,第一任校长邓斯特教全体学生的全体科目:一年级研读逻辑、希腊文、希伯来文、修辞、教义问答、历史和植物学七科;二年级读伦理与政治、希腊文、修辞、亚拉姆语(Aramaic)和教义问答五科;三、四年级修读数学、天文、希腊文、修辞、古叙利亚语和教义问答六科。所有的学生自周一至周五早上八时至下午五时,以及周六半天均上课。除了修辞和教义问答是全体学生共同上课之外,邓斯特校长亲自教各年级的科目每天一至二小时,另外还要每周到各班主持讨论或演说。

哈佛大学因系基督教公理教会(Congregational Church)所设,继承欧洲的传统,尤其是仿照剑桥大学,以文雅学科为教育的主要内容,学生很少,其早期的两百多年中,一直维持着小型规模的经营,课程一直沿袭牛津、剑桥的古典经文,教学注重文辞的演练,要求机械式的背诵学习和反复的口语练习(Harvard University, 1991, p.3)。

除了牛津、剑桥,哈佛也受到苏格兰爱丁堡大学经验主义的影响,注重自然科学的探讨和实验,在第一任校长邓斯特和第二任校长昌西的主持下,17世纪的哈佛便开授当时与教会不相容的哥白尼学说。1701年,因无法容忍教授们的自由学风,马瑟校长只好自行离开。1860年代,当牛津、剑桥仍然具有教会宗派的浓厚色彩时,哈佛已脱离了教派教义的限制(Smith, 1986, p.17)。哈佛虽然是由教派创立的学府,但自由探索真理的学风却未受局限,相反,各种不同的学说得以在此论辩。通识教育的本质——自由的探讨、平衡的发展——在哈佛得以滋长。

(二)选修制度的改革

美国国会1862年通过《土地赠予学院法案》(莫里尔法案),再加上南北战争结束,各州纷纷成立以农工为主的州立大学。其课程固然并未排除古典人文学科，但最重视的是发展与西部开发、与生活有关的职业及农工技术教育。公立大学改变了过去欧洲大学的传统，注入了美国实用主义的农工商实用技术教育。

私立大学也深受这种实用主义的影响，例如1866年创立的康奈尔大学，强调职业技术学科，其目的就在于造就工业社会中有用的人，而不是培养绅士；1867年成立的约翰·霍普金斯大学，则以科学基础研究为主；1886年成立的斯坦福大学和1890年成立的芝加哥大学，则综合了康奈尔和约翰·霍普金斯大学的优势（Robison, 1989, pp.362-363），以职业技术的教育和自然科学的研究为主。

哈佛是一所以欧洲古老传统和文雅学科为主的大学，在这些新设的公私立大学都注重实用技术科目和科学基础研究的形势下，哈佛备受冲击，需要有一番改革。校长艾略特认为，在美国科技发展的时代，哈佛还仅限于研习牛津、剑桥的古典学科，致力于克己禁欲的清教徒式的教育是不够的，因而在1869年的就职演说中说："本大学认为文学和科学之间并无真正的敌对不容……古典文学和数学、自然科学和形而上学之间并没有互不相容。我们可以同时拥有这些科目，而且开设得最好。"（Smith, 1986, p.35）从此，哈佛的课程开始了多样化。

以往的课程很少，每个学生都读相同的科目，如今课程既然已经多样化，哈佛便首创了选修制度。在艾略特的观念中，"每个学生应该自己能够安排选择自己的科目"。他强调学生不可能统一和一致（Ibid., p.34），所以他允许学生有自由选修物理、化学、希腊文、拉丁文的权利,选修之风充满哈佛。1872年大四学生不再有必修科目,1879年大三废除必修科目,1884年大二废除必修科目(Robinson, 1989, p.364)。选修制度使哈佛注入了自由的传统以及对学生的尊重,在艾略特长达40年(1869-1909)的校长任期内,他极力维护选修制度、自由的风气和对学生的尊重,至今成为哈佛的学风。他们认为只有借由自由和尊重,才能达到哈佛的校训:真理。

(三)主修制度的改革

哈佛的自由选修制度,日后演变成毫无拘束的任意选修,带来不少缺陷,艾略特的继任者洛厄尔校长就很不满意这种漫无边际的任意选修。洛厄尔校长认为哈佛的这种自由选修是"教得太多而学得太少",因而在其校长任内(1909-1933)开始推行主修制度,要求学生毕业最低限的16门课当中,必须有6门集中主修某一个学门或领域,科系因而在哈佛产生。其他4门则必须在文学、自然科学、历史、数学4个分类当中每类各选修一科,另外6门才由学生自由选修(Smith, 1986, p.71)。

除了规定主修和分类必修之外,洛厄尔校长规定大一学生必须住校,作为促进学生之间和师生之间研讨、论辩和请教、问难的重要措施。洛厄尔非常重视学生的住宿制度和这种宿舍中的导师制度,在其24年的校长任内,除了大一学生必须住在校内的哈佛园外,他陆续兴建了七个宿舍(House)供大二、大三、大四的学生住宿,以实施其通识教育的措施(Harvard University, 1991, p.3)。

二 《1828年耶鲁报告》

1702年创设的耶鲁大学,系由基督教长老教会(Presbyterian Church)所立。不同于哈佛的是,它主要受到牛津的影响,而不是剑桥,更不是爱丁堡大学。1702年创校时,因为受不了哈佛大学教授自由学风而辞职的马瑟校长,到耶鲁大学担任第一任校长,由此便可预见其保守卫道的校风。19世纪初期,科学启蒙运动正盛,而且美国独立后开始前往开发中西部,自然科学和工艺技术等职业实用科目日益受到重视,因此,美国大学中的古典语文和艺文科目受到批评和攻击。这时也正是实用主义和功利主义学说兴盛之时,不少教育学者主张大学应着重实用学科,而非古典学科。有鉴于此,1828年,耶鲁的教授们挺身而起,以校长戴(Jeremian Day)为首发表《1828年耶鲁报告》(或称《教学课程报告》),为文雅学术做有力的辩护,被称为美国高等教育第一篇正式的教育哲学论述。

该报告力陈大学教育的目的是提供"心灵的训练和教养"。"训练"系指要扩展心理官能的力量,而"教养"则指要以知识来充实心灵。每一项古典学术科目都具有这种心灵训练和教养的独特功能和角色,相反,职业技术科目没有这种功能,因而必须排除在大学的课程和教学之外,不仅如此,要念大学就必须攻读学位,大学不能提供没有学位的部分课程。大学最重要的科目是古典语文,因为它提供"最有效的心理官能训练",现代语文也必须在大学中排除,因为没有多少教育价值。

报告中强调教学的方法应以传统的讲述和背诵吟咏为主,而反对职业专门科目中的实习应用；教学是以理论为主，而反对实务的演练；是以激发智力的思考和口才的雄辩为主，而反对实验的操作。在古典学科的广博学习中，深思苦索、反复辩论是培养各种专业人才或领袖人才的最佳教学法。学生在课堂上目睹学术大师的滔滔雄辩、引经据典，自然会暗自模仿学习。此外，更重要的是，学生上课之余，餐厅、宿舍、活动中心等场所，都是最佳的讨论和辩难之处；宿舍中的导师是学生学习的挑战者和督促者；辩论输了的学生，必须到图书馆寻找更多的资料，或者自己苦思冥想，真理是愈辩愈明的。

耶鲁报告认为，"大学的目的，不是教导单一的技能，而是提供广博的通识基础；不是造就某一行业的专家，而是培养领导群伦的通才……学生从大学所获得的，不是零碎知识的供给，不是职业技术的贩售，而是心灵的刺激与拓展、见识的广博与洞明，这是要学生花很大的努力和相当的代价的"。那么，什么是大学的教学目标呢？教学目标在于为卓越的教育奠定基础，为达成此目标，大学要扮演家长式的督护角色。这种卓越英才式的教学，必须是广博、深入而坚固的，以有别于其他大学局部的或浅薄的教学，造成松散的物质享乐、速成的自由放任。

三　莫里尔法案

南北战争期间，考虑到中西部开发与全国的战后重建需要大批农业和工程机械方面的技术人才，国会众议员莫里尔（Justin Smith Morrill, 1810-1898）1862年提交法案，要求各州提供土地，设立至少一所以教授农业和工程机械为重点的州立学院（后来被称为"赠地学院"），以培养实用技术专门人才；当然，法案也特别指出，赠地学院不应排斥科学与古典研究的科目。法案在参众两院顺利通过，7月2日，林肯总统签署了这份以莫里尔命名的法案（Morrill Act，莫里尔法案）。这类以理工农为主的大学，对当时以文理学院为主的美国大学构成很大的挑战，而且形成重要的趋势，成就日后的许多名校，如明尼苏达大学、密歇根州立大学、伊利诺伊大学、俄克拉荷马州立大学、俄勒冈州立大学、堪萨斯州立大学、佛罗里达大学、麻省理工学院等。

新式州立大学的课程，农业方面以畜牧、兽医、育种、森林、植物病虫害、作物栽培、品种改良和渔业等为主，工业方面则以机械、矿冶、土木、电力、水利和运输等为主；此外还有商业方面的会计、金融、财务等。各种以往在传统大学中少见的科目，纷纷设立，而且随需要而不断增加。但是，它们并不轻视自然科学和社会科学的教学和研究，如物理学、化学、生物学和心理学、社会学、经济学、政治学等均得到重视，对现代语文也不忽视。古典语文虽也开授，但相对而言，并不受到更多的重视。

在教学方式上，除了传统的一般讲述之外，最重视的是实验和实践演练。举凡各种实验室的操作、田野的实地测量和调查、牧场示范教学、森林实验、林场实习、银行实务练习、海洋生物调查、水力发电观测等，只要对教学有实际需要，均应具体而真切地观摩、演练、示范和实习。

受到新式州立大学教育的影响，1868年成立的康奈尔大学也标榜这种进步实用主义哲学，宣称康奈尔大学的教育是"教任何人任何科目",尤其是设有传统大学所没有的农学院、林学院、工学院等创新的实用科技学院。1886年在西岸成立的斯坦福大学、1890年在中西部创立的芝加哥大学,也继而响应,注重实用科目的教学。即使传统的大学如哈佛,也于1869年在艾略特任校长后开始大量讲授自然科学和实用性质的课程,设立了劳伦斯科学院,实施自由选修制度。

新式州立大学的另一重要任务是为全州服务。大学不单是培养学生个人的才能,其教学和研究的目的是为全州的农工商各界服务。大学是当地的社区中心,全州都是大学的校园。大学要把教学与研究的成果,推广到全州的社区。推广教育更要求大学教授要到邻近的社区授课。此外,全州的州民可以到大学选读部分无学位课程,只要觉得某些科目对其职业、生产技术或人生意义具有效用或价值。威斯康星大学在这方面最具有代表性,因而于1904年形成了以服务和推广为最大特色的"威斯康星理念"。

四 哥伦比亚大学的通识核心课程

在第一次世界大战时期,美国国防部"学生军训团"请哥伦比亚大学开授一门"战争问题"(War Issues)科目,由研究院院长伍德布里奇(Frederick Woodbridge)领导授课,各校及各军训单位均竞相仿照。其后该校历史系的卡门(Harry Carmen)和哲学系的科斯(John Coss)两位教授共同设计一门"和平问题"(Peace Issues)科目。1919年,这两门课合并成为"当代文明"(Contemporary Civilization, CC),系一种广泛介绍西方文明的综览性概论科目，其目的在于"告知学生其所处的身心与社会环境中，最具影响力和最卓越杰出的因素"。"当代文明"规定所有大一学生必修，一周五天中，早上九、十、十一点均开授一小时，外加一周一次的小组讨论，总共 4 学分。授课教师由历史、哲学、经济、政治等系教授组成，其中多为资深教授，更不乏大师级的学者。

"当代文明"课实施成效甚好，1929 年加重分量延伸到大二，学生大一时必修 CC-A，以西方的哲学和历史传统为主；大二必修 CC-B，着重经济与政治。1930 年开始，仿 CC-A、CC-B 的课程方式，扩大成为核心课程，1934 年开始规定学生必修两年的科学 A（Science-A）和科学 B（Science-B），但至 1941 年，因为自然科学教授的反对而暂停。1935 年规定，大一学生必修文学和哲学方面的经典名著，1945 年起更要求大二学生在人文课程方面要包含必修音乐与艺术。

然而自 1936 年开始，哥伦比亚大学将大一、大二课程划为低年级部（lower division），大三、大四为高年级部（upper division），在低年级部时研读共同课程，高年级部则自由选修。1953 年起，开始实施主修制度，并且鼓励学生三年毕业，因而低年级部的共同课程渐趋没落，授课教师不再受重视，由以著名教授、名师宿儒为主改为以讲师助教为主，甚至研究生或助理权宜充数。至 1960 年代中期，因学生校园运动，大二的 CC-B 必修课程被废除，大一的 CC-A 也饱受攻击，哥伦比亚大学教授贝尔（Daniel Bell）在其名著《通识教育的改革》（*The Reforming of General Education*, 1986）中倡议改革并予以维护，但未获接受。

贝尔一人独立完成其著名的报告，将芝加哥、哈佛和哥伦比亚三所大学的通识课程做细密翔实的比较,提出了对于哥伦比亚大学的改革方案。他强调课程的"概念化"(Conceptualization)和"联贯性"(Coherence),其目的在于"把由专门教育而导致的狭隘观和部门化予以降低,而由哲学的前提和价值的立场出发,做所有知识的追求探索和技能的培养训练"(Bell, 1968, p.296),因而特别着重人文和历史课程。

贝尔的通识教育改革方案要点如下。

1. 一年半的必修课"当代文明",第一学期重点为希腊和罗马的历史。第二、第三学期,探讨中世纪至今的历史,并将重点放在经济、政治、社会与智力三项主题上,学生必须从这三项主题中选一项作为深入学习的重点。

2. 一学期的必修课社会科学,内容依不同主修学科而定。

3. 一年半联贯性的系列人文科目与"当代文明"配合实施,特别加重在文学和哲学两方面的内容,其中第三学期必须以近代或现代艺术为主。

4. 一年的美术或音乐科目中,第二学期必须注重现代艺术的趋向。

5. 不需英文作文的教学。学生进入大学时就必须证明其英文写作和阅读能力。

6. 两年连续性的系列科目:物理-数学和生物-数学。物理教学要使学生能概念类推,数学则要设法让学生习得作为知识的方法、工具。

7. 为让学生在主修方面能将所学作概念的类推,设计了三层次的科目,目的在于达到四方面的功能:①强调各科目的历史基础;②能运用各种科目的方法来处理同一问题;③将相关的科目,试图以哲学和方法学予以连贯;④研习比较文化,特别是非西方文化，而作比较联合。

但是贝尔的这一课程理想未能在哥伦比亚大学实现，因为当时支持他的副校长杜鲁门（David Truman）正要离开，贝尔本人不久也伤心离去。贝尔的计划方案，后来在哥伦比亚大学讨论时受到强烈的反对，特别是受到自然科学方面的师生反对。再加上随后的学生运动，整个计划便无法实施。

在1970年代，CC-A虽然形式上得以保留，却已经不再是哥伦比亚大学通识教育的共同核心必修科目，共同的考试废除，共同读物等教科书也减少比例，1975—1976学年36位教CC-A课程的教师中，有23位是研究生，而只有一位是具有长聘（Tenured）资格的教授。

CC-A在1980年代开始渐有起色，哥伦比亚大学通识教育委员会重振之后，改进并加强了师资阵容和课程结构，要求对全校学生广泛的通识教育再测验，特别是各研究学院以及内外科医学院，在经历了荣枯盛衰的浮沉沧桑后，原先的CC课程正迈向新的改革阶段，除了CC恢复为大一必修之外，实施大一、大二分院不分系。在共同必修学分（28-35分）当中，除了CC恢复为必修之外，另规定人类学或亚洲文明为必修，人文与社会科学类须从外国语言和文化、历史、音乐、哲学、政治学、宗教、社会学中选修三至五项科目。

五　芝加哥大学的理想主义通识教育

1890年创立的芝加哥大学，系由石油大王洛克菲勒捐资设立，其第一任校长哈泼即规划芝加哥大学为教学、研究、服务三大功能相结合的大学,三者兼顾并未偏颇。开校时所设的全校五大部门为:大学部,图书馆、实验室及博物馆,大学出版社,教育推广部,大学联盟计划部。1902—1904年间,持进步实用主义观点的杜威曾任该校教育研究所主任,主持进步实用主义观点的实验学校。

但1929年哈钦斯出任校长后,进行大规模的改革,芝加哥大学的理想主义色彩开始浓厚,人文古典主义成为大学的主流。大学部完全实施共同必修的核心课程通识教育,学生必修三年共同的人文学科、社会学科和自然学科;另外加一年的数学、哲学、西方文明史和外文,以及颇受重视的"观察、解释和统整"和"组织、方法和知识原理"两科。

学生可以按各人的资质、能力完成这些必修科目,年限不定,资质聪明者可以三年完成,但因课业分量重,通常还是四年修毕者最多。大学部通识课程修毕,通过一项由大学考试委员会严格的综合考试之后,到研究所时才开始主修个人的专业。

通识核心课程的教材采取经典名著和统整性课程两种方式,经典名著部分要精读熟记原著,讨论该名著的写作背景、著作内容、当今意义等;统整性课程系阅读多本经典名著之后,由数位教授合上一门以讨论、辩问为主的课程。每门课通常每周学四小时,其中一小时听讲,三小时讨论。阅读是上课之前要自行完成的。

大学部因为强调人文经典的教学,事实上常与大学其他部分隔绝孤立,形成类似僧侣的修道院,而且着重教学为主、研究次之,人事任命和教师升等自成一个体系,与其他研究部门和专门学院有别。这种情形，在哈钦斯当校长时，可以得到特殊的礼遇和重视，但1950年之后，哈钦斯影响力日减，并于1953年离开芝加哥大学，大学通识教师这种以教学为主、研究为次的风尚，受到轻视和非难。许多著名教授纷纷离去，年轻有为的教师也不愿到大学部担任通识教学老师，担心妨碍升等，哈钦斯的理想快速褪色。通识教育减缩为两年，而且老师难求，常需央求各科系支援。

1960-1970年代初，大学部通识教育受到学生校园运动的影响，核心共同必修科目更是饱受责难，景况更下，难以度日。1970年代后期，稍见复苏，学校将大学部规划为人文、社会科学、生物科学、物理科学四部门，以及另外一个侧重学生自我研读（Independent Study）和教师研究的部门。重新规划后，芝加哥大学要求所有大学部学生必修四门核心通识课程，以及一门连续两学期的科目，但仍难恢复到哈钦斯当年的必修经典名著的程度，更不可能让大学四年全为通识教育。

六　圣约翰学院的经典名著通识课程

位于马里兰州安纳波利斯的圣约翰学院，1937年因校长与教授意见不合而辞职，导致学校几乎关门。董事会遂聘请颇具名望的理想常经主义学者巴尔和布坎南分别担任校长和教务长。巴尔和布坎南早年即曾为弗吉尼亚大学设计经典名著的课程，惜未获充分采行。1929年哈钦斯在芝加哥大学初任校长时，二人即前往助阵，协助规划哈钦斯理想人文主义式的大学，并实际负责推展芝加哥大学的经典名著通识课程将近十年，颇有声名。两人到圣约翰学院负责推动校政和教务期间，哈钦斯亦成为该校的董事之一，协力合作，大展宏图。

首先，他们规划出一种全体学生必修、按年级统一施教的课程。科目全系西方的经典名著，从古希腊诗人荷马最早的史诗《伊里亚特》(*Iliad*) 到美国哲人梭罗 (David Thoreau) 的《瓦尔登湖》(*Walden*) 等一百多种，他们认为这些经典名著是"历万古而常新"的，系人类伟大心灵的精心杰作，具有永恒而普遍的价值，在任何时代任何地方都能启发人类的心智，也是人类内心深处的共同理念和经验，值得每位青年学子精读熟记，反复背诵吟咏，以开启个人的心灵，充实精神的内涵，点燃文明的曙光。

一百多部名著系依年代顺序进行学习，所有学生大一时读古希腊时期经典名著，大二时读罗马、中世纪、文艺复兴时期经典名著，大三时读十七八世纪时期经典名著，大四时读19-20世纪时期的经典名著 (St. John's College Catalog, 1993, p.22)，而且标榜"本校最显著的特色在于所有的学生在同一年级，在同一的时间和同一的准备中，阅读同一的书籍" (Ibid., p.31)。这种共同的学习可以使学生的自由与理性得到和谐发展；在共同的文化传统中研读，可以促成学生学习、养成人生道德和肩负起社会责任。

除了以名著的阅读为骨干之外，学生必须修读语文、写作和数学。巴尔和布坎南提供圣约翰学院全体教师一年的试验，做此项新课程的准备，大部分教师均接受此项挑战，小部分教师则离开，而由认同此一理念的新来教师取代。

教学的方式有五：(1) 研讨会 (Seminar)，17-21位学生，

2位老师,一周两次,时间在晚上8-10时,研讨指定的经典名著;(2)小组讨论(Preceptorial),以大三、大四学生为主,10人以下,一学期九周;(3)学习方法指导(Tutorial),有针对语文、写作、数学、音乐的个别指导和10人左右的团体指导两种;(4)实验室操作(Laboratory),数学、物理、生物方面的实验(因为经典名著中含有阿基米德、波义耳、牛顿、孟德尔的著作);(5)听演讲(Formal Lecture),每周五晚上8-10时,全体学生必须参加,这是最重要的听课,通常系资深教授或校外著名学者的演讲。

学生的成绩评估与一般大学不同,不太注重笔试测验,而以平时的研讨会、小组讨论中的发言情形和内容,以及与教授的定期和不定期的晤谈为主,注重学生平素的思想和论辩能力。除了语文、写作和数学有统一考试之外,其他学科大都采用教师的平常纪录成绩,期末给予文字叙述性的总评,而非数字分数或等级。

1946年,巴尔和布坎南离开圣约翰学院,拟在马萨诸塞州再创一所相同的学府,但未如愿。1951年圣约翰学院才开始招收女生,1964年在新墨西哥州的圣塔菲(Santa Fe)创设第二所学校,名称亦为圣约翰学院。两地两校课程均相同,系哈钦斯式理想主义的学府,而且学生来源不限于当地,而为全国各州的男女青年,每年申请的学生竞争相当激烈。申请前往任教的教师相当踊跃,教师不分教授、副教授之等级,薪水纯以服务年资而定,教师没有升迁的压力,因而能专心于教学,不需要因为研究而牺牲教学。来此任教的老师,除担任实验和个别指导之外,也必须经若干年后，不断地轮流教授各种科目和名著，教师本身就是"通识教师"（General Faculties）。在安纳波利斯和圣塔菲的两所圣约翰学院，均以经典名著课程傲世。

七 《哈佛红皮书》的通识教育

哈佛的本科教育，在艾略特校长长达 40 年（1869-1909）的实施自由选修之后，历经洛厄尔校长 24 年（1909-1933）的修正更张，改为科系的主修制度，特别是在通识教育方面，改为采用分类必修的方式。实施多年之后，觉得只是要求学生到各系去修满分类规定的科目学分，而各系教授通常也分不出班上哪位学生是本系，哪位学生是外系来修课作为通识学分的，因此教授一本其专门学科的教学内容和方式，实质上并未对来修通识的学生做额外的准备或调适。教师感到要教这些外系来的学生达到与本系学生相同水准，颇有困难；来修通识的学生则觉得不受本系师生的重视，因而师生均有怨言。

此外，"二战"也给人类带来极大的教训与震撼。一个大学毕业生，在战火的洗礼中，如何应对自己的人生未来和价值取舍？大学在战后对人类文明和社会正义应扮演何种角色？这些成为美国大学的重要课题。有鉴于此，科南特校长 1943 年任命该校历史系教授兼文理学院院长巴克为主席，包含教育哲学家尤利希在内的 12 位在历史、教育、生物、哲学、语文、政治、化学、物理各方面杰出的教授和校外人士，组成"自由社会的通识教育目标委员会"，历经两年的研究讨论，于 1945 年提出报告《自由社会的通识教育》，被很多人视为通识教育的圣经，又称作《哈佛红皮书》。

该书在科南特校长的序言之后，开宗明义地提及美国大学的问题。书中引用柏拉图在《理想国》中的名言："年轻人是形成品格和接受观念最好的时期，因此我们应该只是单纯地让年轻人自行摸索，听一些杂乱无章的事情吗？或者只是让年轻人任意接受有害于心灵的观念吗？难道我们对年轻人的成长没有责任吗？"

《哈佛红皮书》除力陈通识教育在个人发展和国家社会的重要功能之外，还明确阐述通识教育的目标在于培养学生的四种能力——有效思考的能力、沟通的能力、能做适切判断的能力、价值认知的能力，并规划通识课程应包括三个领域——人文学科、社会科学、自然科学。

哈佛此次通识教育改革中，大学毕业最低限的16门科目中，主修仍为6科，通识课程占6科（由洛厄尔时期的4科增加2科），自由选修由6科减为4科。六科的通识课程必须在人文、社会、自然三大领域中至少各选一科，而其中人文领域中至少要读"文学经典名著"一科，此外可以选读文学、哲学、美术、音乐方面的科目。社会科学领域中至少要读"西方思想与制度"一科，此外可以选读美国的民主以及人际关系方面的科目。自然科学领域中可以选读自然科学概论、数学、物理、生物等方面的科目。

担任通识课程的教师都是人文、社会、自然各领域各科系推选出来的声誉卓著的教授，因而任教通识科目是一种荣誉。例如科南特校长本身就既是卓越的化学家,又因他对历史和西方经验主义素有研究而享有盛名,便在通识课程中开设"自然科学史"和"休谟的哲学"两科。

《哈佛红皮书》除了对大学的通识教育提出改革之外,对美国中学的通识教育也着墨甚多,除了叙述中学教育对大学通识教育的基础性质与连贯问题之外,其中第四章还专章讨论"中等学校的通识教育领域",认为也应该在人文学科、社会科学、自然科学和数学三大领域中做适切而均衡的安排。这是各项大学通识教育改革方案中,对中学通识教育讨论最多、建议最具体的报告。

八 杜鲁门总统的高等教育通识方案

第二次世界大战刚结束时,鉴于民主、自由的保障有赖于全体公民教育素质的提高,高等教育必须在量的方面予以扩大,还要在质的方面予以提升;又鉴于因参战而失去上大学机会的大量退伍军人战后必须回到校园,因而陆续通过《退伍军人复员法案》和《士兵权利法案》;再考虑到战后高等教育的性质和功能有待检讨改进或调整加强,杜鲁门总统的高等教育委员会1947年发表了《追求民主的高等教育》(*Higher Education for Democracy*)的报告。报告主张:(1)大规模扩张高等教育,要求各校多收学生,各州增设各类高等学府,特别是社区学院;(2)高等教育不应受到个人在经济、种族、宗教、地区、学历等方面因素的限制;(3)高等教育是为全民而设的大众化教育,任何美国人民都有权利要求接受至少两年的高等教育；(4)强化通识教育的功能和课程，要求通识教育和工作职业的密切配合。

报告明确指出，"美国大学和学院，正面临着必须在维持传统的任务和加注新兴的任务当中创造出新的模式，以符合美国人民新的条件与情势，为自由人类的生存和发展作贡献"。因此，"美国的高等教育，在未来必须提倡统一中多样化的原则：每一州、每一学府或其他有关机构，都可以在最大范围内充分发挥各自的潜能，但是教育界的领导者必须有共同的目标，使高等学府成为激励学生、引导学生的场所，以发现个人的才能，培植个人的资质，使人类的民主社会得以坚实永固和茁壮发展"。

在此理念下，通识教育的重要性便受到承认和尊重，报告的《通识教育的必要性》一章中指出："目前的大学教育并没有针对学生成为未来的公民和工作者而设计，没有为健全的生活和人生而设计，主要原因是通识教育被过度的专精化所切割而支离破碎"，因此，"今天的大学毕业生可能有某一技术的或专门的训练，也许专精，但同时也狭窄；而很少能得到如何做一个完整的人、一个称职的父母、一个健全的公民的教育。学生接受太多的专门教育成为某一特定行业的能手，然而缺乏生活的乐趣和生命的统观，欠缺与人际沟通的能力，因而无法与人分享其快乐和痛苦"。因此，"通识教育是非专精化和非职业化的学习，是所有受过教育的男女应有的共同经验"，"通识教育是要给学生某些价值、态度、知识和技能，使其在自由的社会中生活得恰当舒适和丰富美满；要让学生能够认同、择取现实生活中的富丽文化遗产、现存社会中的可贵经验与智慧，并使之内化成为个人的一部分"。

如此,"学生就会发展和珍视伦理的价值、科学的类化、审美的态度,以及各种政治、经济和社会制度所以存在的意义"。

通识教育的目标"应该是在学生的思想认知和具体行为中展现,而不是用书本的记忆或纸笔的测验来表达"。因此,报告中确定了11项具体的通识教育目标:

1. 能展现出具有民主理念和伦理原则的行为;

2. 能积极参与所属团体或社区的活动,以其知识和能力而有所贡献;

3. 能表达人际互相尊重的认知和行为,以促进了解与和平;

4. 能了解和运用自然的环境,应用科学的方法,解决自己的生活,助益人类的生活;

5. 能了解别人的观点,能有效表达自己的观点;

6. 能掌握自己的情绪,能维持良好的社会适应;

7. 能维持自己的健康和体能;

8. 能了解和欣赏文学、音乐、美术,并参与艺能活动;

9. 能与家人美满相处,具有家庭的知识和伦理;

10. 能有适合自己兴趣和才能的工作职业,在工作中展现才能和愉快;

11. 能有批判性的能力和习惯,具有建设性的思想。

报告强调,通识教育的实施方式并不是规定所有的学生修读相同或单一的科目,相反,"为达成共同的目标,通识教育以各类型的教材和经验为途径。途径必须广泛而多样,以符合各式各类学生的广大差异"。此外,报告重视校园的活动,"通识教育并不只限于正规的教室上课,大学校园的许多课外活动,是达成教育目的之重要方式"。

报告特别列有《通识教育与职业教育的关联》一章,说明"虽然如目前大家所知的字面意义,通识教育强调生活中非专门化的教育,但它不反对职业教育。正确地说,两者是互补的。通识教育是有助于职业教育的,因为它提供广博的视野和观点,使个人成为更有效的工作者;提供多样的领域和角度,使个人在工作中有多面的考虑,这才是自由人的社会"。因此,"美国当今的教育必须把视通识教育和职业教育截然划分、互不相容的陈旧古老的观念予以扬弃",教育并没有"生活的教育"和"谋生的教育"之绝对区别。

九 伯克利的学生自由大学和图斯曼实验学院

在1960年代中期学生意气风发的校园风潮盛况中,伯克利加州大学更要扮演领导的原先角色,而有1965年由"学生操纵、运作的伯克利自由大学"产生。1965年春,一群响应学生"言论自由运动"的研究生,在伯克利校区附近"开办"一个体制外的"自由大学",以作为"一种抗议和一种承诺",抗议当时大学院校的虚假矫饰和官僚行政,抗议课程的迂腐不切实际,抗议教学的不当要求和师资水准的低落,表达对校园的各种不满;承诺要尊重学生的个别需求、学生的人格尊严,课程要有智力的思辨空间和作用,而非一味加紧猛填,教师的教法要确实有效而非一味地自我吹嘘等(Free University, 1966, p.1)。

"自由大学"的上课通知是通过布告、看板、小册子、传单、口传等方式呼朋引伴而进行，主要是以研讨会、论坛、会议、辩论等方式进行的。至1966年，计有170多名主要负责设计和安排课程的学生和部分支持学生的教师，提供28个无学分、无成绩的通识课程，学生修读来去自由，有积极投入比以往正规上课更认真的学生，当然也有随兴来去、玩世不恭的学生，但基本上都相互尊重，不扰他人。课程内容以政治、社会、经济和人文艺术为主，而较少自然科学（因为没有太多经费供实验设备）。上课地点除了"自由大学"校本部的一栋房屋之外，遍布在伯克利和奥克兰地区的民宅、教会、街头、公园等各处，盛况空前。1970年年初，学校共开授了将近200门科目，而固定常来"注册"缴费的学生超过1200人。

相对于学生运作的"自由大学"，1965年哲学教授图斯曼也在伯克利大学内设立一所"实验学院"，以实施通识教育。图斯曼不满于伯克利学生任意选课，以及"自由大学"的毫无章法，感到有责任为迷失的青年寻回正途。图斯曼的实验学院其实很类似于1830年代米克尔约翰在威斯康星大学所设的实验学院，要求全体学生必修，以取得共识，其课程为密集而深入地研读古希腊文、17世纪的英格兰历史、美国宪法的创制过程，以及当代社会问题。而在当代社会问题中，编成战争与和平、自由与权威、个人与社会、接纳与反叛、法律与良知五个主题。然而，由于要求全体学生必修，加上师生在学生运动当道中的反对，图斯曼这种"堂吉诃德"式的用心，只能吸引到少数学生前来就读，日后在学校多元和民主表决的校务会议中，自然就以浪费资源为由而于1969年被废除，"实验学院"仅维持四年时间便结束了。

　　学生的"自由大学"和哲学教授图斯曼的"实验学院"是很好的对照。前者受到大学生的普遍欢迎，成为体制外的学生自发运作的大学，后者却如阳春白雪，落得孤芳自赏。其实，若仔细比较分析两者的课程内容，几乎可以说是很相同的，都是重在人文和社会方面，而社会方面也都以主题式做统整性的研讨和论辩，内容也是战争与和平、自由与权威、人文与科技、法律与政治等当时学生感兴趣的主题。然而，两者最大的不同点在于，前者是自由研习、自由来去，而后者却是统一必修。课程实质内容一样，差别在于修课方式是自由自发还是统一规定，在学生运动的高涨狂潮中，统一规定显然是不合时宜的，图斯曼的实验学院因曲高和寡而结束，正显现了1960—1970年大学演进成校园民主和学生运动，学生要求的是参与和自主。

　　学生要求参与和自主，找到了学习的主体性和自发性，就大学的起源本义和学习的动机效果而言，可以说确有正面的积极意义，也正是通识教育的目的之一，学生运动就此而言，是值得肯定的。然而，因学生欠缺经验和经费，而要持续长久，就必须有组织，这就不得不痛苦地要有行政科层运作。自由大学和学生运动在两难中进行，其实这也是当年大学的困境。

十　圣克鲁斯加州大学的住宿学院式通识教育

　　加州大学董事会（University of California Board of Regents）和加州教育董事会（California State Board of Education）1957

年预测加州各大学教育的学生人数将在1960-1970年急速增加，因而1961年在伯克利南边的圣克鲁斯（Santa Cruz）开始筹建另一所加州大学。筹备之初，伯克利加州大学校长及后成为全加州大学总校长的克尔，任命伯克利的院长及好友麦克亨利（McHenry）负责策划，并决定此一新的圣克鲁斯加州大学将不同于伯克利的学术性、研究性和综合性模式，而采取英国牛津、剑桥的住宿式学院，并以通识教育为施教重心。

圣克鲁斯加州大学的理想是希望以许多小型规模的住宿式学院为主，各学院内有其各自负责管理的教室、宿舍、教师、生活空间等。各学院间做松散的联合，各学院拥有400-1000名学生，以实施通识教育为主，并注重学生的生活辅导。因为没有研究所以及专门教育，因此，学校没有一般大学的科系制度，只有在教务行政上规划为人文学科、社会科学、自然科学三方面的教学联络整合中心。上课不用传统的大班讲述，而改用小班制，以科际整合性的小型讨论为主，全部施教是以注意学生的个别差异和不同需求为出发点的。各学院虽是小型的，但全校各种小型学院很多，各有其特色，学生得以在各类学院之间相互切磋讨论和比较竞争。因为不分科系，即使住在同一学院内的宿舍，学生兴趣专长和才能资质也颇不相同，因此，学院内就有各式各类的学生，再加上各学院又有各自的独特风格，学生得以在多样化的环境中开阔视野，增加经验。

该校自1965年开始招收第一批学生到柯威尔（Cowell）学院，是以人文学科和西方文明为课程重心，大部分学生在高中阶段相当杰出、成绩优异、颇具学术研究性向才能，选课自由，鼓励自我研读。师资阵容强大,全部具有博士学位,且不少是全美知名的学者,教师也要住在学院内,与学生朝夕相处。

自1966年起,该大学陆续增设学院并开始招生,如史蒂文森(Stevenson)学院侧重社会科学,克朗(Crown)学院注重自然科学,梅里尔(Merrill)学院以多元文化的研习为特色,第五学院(College V)发展艺术,克雷斯吉(Kresge)学院强调社区关系和服务,奥克斯(Oakes)学院注重文化的多元和少数族裔的经验,第八学院(College Ⅷ)则以成人教育和妇女学而著称。每一学院学生在600-800名之间。全校以实施通识教育为主,没有科系之制度,但在施教当中,各有特色和重点。

但1970年代后期开始,科系制度的呼声在学校内高涨,在加州(甚至全美、全世界)各大学都分科分系的现实环境当中,圣克鲁斯加州大学成为孤岛或异类,无奈中逐渐走向分科设系,1976年也开始大量招收研究生,走向一般大学的形态。就通识课程而言,许多老师不愿意任教通识科目而专心自身的研究工作,否则不但升等很慢,而且因没有著作出版,在学界默默无闻。学生心目中热忱教学的良师,在学术界比不上因专心研究而得奖者的荣耀和光彩,志向远大的新进教师对任教通识科目,避之唯恐不及。

圣克鲁斯通识教育中设计很好的课程至今依然存在,如多元科际整合型的和问题导向式的课程,均具有特色,颇富巧思。柯威尔和史蒂文森学院联合提供给大一、大二学生许多基础性和综览性的科学课程,但没有太多的老师愿意花时间去充分地做课前准备,切实做好课堂教学,课后耐心辅导学生。

十一 布朗大学的通识教育改革

美国东部常青藤盟校之一的布朗大学,早年是传统的大学,但在美国独立建国和开发中西部时期,深受实用主义和功利思想的影响,1850 年在校长韦兰(Francis Wayland)领导下改革课程,允许无学位的选读课程,增加了不少自然科学和职业技能的实用学科,允许学生自由选修,采取小部分的推广课程等。它由早年文雅教育的理想主义色彩,逐渐趋向进步实用主义的口味。

1966 年,布朗大学许多学生对学校的课程深为不满,寻求整体的解决途径,希望成立类似伯克利加州大学的学生"自由大学"。但他们并未立即成立,而是先经过一整年的研究,阅读各种有关资料,倾听外界的演说,参酌其他各校的课程改革,检讨布朗大学自己的课程与教学。学生于 1967 年提出长达 400 页的《布朗大学教育改革计划草案》(*Draft of a Working Paper for Education at Brown University*),系由麦加吉尼尔(Ira Magaziner)和麦克斯韦尔(Elliot Maxwell)两位学生执笔,并历经多次与学校行政当局的研讨,师生多次在校园论坛沟通,终在 1969 年全面实施。

草案是以教育为个人的成长发展历程为基本观点,倾向进步实用主义,在哲理性的论述之后提出颇多具体的建议。首先在大一的课程上作革命性的改变,将分科设系而且一个科目一个内容的方式取消,改为采用探讨学术研究的方法和价值为主的方法性和综合性课程。如"思想方式"这类课程,不是说明介绍某一特定学门的知识内容,而是探究解决问题的思维方式和思想形态。在这类课程中,同一科目至少由两位以上的教师合授,让学生得以比较分析和研判评论,不再是一门课程学生整学年听同一教师授课。因此教学的主体是学生而非教师,与以往传统中以教师为主体的出发点完全相反。

每一位大一学生均需在人文、社会、自然三大领域中,选读类似"思想方式"的课程,加上一门数理统计和一门语文写作课,构成大一的必修科目,共计三门。此外,大一至大四就再也没有任何必修科目,完全由学生视自身的情况和未来的需要而选修,几乎是彻底的自由选修,学校也采纳这种意见,配合学生贯彻实施,因为学生是学习的主体。学校也认为用规定、强制的措施,基本上就违反了教育上主张自由发展的原则;要求统一、一致,根本上就不容于教育上尊重个别差异的精神,何况也拂逆了学生自由运动的潮流。

除了"思想方式"等课程之外,"布朗方案"中也设计了许多类型的课程,如少部分传统的科系科目、个别的研读,以及团体小组的研究等。即使所谓主修科系,也设计了许多的选修以更替以往的必修,如科系的主修(Departmental Majors)、科际整合的主修(Interdisciplinary Majors)和学生自创的主修(Student-created Majors)等。

布朗大学的这套改革方案,也针对教学、考试、成绩评估、学历、学生请假、辅导咨商等各方面有所建议。例如在学生成绩评估方面,大一学生改为采用及格或不及格的方式代替以往的分数或等级；每一名学生有完整的全套档案记录和作业考卷集汇制度（A Dossier System），即包含学生在校历年的各种考卷、作业、报告以及教师的评语、参加各项活动的记录等，将学生学业和校园生活的方方面面汇集成完整的档案，建立学生多元全面的人生之旅和校园痕迹，成为学生日后最珍视的回忆。此项措施极受学生的肯定和重视，因此在大学期间，学生尽量向自我挑战，发掘、培植自身的才华以及各式各样的潜能和智力，迈向多彩多姿的人生。大学应该是广博丰厚的田园，而不是只制造一项产品的工厂。

布朗大学这套起自学生自主自发的通识教育改革，历经多年之后，却遭到教师的反对。一部分教师以学术自由为理由，在授课内容方面，未必按学生的课程来设计，甚至有些教师完全自行其是，不顾学生的需求和反应，学校也无法立刻解聘这些不受学生欢迎的教授。学生既然可以完全自由选课，教授当然认为他们也可以完全自由讲课，为了满足师生双方的需求，每班修课人数便难以定出下限，学校只好多聘各式各类的教师，长期下来，学校经费负担沉重，颇感吃力。

十二　哈佛的核心课程通识教育改革

哈佛大学原本分人文、社会、自然三大领域的通识教育，实施二十多年之后，逐渐松散，尤其是 1960—1970 年代，由于校园的学生运动和骚乱，美国高等教育进入"混乱期"，精神文明的衰颓波及哈佛校园，学生滥用自主和反叛，导致原先的通识课程全面瓦解。例如，从 1967—1968 学年的哈佛教学科目便可看出，原先人文领域中必读的"文学经典名著"和社会科学领域中必读的"西方思想与制度"均被取消了,学生大都相率选读较轻松容易的科目。

有鉴于此,博克校长于1973年聘任曾力主大学通识教育全盘改革的罗索夫斯基担任文理学院(即哈佛大学部)院长,主持改革规划。罗索夫斯基于1973年10月发出22页的长函致教授,大谈大学教育的改革。经多方讨论、综合,"于1975年5月,邀请教授、学生,组成七个工作组,分别负责核心课程、主修、教学改进、学生辅导、大学生活、入学政策及教育资源分配七项主题,广泛讨论,决定优先改进事项"(毛奕龄、金传春,1991年,第70页),从1975年一直到1978年年初,不断举行各项讨论和沟通,决定在1978年秋先行实验四年,1982年开始全面实施,以核心课程取代原有的通识课程。

经多年研讨和规划,罗索夫斯基于1978年提出《哈佛核心课程报告》(*Harvard Report on the Core Curriculum*),把哈佛通识课程开课的领域分为五大类:①文学与艺术;②科学与数学;③历史研究;④社会与哲学分析;⑤外国语文和文化。核心课程经过教学反映和多方研讨,到1985年有所变动,课程领域分为六大类:①文学与艺术;②科学;③历史研究;④社会分析;⑤道德思考;⑥外国文化。

(一)科目学分与上课时数

哈佛大学一直实施科目制而非学分制,大学部最低毕业科目为16个完整科目(Full Courses),通常一个完整科目可以由两个相关的一门科目（Half Course）合计，因而实质上等于 32 门科目。每一门科目通常都是一星期上课 3 小时，小组研讨 1 小时，合计 4 小时，若依其他学校之学分比照推算，则为 4 学分。

在 32 门科目 128 学分当中，依 1994-1995 学年的修课规定，共分成六大类：

1. 英文写作（Expository Writing）：一科，4 学分。

2. 数量推理（Quantitative Reasoning）：由数据解释和统计学两科中择一科，4 学分。

3. 外语（Foreign Language）：一种外语，两学期，8 学分。

以上三类常称为基本要求（Basic Requirements）。

4. 核心课程（Core Curriculum）：八科，32 学分。

5. 主修科目（Concentration）：十二科，48 学分。

6. 选修科目（Electives）：八科，32 学分。

由上述可知，基本要求中的三个科目 16 学分，占毕业 128 总学分的 12.5%；核心课程 32 学分，占总学分的 25%；主修占总学分的 37.5%；选修系供学生在主修范围内或主修范围外，自由选修，占总学分的 25%。

（二）核心课程的领域

自 1985 年起，核心课程共分六个领域。

1. 外国文化（Foreign Cultures）

罗索夫斯基指出，"'二战'后，我们自负自大，认为我们的制度是最好的，只有别国需向我们学习，我们很少向他国学习。现在，情况改变了，我们虽然是超强，却只是世界的一个小部分。

我们的国民生产总值、外贸、人口都在缩减,原因并不全是我们自己的停滞,而是他国快速的进步。即使我们文化源头的欧洲也与我们改变了关系,除非注意到广大的世界,否则我们的生活终将萎缩","一个受过教育的美国人,在20世纪的最后四分之一的年头,不应该有地方褊狭性而忽视其他地区的文化"(Rosovsky, 1990, p.123)。

为了达到了解外国文化的通识教育目的,学生可以从以下三种课程中选择一种:①用英语教非西欧的文化(一学期);②用英语之外的语言,教西欧的文化(一学期);③用英语之外的语言(达到第二年程度的外语者),研讨外国文化(两学期)。

2. 历史研究(Historical Study)

罗索夫斯基认为:"历史方法可以粗略地分为两种,历史学家通常是同时合着并用,但还是可以区分出来。第一种是将历史视为未来趋势或长期变化的研究,这种方法侧重宏观的视野、非个人的因素、整体社会经济的发展或者'历史的必然性'。另外一个相当不同的——几乎是相反的——历史方法是着重微观的角度、个人的因素、特殊的时机,以及该事件的复杂独特性而非必然的趋势。"

核心课程的历史研究要让学生熟悉上述两种方法。第一组科目首先以现代世界的重要问题或争论作为开端,来探讨历史的背景和发展过程。例如"开发与低度开发:国际不平等的历史起源"这一科目,可以从我们现今所知的世界开始,探讨15-20个已经工业化和富有的国家,以及100多个不发达国家。这种科目的用意是要了解现在,必须回溯到中世纪以及欧洲殖民扩张时期,这种课程对于仅知道短期历史的美国学生,特别有价值。第二组科目着重在某一特别时期的问题,其目的在于了解历史的复杂性和各种阐释的可能性,以激发学生个人的灵感和见解,例如,"俄国的革命是不可避免的吗?何以在1917年爆发?如果没有列宁,结果会不同吗?"这类问题是本科目研习的重点。上述两种不同的科目会教给学生重要的历史知识和了解历史的方法(Rosovsky, 1990, p.122)。

3. 文学与艺术(Literature and Arts)

学生要修读三方面的科目:①文学的主要类型,如"19世纪和20世纪初期著名小说",包含奥斯丁、狄更斯、巴尔扎克、乔伊斯等;②视听艺术的主要类型,如"弦乐四重奏的发展";③探讨某一时期的文学艺术和社会文化环境之间的科目,如"文艺复兴时期人的意象"。通过这样的科目和方式,学生将会对以往重要的文学和艺术作品有深刻的认识,同时了解人在哲学和宗教方面的概念。

4. 道德推理(Moral Reasoning)

核心课程中道德思考的教学并不是教导或传扬某一种道德或哲学,那是不正确的。其目的是"讨论人类经验中重要而且经常出现的有关价值和抉择的问题"。"这些课程的目的是要显示对正义、责任、公民权利、忠诚、勇敢和个人职责等问题,可以做深入的、分析的理性思考与反省"。这种教学是要探讨个人的、群体的、国家的和国际的道德与公正。有两个典型的科目:"正义",批判性地讨论古典和现代的理论(亚里士多德、洛克、康德、穆勒以及道德哲学家罗尔斯),同时讨论这些学理在现今的实际应用;"耶稣和道德生活",探讨重点在于暴力与非暴力、财富与贫穷,以及个人道德和公共道德的关系。

5. 科学（Science）

核心课程的科学科目是为那些非主修数理科学、不打算成为自然科学家的学生设计的。这种课程的共同目标是"对科学进行一般性和广泛性的认识，以作为观察和了解人类和世界的一种途径"。对物理和生物世界的观察和了解，导致科学家能对宇宙各种现象作出解释，并因而形成原理法则。核心课程的科学科目深入探讨的重点就是这些科学的概念和发现，不是个别探究某一门科学的专门知识，而是探讨其发现和发展如何形成原理、法则，进而影响人类与世界。

核心课程的科学领域中有两组科目是必修的：一组是"对自然现象运用数量处理各项因素来预测和演绎的分析"（主要为物理、化学、某些生物学），科目如"空间、时间和运动"等；另一组则是分析比较复杂的科学系统，其内容包含对自然界（如地理和有机生物）作描述性的、历史性的或者演化性的解说，科目"地球和生命的历史"便是一个例证。

6. 社会分析（Social Analysis）

在解释人群社会和机构组织时，社会科学使用实证数据的方法，还算相当有效。核心课程中这一领域之所以称为社会分析，就是要显示其特性是要让学生"具备历史文献分析和数量统计的方法，以探知现代社会的问题"。理想的科目如"经济学原理"，其学理是相当正规的，专业的认同很强，实证的方法相当成熟严谨。但是同样可以修读从心理学而来的"人性的概念"，马克思、弗洛伊德、斯金纳等人的理论和实证结果——意识形态或实证数据——都能让学生了解社会学家如何说明人类的行为。

（三）核心课程的开课选课与教学

依据哈佛 1994—1995 学年教学科目的说明，将其核心课程之情形，表列于下（见下页）。

学生在核心课程六大领域的十类（外国文化一类、历史研究二类、文学与艺术三类、道德推理一类、科学二类、社会分析一类）当中，依各自主修科系学门可以免修两类，如历史系的学生免修历史研究 A、B 两类，外文系学生免修外国文化和文学艺术 A 类，哲学系学生免修道德推理等。各系免修哪两类，均有明确的列举。由此可知，学生实质上是必须从六大领域中选修八类的各一门科目。

每一门科目，依哈佛的排课时间，星期一、三、五每节一小时，星期二、四每节一个半小时，合计均为三小时的讲述，另外无论星期一、三、五或二、四的课，通常每星期均另有一小时的小组讨论，因此一门课一周通常是四小时。

每一门课的作业，各科和各教授虽然不一，但通常以要求交两次报告、两次小考或一次报告、一次小考，加上期中考、期末考等四项为最多。

（四）课程与教学的评估改进

一个以大学部学生为主的大学部教育委员会（Committee on Undergraduate Education, CUE）每个学期末针对教师的教学进行学生意见调查，将教师原先写给学生的教学纲要和规定与一学期实际授课的情形相互对照。这种每学期末的教师教学反映评

$$[总开列科目数]-[预告开课数]=[本学年实际开课数] \begin{cases} 秋季开课数 \\ 春季开课数 \end{cases}$$

1. 外国文化

   $$19-8=11 \begin{cases} 7 \\ 4 \end{cases}$$

2. 历史研究

   A $17-6=11 \begin{cases} 4 \\ 7 \end{cases}$

   B $16-7=9 \begin{cases} 3 \\ 6 \end{cases}$

3. 文学与艺术

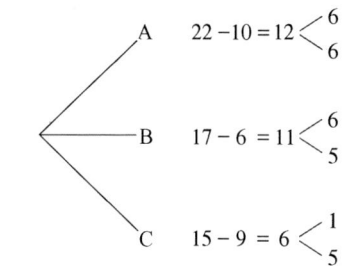

   A $22-10=12 \begin{cases} 6 \\ 6 \end{cases}$

   B $17-6=11 \begin{cases} 6 \\ 5 \end{cases}$

   C $15-9=6 \begin{cases} 1 \\ 5 \end{cases}$

4. 道德推理

   $$11-6=5 \begin{cases} 3 \\ 2 \end{cases}$$

5. 科学

   A $12-3=9 \begin{cases} 5 \\ 4 \end{cases}$

   B $13-4=9 \begin{cases} 6 \\ 3 \end{cases}$

6. 社会分析

   $12-2=10 \begin{cases} 6 \\ 4(5) \end{cases}$ → 经济原理为一学年之课程

$$154-61=93 \begin{cases} 47 \text{ F} \\ 46 \text{ S} \end{cases}$$

估问卷,共分为两大部分。第一部分为针对整体印象、作业情形、教课情形、小组讨论情形、小组讨论主持人情形等五类共28个项目,每一项目依1、2、3、4、5计分;第二部分针对教师授课、教材内容、考试内容、考试情形、修课条件、教学目标是否达成、课程优缺点、该科目对思考能力有多大助益、是否值得推荐给其他同学、科目宜改进之处、小组讨论、小组讨论主持人等问题,用文字叙述的方式评估其优缺点和建议改进的措施。

此项教学评估问卷,由CUE交给每位任课教师,由教师自行决定是否进行,进行时由班上一位同学负责收回问卷直接交回CUE,CUE经统计后于每年的八九月间,出版一本厚达1000页的统计结果报告,列出评估各项目的得分和学生意见,分发给每个学生,供选课修读之参考(Harvard University, 1992a)。

十三 哈佛2009年和2019年两次课程调整

(一)2009年的调整

哈佛大学自1979年秋季正式实施核心课程之后,影响很大,许多大学纷纷仿效改革,成为风潮,收效亦多。但20年之后,许多人觉得哈佛核心课程各领域范畴或类别区分难有一致的标准,某些科目为何归类于此领域而非彼领域常有争论,而且不少师生也觉得许多核心科目并未教授当初引以为傲且最被重视的"获取知识的途径"。因此,经过多次讨论后,在2007年的决议中,以通识教育(General Education)取代原来的核心课程(Core Course),并于2009年秋开始实施(表3.1)。

表 3.1　哈佛 2009 年秋–2019 年春课程架构图

		1st Year	2nd Year	3rd Year	4th Year	学分数	占毕业学分
通识教育八大领域	1. 美学与阐释的理解（Aesthetic and Interpretive Understanding）					4	25%
	2. 文化与信仰（Culture and Belief）					4	
	3. 经验与数学的推理（Empirical and Mathematical Reasoning）					4	
	4. 伦理推理（Ethical Reasoning）					4	
	5. 生命系统科学（Science of Living Systems）					4	
	6. 物理宇宙科学（Science of the Physical Universe）					4	
	7. 世界各社会（Societies of the World）					4	
	8. 世界中的美国（The United States in the World）					4	
基本要求	写作能力（expository writing）					8	6%
	外语能力（foreign language）					6	4%
主修与选修	主修	主修（Concentration）11–16 half courses				58–64	45%–50%
	选修	选修（Electives）6–8 half courses 选择辅系（Secondary Fields）可充抵选修学				26–32	20%–25%

说明：

1. Full Course 为两学期课程，Half Course 为一学期课程，Half Course 约当 2-4 Credit。

2. 修课年限、学分数的相关资讯来源于 *Harvard University Handbook for Students 2008-2009*, Harvard College Retrieved April 20, 2009。

学生必须在通识教育八大领域中各选一门科目（Full Course），每一门科目为 4 学分，合计 32 学分，占大学部毕业总学分之 25%。其他要求为写作能力 8 学分和外语能力 6 学分，合计 14 学分，占毕业总学分的 10%。因此，哈佛广义的通识学分，实际上包含通识教育八大领域的 32 学分和基本要求 14 学分，总计 46 学分，共占

35%,而各系主修占 45%-50%,自由选修占 20%-25%。

(二) 2019 年的调整

哈佛上述 2009 年秋起实施的通识教育,经过六七年的教学之后,许多师生仍有诸多意见,普遍认为改革力度不大,调整前的缺失依然存在,因而又进行修订、调整。历经多方研议,2018 年年初,哈佛学院院长库拉纳(Rakesh Khurana)宣布,从 2019 年秋季学期起,哈佛实施"通识教育方案"(表 3.2)。

学生必须在表中所列八项领域中各修一门科目,即所谓"4+3+1"方案,再加原有的写作能力和外国语文的基本要求。大体而言,此次通识教育方案与 2009 年的方案相比,虽然在类别上由一个类别变成三个类别,但仍然是八项领域(4+3+1),而且基本需求也并未改变,但细究之下还是有些变化(表 3.2)。

表 3.2　哈佛大学 2019 年秋季学期起实行的通识教育方案

课程类型	课程领域
通识教育 (General Education)	1. 美学与文化(Aesthetics & Culture)
	2. 伦理学与公民(Ethics & Civics)
	3. 历史、社会、个体(Histories, Societies, Individuals)
	4. 社会中的科学与技术(Science & Technology in Society)
分类式 (Distribution)	1. 艺术与人文(Arts & Humanities)
	2. 科学与工程(Science & Engineering)
	3. 社会科学(Social Sciences)
定量能力 (Quantitative Facility)	1. 实证与数学推理(Empirical & Mathematical Reasoning)

1. "通识教育"类别的四项领域以及此次特别独立分出为"定量能力"类别的"实证与数学推理"领域，仍然是由文理学院（Faculty of Arts and Sciences）负责规划和开授。但是"分类式"的第二项领域"科学与工程"却是由鲍尔森工程与应用科学学院（Harvard John A. Paulson School of Engineering and Applied Science, SEAS）具体负责规划与授课，而"艺术与人文"和"社会科学"也改由文理学院中的各系负责规划和授课。

2. 在"通识教育"类别中增加"社会中的科学与技术"，在"分类式"类别中增加"科学与工程"，以及将原有的"实证与数学推理"独立划出为"定量能力"作为一个类别，考查其意，旨在加强学生在科学、工程和数学方面之通识知识与能力。盖以往人们熟知的文雅教育，大都只着重或集中于人文和社会，虽偶有开授自然科学，但多仅叙及数理科学或环境科学。但 21 世纪，各类工程科学、数理科学或技术，包含信息工程、太空工程、环境工程、医学工程等，广泛而深刻地影响人类现在的生活与未来的文明，因而 2019 年的通识课程中对此特别加以重视，有其道理，显示哈佛通识教育的前瞻性。此外，这也与近年美国各级学校大力提倡"STEM"（科学、技术、工程、数学）之统整融合教育相衔接，使 STEM 的教育，自小学、中学至大学连成一气，更有纵深延伸之功效。

就学分数而言，哈佛"4+3+1"的通识教育方案仍然共计八门科目 32 学分，占毕业学分的 25%，加上基本需求的写作能力和外语能力的 14 学分合计 46 学分，仍占大学部毕业学分的 35%，并未改变，显示变中有不变，依然重视通识教育，而且依时代不断调整更新内涵。

本章小结

美国大学通识教育的著名案例当中,可以明显地看出理想常经主义、进步实用主义和精粹本质主义的影响与内涵。大体而言,这 13 个案例中,1828 年耶鲁报告、芝加哥大学的通识教育改革和圣约翰学院的经典名著课程这三例属于理想常经主义;莫里尔土地捐赠法案以及所带来的康奈尔实用主义和威斯康星观念、杜鲁门总统委员会的报告、伯克利的自由大学、圣克鲁斯加州大学的学院住宿式通识教育,以及布朗大学的通识课程改革五项案例,则明显倾向于进步实用主义;哈佛早年的教育、哥伦比亚大学的通识核心课程、1945 年的《哈佛红皮书》,以及哈佛 1978 年的核心课程报告、哈佛 2009 年及 2019 年的两次调整等五项案例,显然是倾向于精粹本质主义的。

每个案例均有其时代的背景或形成的因素,这是不足为奇的。但若仔细审视,可以发现,理想常经主义的三个案例均发生于较早期,如 1828 年耶鲁报告、1929 年哈钦斯的芝加哥大学、1937 年的圣约翰学院,都在"二战"之前;而进步实用主义的五项案例比较偏于近代,除了莫里尔法案在 1862 年之外,其他四项则均在"二战"之后,如 1947 年的杜鲁门总统委员会报告、1965 年的伯克利自由大学和圣克鲁斯加州大学、1969 年的布朗大学,年代均晚于理想常经主义的案例;而精粹主义则最早开始于 1636 年的哈佛(历经 1869 年的艾略特、1903 年的洛厄尔),1919 年的哥伦比亚大学 CC 课程,再到 1945 年的《哈佛红皮书》,

以迄最新近案例的 1978 年哈佛核心课程，可以说开始最早，也历经各时期（哥伦比亚大学在"一战"后，《哈佛红皮书》在"二战"后），而在 2009 年和 2019 年仍在更新。

然而，理想常经主义的案例并未因较早期出现就表示现在已经不存在。耶鲁 1828 年的文雅古典精神，至今依然长存，耶鲁校风中依然有一份古雅的矜持和自傲，"老骥伏枥，志在千里"。芝加哥大学虽然哈钦斯的味道已不像昔时那样浓烈，但典型在夙昔，古道依旧照颜色；至于圣约翰学院，简直就是愈演愈热，盛况尤烈，东岸海边安纳波利斯的一所还嫌不够，开分部到西部沙漠中的圣塔菲。

相反，进步实用主义的案例虽然"二战"后较多，也独领一时风骚，意气飞扬，甚至跋扈嚣张，但显得乘时而起，却也快速烟消云散，不经久耐，如伯克利学生运营的自由大学，"眼看他起朱楼，眼看他宴宾客，眼看他楼塌了"。进步实用主义那么不堪时间的考验吗？理想常经主义真的那么食古不化却又宝刀未老吗？

精粹本质主义的哈佛、哥伦比亚、斯坦福摆荡在前面两者当中，不太右也不太左，时而修正调整以迎新，忽又固守阵容来护盘，"周虽旧邦，其命维新"。然而，在左右摆荡当中，是左右逢源抑或左右为难？是两面讨好获利还是两面讨嫌失算？

这些案例的荣枯兴衰，浮沉沧桑，正代表着美国许多大学通识教育的酸甜苦辣。歌声泪影，有台前当红时的掌声喝彩，也有幕后终曲人散时的苍茫无依，那些通识教育的策划人、演出者，是喜是悲？这些通识课程的剧作家、灯光师，是愁是欢？

请暂时歇下我们的欢欣与愁绪，让我们在历史和理论的探照下，审视一番近况与实施。

中 篇
检讨、改进与实施情况

历史和理论使人行事思考有所依循和根据,减少许多不必要的错误尝试,然而历史和理论也使人言行、思想受到局限,增加许多不必要的条文规范。通识教育在尝试错误和条文规范当中,随着历史的进步在演化发展,随着理论的空间在调适改变,其检讨改进与实施情况大致上可从课程和修业、教学和评估、辅导和生活、行政和支持四方面加以探讨。

本篇各章研究的方式,除了一般的诸多文献探讨之外,以加夫(Jerry Gaff)1983年《今日的通识教育》(*General Education Today*)及1991年《大学课程的新生命》(*New Life for the College Curriculum*)两书中基于全美300多所大学、学院所做的实况调查,以及笔者1994年的调查问卷分析和2020年的网络查阅分析为主。

笔者的调查问卷是以美国主要大学为主,依据1993年10月4日《美国新闻与世界报告》(*US News and World Report*)全美最佳大学排行榜中所列最好的204所大学,加上笔者认为虽然名称非为University而为College,但实质上是大学性质者如威廉与玛丽学院、达特茅斯学院、圣约翰学院、麻省理工学院、加州理工学院(Caltech)等16所,合计220所为调查学校。问卷于1994年5月初寄发至各校的学术副校长(或教务长),或请其转负责该校通识教育的主要人员填答(信函参附录),除填答问卷外,亦请寄相关资料。至1994年9月,共寄回174份问卷(有些学校是经多次函催或电询而得),回收率为79%。174所填回之学校,公私立均有;依地区而论,则各州均有,大部分州以三四所学校最为普遍,最少的也有一两所(如蒙大拿州、北达科他州、新墨西哥州等),最多的则有五六所(如加利福尼亚州、纽约州、马萨诸塞州、得克萨斯州等),足见回收情况相当符合美国大学的分布现状。统计结果将在本篇各章中显示说明。另外,各校寄来许多有关文献资料、规划构想、实施报告等,颇为珍贵,亦在各章中引用并供讨论。

笔者又于2020年1—3月,再次依据《美国新闻与世界报告》全美最佳大学排行榜250校的前200所大学院校,对其2019—2020年通识教育之网站公布资料,依排名顺序进行查阅,除极少院校资讯不足或学分难以统计,而予略过并以下一顺位递补之外,总共查阅、分析和统计200所大学院校。经查这200所大学院校,公私立均有,依地区而论,则各州均有,分布情形亦与笔者1994年之问卷调查类似,足见美国最佳大学院校之数量分布与全美大学院校之分布,比例上相当符合。其统计分析或相关信息,将在本篇及下篇各章中予以叙述或评论。

第四章

课程与修业

一 对1960-1970年代的检讨

近年来通识教育课程以及修业的实施情形，主要系针对美国20世纪六七十年代的检讨而来，依加夫的调查研究报告（J. G. Gaff, 1983, pp.11-25），有外在和内在两大方面。

（一）外在方面

1. 历史的趋势　由文雅教育的熏陶走向职业技艺的学习，由全体一致的广博课程走向分科分系的专精科目，由共同核心必修的要求走向自由分化任意选修的方式。
2. 教授的文化　大学教师注重研究而轻视教学，都想在研究生院开课而不愿上大学部课程；大学教师拥有学术自由，授课内容和方式学校难以过问；大学教师把持校政，不易配合全校教育目标。

3. 学生的特性　大学生数量增多，异质性便增强，每个人上大学的目标和用意并不相同，学生的价值观念与以往大异其趣，反抗既有的成规，崇尚自由，不愿扎实下功夫而期盼快速成功。

4. 制度的异化　学校变大之后分化愈多愈细，各部门层级严密而繁杂，行政工作趋向科层官僚，人际关系日趋淡漠而且物化，人性尊严和自由受到扭曲或异化，校园师生伦常变质。

5. 社会的改变　对理想的坚持、两性的忠贞、家庭的价值等大为弱化，道德被嘲讽；生活费用增加，消费所需日多，但品质未必精致耐久，快速的社会讲究速食速成，也易分易灭。

（二）内在方面

1. 课程与规划　课程欠缺整体有效的结构，毫无计划，漫无设计，没有系统和组织，任意开设；即使稍有规划，也显得粗略无章，只是简单拼凑，缺乏逻辑和深度，更谈不上特色。

2. 哲学与理论　课程没有明确的理念说明，为何采用这套课程欠缺哲学和理论的支持，课程所要达成的目标要么不明确，要么与全校的教育目的不一致。

3. 学生与学习　学生已经不像往昔勤勉用功，很少人愿意看大部头的原典原著。学生大量增加，不全是以往的优异人才，不少学生基本书写表达能力低，社团外务多，静不下心读书。

4. 教师与教学　教师只重本科系的专门主修，排斥通识科目；很少教师专心任教通识课程；教通识课程常被视为次等教师；教学方法不当；课后没有辅导学生，所任教科目内容很少配合整体课程目标。

5. 行政与组织　行政组织不健全,权责不清;人员编组不当,有的学校太少,人力不足,有的学校太多,冗员充斥,却没人办事;适当资格的负责人难觅,真正对通识课程有深刻理念和研究的人员不多,学校在资源分配和行政支援上颇为轻视。

在这种内外因素的双重影响下,各大学的通识课程,在排课时便自然成为科目表的边缘,或填补没有人愿意上的空白时段,如托格森的报告所言:"多数学校的课程时间表可以明显由统计得知,通识科目绝大多数被安排在周一的早上或周五的下午……在这种情况下,通识课程在最好的情况中成为空洞的口号,而在最坏的情况下,成为学生填补学分的工具。"(Torgersen, 1979, p.173)难怪1977年卡耐基教学促进基金会把这一时期的美国大学通识课程视为"灾区"。1977年另一个著名的检讨由教育署署长(US Commissioner of Education)波义耳(Boyer)及其助理卡普兰(Kaplan)提出,吁求各大学要有共同的核心课程。第三个1977年的检讨,是哈佛大学罗索夫斯基领导策划的"哈佛核心课程先锋小组"(Harvard's Task Force on the Core Curriculum)报告,针对以往各校的种种缺失,呼吁以改进加强。

二　改进的途径与争论

1980年以后,基于对以往的检讨,各方提出许多改进方案、策略或途径,然而也引发各种议论和争辩,依加夫1991年《大学课程的新生命》报告(pp.14-26),大致分述如下。

（一）课程内容（Content）方面

1. 学生要知道什么？

波义耳和莱文在《共同学习的追求》（*A Quest for Common Learning*）中，认为应该有一个共同的知识系统，主张所有学生都应研习六项主题：符号的使用、团体和组织机构中的成员、生产和消费活动、人与自然的关系、对时间的概念、价值与信仰（Boyer and Levine, 1981）。

美国前教育部长贝内特（William Bennett）在《拯救文明遗产》（*To Reclaim A Legacy*）中，坚持一个共同的核心课程必须包含对西方文明的认知，能阅读英美和欧洲的文学作品、历史与哲学、外国语文、一门非西方的文化以及科技史。赫什（E. D. Hirsch, Jr.）1987 年则力言一个受过大学教育的男女，必须具备最基本的"文化书写辨识能力"，意指不但要对古典名著的理念、事故、人物、寓意等有清晰的了解，还必须对当今社会的重要概念和术语有充分的认知。他提出 5000 个名词术语，认为是当今每一个美国人都应知道的——大学生若不知道则太不够资格称为大学生了（Bennett, 1984）。

切尼（Lynne Cheney）在《50 学分：大学生的核心课程》（*50 Hours: A Core Curriculum for College Students*）中，认为大学毕业总学分的 120 学分中，通识课程要占 50 学分，此 50 学分的课程为：一学期的文明的起源、一学年的西方文明、一学期的美国文明、两项各一学期的其他文明、两学年的一种外语、一学年的数学、一学年的实验物理以及一学年的社会科学（Cheney, 1989）。

针对上述这些倾向理想常经主义或共同核心必修课程学者的主张,有许多人却认为:"我们现在才知道,原来大学要读这么多,而且大学为什么要念这么久。"

2. 学生要具备什么能力?

这是关于学习能力和表达能力的问题。这个问题在经过多方的争论之后,倒是获得相当一致的共识,人们普遍认为大学生应具备文字书写准确而流畅的能力、口语表达沟通的能力、逻辑和批判思考的能力、电脑计算机应用的能力、数理统计分析的能力以及综合理性推论的能力等基本能力。

主张这些"能力为本的课程"系通识课程的内容,是认为目前的通识课程太空泛,尽谈些大道理,欠缺实质有用的内容,学生连基本的阅读语汇能力和书写表达能力都不够;学生口中常说要批判和独立思考,但却没有上过基本的逻辑推理课程,以致一知半解,彼此所论常没有共同的交集和实质的进展,难以真正的沟通,更别期望有心灵的默契。

3. 学生要成为什么样的人?

这是关于个人气质和脾性的问题,是超乎知识内涵和基本能力的问题,是人格与价值的范畴,是通识教育的重要课题。

知识和能力是价值中立、不涉及好坏的,要将具备的知识和能力如何运用和发挥,便需在价值观念和道德伦理上做取舍判断。受过大学教育的"有教养的人",为人处世应该有其气质和气度、品格和品味、人格和人道。在这方面,美国大学协会(Association of American Colleges, AAC)的"通识教育专案小组"1988年主张加强通识课程,"提高学生不断学习的渴望和机会……鼓励主动学习和独立思考以发展学生的习性和品位……协助学生人格的建立和价值的判断,使对自己的行事能负责和检讨,这样的课程不是静态的提供资讯知识而已,而需通过深刻的思索和生活的行为,在言行态度上有所展现"(Association of American Colleges, 1989, p.3)。

由上述有关课程内容的主张可以察觉,大部分都是对1960-1970年代散漫零乱的课程进行针对性的改进,所采用方式大致均倾向理想常经主义或精粹本质主义的主张,要求有共同的、基本的、核心的、必备的知识、能力和价值。然而,也有不少人持进步实用主义的观念,予以驳斥和反对。如针对赫什前述理想主义的主张,布斯(Wayne Booth)就发表公开信质疑,且故意用与赫什书名相似而主张相反的标题——《文化的能力和文雅的知识:给赫什的公开信》,痛斥赫什只想以古代的知识作为课程内容,醉心于一统的核心思想,迷恋于文雅的绅士习尚,却无视眼前现实。布斯认为,从学生的真实现状来看,其家庭背景、兴趣、才质、学习动机和上大学的目的都各不相同;就目前的社会环境而言,各行各业的快速变迁和需要专精技能、社会的多元价值和美国的多民族、多文化等,都不宜用所谓的共同核心或基本必备等来强加要求。

布斯提醒赫什说,教育的本质是自由的生长发展,有困难就应让学生在生活经验中不断地自行设法解决,我们成年人不要给年轻人事先规定太多,更不要在过程中干涉太多。他认为赫什等人共同核心必修课程的内容,是不能对人人适用的,只是填鸭式的武断要求。他向赫什说:"你我都说要民主式的教育,我们在这方面却是迥然不同的:你的目的是要造成'一个学者的国度'

（a nation of knowners），人人都是有知识、有品位的学者；我的目的是要拥有'一个学习者的国度'（a nation of learners），人人不断自我学习。"（Booth, 1988, p.21）可见，两者对课程内容的态度，前者重知识内涵，而后者重方法过程。

另外一项对课程内容的争论，在于应注重传统知识这种具有典范准则作用的科目，还是强调新兴知识这种与当今社会直接而且密切相关的热门知识？金博尔（Kimball）称前者为传统主义者，后者为修正主义者。以"西方文明"这一科目而论，传统主义者视其为最基本、最必要，人人必修的；修正主义者则认为那是西方人自我优越和种族沙文主义的根源，不应出现于多元社会的美国大学，尤其不可规定为必修。相反，修正主义者认为种族问题、女性主义、同性恋、艾滋病等是当今大学生最需知道的切身知识，解决切身问题和思索当今社会问题的最佳材料；但传统主义者则认为这些既不具有典范作用，也不是严整的知识系统，充其量只是社会问题，难以成为一门正式学科。

金博尔指出，这种大学里的课程争辩还引发美国社会、文化学术界甚至政治上的辩论。传统保守的人士主张内容为先，西方价值和文明不可或缺；维新前进的人士强调方法为重，多元价值和新兴事物必不可少。美国大学无论公立私立，大都由董事会做最高决策，虽然课程方案未必直接在董事会讨论，但董事会中各董事的政治立场和口味喜好，仍深深影响决策和人事。在这种情况下，大学的通识课程就不单纯是学理争论，也不全是学校主政领导人能完全决定的，而是形成了多元大学中的冲突与协调，课程有时也难免受到政治、党派、利益团体的干扰和牵制。

（二）课程的连贯方面

理想上，课程应该是有逻辑的连贯性，即某些科目有其先后顺序的连贯，同时又有其左右次序的连贯，在纵横之间有其位阶的。通识教育的课程编排和设计，在规划时即应注意，实施当中更应遵照，以便贯彻。然而，实际的情形却颇不相称，美国大学协会（AAC）1985年在调查全美大学课程的报告《大学课程的完整性》（*Integrity in the College Curriculum*）中坦白指出："目前课程几乎倾向市场哲学：学生是自由的购买者，教授是知识的贩卖商；流行和时尚充斥，新潮和新奇最受欢迎，吆喝叫卖的市声不绝于耳，竞相拉客的奇招怪术纷纷使出……市场哲学拒绝建立共同的期盼和规范。更严重的是，各科目之间缺乏理论的整合与连贯，甚至全部课程都难以衔接……似乎没有人去关注和管理，任店门大开，顾客来去自如。"（pp.2-3）

泽姆斯基（Robert Zemsky）1989年统计分析全美2.5万名大学生的成绩单之后，在结论中指出："我们同意美国大学协会1985年的报告，一般而言，大学的课程实在欠缺结构和连贯，我们的分析显示，这种零落片段的情形，实在难以达成教育上全体大于部分之和的理想。"（Zemsky, 1989, p.7）

但是，也有不同或相反的看法，加姆森（Zelda Gamson）在1989年《改变文雅教育的意义》（*Changing the Meaning of Liberal Education*）的报告中说："教授们总想设计一套新课程或某种核心课程来解决课程不连贯或知识片段的问题，其实这是可怕的错误。"（Gamson, 1989, p.10）她认为，教授总是由成人的、理性的、逻辑的观点来设计课程，看起来也很符合逻辑和秩序，但却不是学生所需要的。我们要从学生的立场和角度来安排、设计，今天的学生有其自己的习性和经验，他们的共同文化大部分已经由电视等大众传播媒体建立了，他们不想再在课堂上建立所谓的共同核心文化或思想。另外，大学生在自己的生活经验中，已经建立了自己的连贯和统整，只是未必和学校安排的课程相同罢了。现在的大学生获取基础性的知识，不必再仰赖课堂上教授的告知或传授，也无须学校费心在课程编排上为他们设计，学校只要开上各式各样的科目，大学生自然会自己去做连贯和衔接。连贯和衔接是在学生的头脑中自然形成的，而不是在有形的课程表上做编排。

菲莉丝·富兰克林（Phyllis Franklin）1988年在《美国高等教育中通识教育的展望》（*The Prospects for General Education in American Higher Education*）中，认为上述美国大学协会的报告"最令人无法接受"，因为"太强调课程零乱的问题，把美国大学在19世纪时幻想为课程很统整连贯，因而用如此强烈的措辞攻击目前的专门教育、学术研究和科系部门组织"（Franklin, 1988, p.207）。

其他许多批评者认为，要有一种理想的、令人人满意的所谓完整和连贯的课程是再也不可能了，因为现代的大学是复杂的组织，有多元的目标和功能，为各式各样的人服务，即使单就学生而论，其异质性比往昔高得太多，有成年学生、部分时制学生、选修生等，不一而足。人们不禁要问："只在某一时间选读某一门科目时，所谓连贯和完整到底是什么意思？"甚至更多人会认为,所谓课程的连贯和完整是那些理想常经主义的复古分子,假借学理之名,为自己的强制主宰做合理化和掩饰,逼迫不同的学生非得修相同的科目不可,甚至要学生削足适履,使大学教育退回以往的英才教育。

(三)课程的共同性方面

课程到底是为了共同性(commonality)还是个别性(individuality)而存在?通识教育是要塑造共同的人还是发展个别的人?如果是前者,通识教育不就变成统一和一致的代名词,成为控制和管制了吗?如果是后者,通识教育不就违反了原意,助长了专门专精更趋向千殊万别了吗?

波义耳和莱文1981年在《共同学习的追求》(*A Quest for Common Learning*)中坚决主张:"通识教育要关切的是共同的经验,否则,人际关系就消失了,共有的信念便淡化了,生活的品质也降低了。通识课程必须着重我们相互依赖的领域,使学习者成为如家庭或团体的一分子。总之,应该将孤立的个人通过共同的经验,形成共同的社会。"(Boyer and Levine, 1981, p.35)

布鲁姆在其1987年的畅销名著《走向封闭的美国心灵》(*Closing of the American Mind*)中,悲叹大学校园里到处充斥着相对论,似乎每个人的观念、价值、态度、言行等,不管如何地千差万别,都是对的。学生和教师为了赢得"开明开放",便不敢明确表白自己的信念,更别说坚决拥护某种主义或信仰,否则"顽固死硬"的称号就会落在自己头上。布鲁姆怀念早年纽曼、艾略特、哈钦斯那些敢作敢言、一肩承担的大学校长，也怀念以往那种大师宿儒对人谆谆教诲的长者风范，更怀念昔日那种文质彬彬、谈吐有节的大学生，他认为这些都是在大学校园里经由共同的文化和相互的期许而形成的。布鲁姆哀伤于眼前大学纷乱如市场，人们没有共同的语言，更别说相互的关切和关怀。人来人往，看起来热闹缤纷，其实每个灵魂都是孤独的，心灵都是闭锁的。更糟的是，校园发生问题时，没有人完全负责，因为人人有责。而所谓人人有责，实质上便是无人负责，人人在闭锁的心灵中哀叹。没有共同的文化，人迷失在人海中，四周都是"人"，却未必是与我同类的"人"；没有共同的语汇，语言只剩下吵架和谩骂的功能（而且还是单方的，因为对方不甚明了你责骂的是什么），不事沟通和心领神会，只好相对无言，因此，每个人的外在生活都很"开放"，内在心灵却都在"封闭"。

波义耳1987年出版的《大学：美国本科生的经验》（*College: The Undergraduate Experience in America*），以及1990年卡耐基促进教学基金会出版的《校园生活：寻找共同》（*Campus Life: In Search of Community*），均大力呼吁要在通识课程中安排共同性，以促进"校园的生命共同体"，借此形成国家社会的共同意识。

但是，许多人并不这样看，如布朗大学就反对，认为情形没有那么悲观，布鲁姆言过其实，危言耸听。布朗大学再次重申该校向来主张尊重学生自由和个别差异的哲学，让学生充分自我选择，不在课程中做共同性的安排或规定。施莱辛格（Arthur Schlesinger）在1989年布朗大学新校长格雷戈林（Vartan Gregorin）就职典礼上的演说中，以"美国心灵的开放"（The Opening of the American

Mind）为题反击布鲁姆，说道："当今大家都把所有的罪恶归之于相对主义，但历史证明，迫害人类和伤害人性最大最烈的，却是绝对主义者，而非相对主义者。"他进一步分析："其实美国的心灵在天性和传统上就是怀疑论的、不谨慎的、多元的和相对主义的。"施莱辛格认为个人主义、多元主义和相对主义具有正面健康的性质和功能，因而他指责布鲁姆道："我不得不指出布鲁姆先生的这本畅销书，其阴郁的、夸大的观点，贬低了我们美国文化。"（Schlesinger, 1989）

如何把团体与个人两种价值结合为一，通识课程是要侧重共同性还是个别性？在两极化的争论中，有无兼顾两者、中道而行的可能？如果有，是怎么安排法？是两者相加除以二的纯数量的减少？两边各自加重砝码的相互增多？还是基于另一种理论做新的编排？

（四）课程的综合性方面

通识课程起源于西方早年大学的博雅课程，比较倾向人文和语文方面的研习，其后因职业科目和专门专精教育的重视，通识课程的功能是弥补专精教育的不足。学生主修的院系通常都属于人文、社会、自然三大类的其中之一，则显然任何一位大学生，必须在主修之外的两大类中，多修读通识科目，以补不足，以资平衡和周延，达到综合与广博。

基于这种观点，学校便会要求在选读通识课程中，有许多的修习规定，如人文类为主修科系之学生，"不能"或"无须"或

"免除"再修习通识课程中的人文类科目,对其他社会、科学两类主修的学生规定亦然。"不能"或"无须"或"免除"修习尚属消极的限制规定,学生一定非要修时,不算规定内的学分就是了,然而更严格的规定是"一定"或"必须"或"非得"修习某些科目,而且规定某几大类的最低限必修学分。

除了上述通识课程内部的科目分配和修习规定要求综合与周延之外,许多学校自然会考虑到全部通识课程在所有大学毕业总学分当中,应占多少比例,意即通识学分、专门学分和自由选修学分三者之中的分配比例如何,以便完成完整周延的大学课程。在这方面,争论亦多,如圣约翰学院、耶鲁大学、芝加哥大学便采用高额比例,而且必修科目或学分很多;布朗、伯克利、威斯康星等大学便相当宽松,甚至分不出何谓主修,何谓通识;哈佛、哥伦比亚、斯坦福采用折中的大类中必修,而各大类中得以自由选修。

至于通识课程占大学毕业总学分的比例,1967年为43.1%(Dressel and De Wisle, 1969),这是大学生校园运动以前或前期时,一般美国大学院校的情形。但至1974年时降至33.5%(Blackburn and others, 1976),表明由于校园运动,通识学分急速而且大量下降。到1981年时,回升到35.4%(Gaff, 1983);1988年时,再升到37.9%(Toombs and others, 1989);至1990年已高达39.5%(Gaff, 1991)。至1994年,依笔者的问卷调查统计,各高等院校为41.2%,即使以大学而论,也达到34.7%,几乎已经回到1960年代学生运动之前的水平,显示各种争论之后通识学分的比例逐渐增高已成共识。

三　近期实施情况

依据笔者1994年的问卷调查，在各大学通识课程规划的理念方面，由高而低依次为：①学科分类的导向37.7%；②基本能力的导向21.7%；③知能资格的导向16.0%；④主题统合的导向7.2%；⑤方法解决的导向7.2%；⑥伦理价值的导向4.0%；⑦文化传承的导向3.2%；⑧学生兴趣的导向2.5%；⑨其他0.5%。

所谓"学科分类的导向"，系指依人文、社会、自然三大类而编排设计，或依目前各学院各科系的主要基础学科而编拟；"基本能力的导向"指英文写作和阅读、口语表达、数理统计、电脑应用等基本能力；"知能资格的导向"指能应用资料和知识做推理和批判的智力和资格；"主题统合的导向"指针对当前社会的某些特定问题，做各学科的科际整合；"方法解决的导向"指生活困难和实际问题，以及学业困扰和读书方法的解决；"伦理价值的导向"指以发展学生的价值观念和建立当前社会的价值标准为取向；"文化传承的导向"指以继承西方历史文化为重；"学生兴趣的导向"指学校不做安排，依现有各科系的科目，让学生自由任选。这种分类，系参酌加夫于1983年的调查和说明，1985年卡耐基促进教学基金会的调查，以及利特（Litte）于1986年发表的论文《通识教育改革中当前课程内容和结构的类型》（Current Patterns of Curricular Content and Structure in Conception of General Education Reform），经比较分析后综合而划分，在问卷中有所说明。

由上述课程理念分类的统计可知，理想常经主义最强调的"文化传承"（3.2%）和进步实用主义最强调的"学生兴趣"（2.5%）其实都很低，九项中分别排序为第七、第八。然而，双方以及精粹本质主义均共同注重的学科内容、基本能力和知能资格均较高，占第一、第二、第三。至于主题统合、方法解决、伦理价值亦是三种主义都各有侧重，分占第四、第五、第六。这显示三大理论学派均确实影响课程理念。太极端的主张部分，虽然不很高，但确实存在，相互重叠共识的部分，自然分占前茅；各有所长而不太极端者，则占中间位置。

笔者1994年的调查结果显示，在174所大学中，144所（82.8%）属学期制，30所（17.2%）属学季制。其大学部学生的最低毕业学分，就学期制而言，从最少的108学分至最多的144学分，而以124学分为最多（众数），其中通识学分从最少的0至最多的132学分，而以43学分为最普遍（众数），以占毕业总学分的35%最为普遍（43/124而得）；就学季制而言，毕业学分从168学分至196学分，最普遍者为183学分，其中通识学分从40学分至92学分，而以63学分者最为普遍，占毕业总学分的34.4%。可知学期制与学季制的通识比例占毕业总学分几乎相同，在34%-35%之间者最普遍。

在通识课程的科目中，各校所提供的数量不一，从最少的25门科目至最多的将近600门科目，而以160门科目者最为普遍。此项统计结果，经仔细与各校的课程目录分析比对，所填答科目最少或较少者，大都为明确指定或界定属通识课程，或系明确的核心科目者；而所填答科目最多或较多者，则多半为没有明确规定或界定何种为不属通识课程,或系实施自由任选者;意即前者为该校经特定规划或规定者,而后者为该校由学生自由选修者。

就通识课程的必修与选修比例而言,各校也不一,必修、选修的比例从0%至100%皆有,而以必修占36%、选修占64%者最为普遍。

学生修读通识课程的时间,以大一最多,占100%,即各校学生均得在大一修读;次为大二,有93%的学生;大三、大四则均有24%的学生仍修读通识科目。这表明修读通识课程之学生,由大一至大四均有,大一和大二最普遍,大三和大四虽少,但仍有将近四分之一的学生在修读。可见通识课程并未规定全在大一、大二时读毕,或只限大一、大二时修读。

美国大学部的课程,通常分为主修课程、通识课程和自由选修三大类,其中通识课程的分类,笔者调查结果得知,0-10类均有(0类即学校没有任何规定分类),而以5-6类者最为普遍,通常为:①英语和写作;②人文学科;③自然科学;④社会科学;⑤文化研究。依据各校1993-1994年的课程目录研究分析,将最能代表理想常经主义的圣约翰学院、芝加哥大学,代表进步实用主义的布朗大学、伯克利加州大学,代表精粹本质的哈佛大学、斯坦福大学以及其他不很明显但颇具代表性的12所学校,列表说明如下。表4.1为各校通识课程分类及学分数,表4.2-4.6为各分类领域之各校实际科目。

由表4.1各校共同必修科目之分类与学分数来看,除伯克利加州大学资料不全无法统计外,其他11所大学的通识课程均包含人文和社会科学类,其次为英文与写作和自然科学类,至于文化研究(Culture Studies)类亦有六所大学明列。

同时,从表4.1中也可看出西方大学的通识教育相当重视学生在主修领域外增加知识的广度,如哈佛大学及洛杉矶加州大学均规定学生于主修领域内免修相关课程,另外如印第安纳大学则规定学生对同一领域的课程不得于同一系完成。

表4.2之英文与写作类主要在于培养学生语文表达能力,除了一般的写作要求外,有的学校如印第安纳大学甚至有结合专业领域的写作课程。

由表4.3可以看出,由人文类分出的次类最多,达15种之多。部分学校如洛杉矶加州大学,将文化研究的课程归并在人文类,这也可以说明为什么表4.1只有六所大学规划了文化研究的课程。

样本中只有普林斯顿大学和印第安纳大学是针对该校工学课程做要求,其他各校均属全校性的课程要求。由表4.4可以看出,许多学校如哈佛大学、印第安纳大学及斯坦福大学等,规划有两三种次类的数理科目。

在表4.5社会科学领域中,美国大学包含分析、道德及思想等次类。就此而言,似乎较中国台湾地区大学之课程更着眼于训练学生独立思考的能力与人性关怀的社会责任。

在表4.6文化研究领域中,印第安纳大学要求学生修习外国文化,斯坦福大学更有世界文化(World Cultures)的课程,其他学校也有相关的课程规划。

表 4.1 各校通识课程分类暨学分数

	布朗	哥伦比亚	哈佛	印第安纳	普林斯顿	斯坦福	圣约翰学院	伯克利加州大学	洛杉矶加州大学	芝加哥	得克萨斯大学奥斯汀分校	耶鲁
Semester/Quarter	Semester	Semester	Semester	Semester	Semester	Quarter	Semester	Semester	Quarter	Quarter	Semester	Semester
Undergraduate Degree Requirement	32 Courses	128–138 Credits	32 Courses	122 Credits	36 Courses	180 Units	132 Credits	120 Units	180 Q Credits	42 Q Courses	129 Sem.Hours	36 Courses
GE Requirement	12–22	28	12	61–73	8	60	132	NA	64	21	28–46	16
1. English & Writing	√(NA)	√(NA)	√(1)	√(6)	√(1)	√(NA)	*			√(6)	√(6)	√(NA)
2. Humanities	*	√(NA)	√(7)	√(22–26)	√(*)	√(NA)	*		√(28)	√(7–8)	√(13)	√(NA)
3. Natural Sciences	*		√(3)	√(15–23)		√(NA)	*		√(28)	√(8)	√(12)	√(NA)
4. Social Sciences	*	√(NA)	√(2)	√(12)	√(*)	√(NA)			√(16)	√(3)	√(15)	√(NA)
5. Culture Studies	*	√(NA)	√(1)	√(6)		√(NA)				√(3)		√(NA)
备注	*该校仅规定课程类别数上限，余属GE均为Writing为必修外，其他无明确规定。	*该些类别中，部分修课数为指定，部分为选修，更有选动，无法统计其学分数。	学生于主修领域内免修GE课。	*各领域之课程不得同一系下修习。	*人文及社会科学类课数不得少于七门课。本校统计以该校理工学院课程为准。	*该校GE细分为九类，总共11门，至少选7门课，内容为希腊时代以来之经典名著。	*全校使用共同指定教材，内容为希腊时代以来之经典名著。	资料不全。	学生于主修领域免修8 Credits。		此为建议，各系可自行规定。	该校GE分成四类，与一般分类不同，但总涵盖面则相似。学生于主修领域外，每类均应修满三门课。

注：GE:（General Education）共同必修科目　　NA:（Not Available）资料不全
　　Q:（Quarter）学季　　　　　　　　　　　　Sem.:（Semester）学期

表 4.2 英文写作领域之各校课程及科目

	布朗	哥伦比亚	哈佛	印第安纳	普林斯顿	斯坦福	圣约翰学院	伯克利加州大学	洛杉矶加州大学	芝加哥	得克萨斯大学奥斯汀分校	耶鲁
Competence in R & W	√											
Eng. Composition				*								
Eng. & Writing		√				√					√	√
Expository Writing			√									
Intensive Writing				√								
R & W Requirements								√				
Writing					√							
Remarks				*相关考试可以抵免。			全校学生只研读希腊时代以来之经典名著。					

注 1. Eng.: English; R: Reading; W: Writing
注 2. 各校如有次类划分，则以次类划记；否则以 Eng. & Writing 划记。

表 4.3 人文领域之各校课程与科目

	布朗	哥伦比亚	哈佛	印第安纳	普林斯顿	斯坦福	圣约翰学院	伯克利加州大学	洛杉矶加州大学	芝加哥	得克萨斯大学奥斯汀分校	耶鲁
Arts(The)												
Arts & Humanities				√					√			
American His & Ins.								*				
Culture & Civilization												√
Fine Arts/Humanities											√	
Foreign Languages				*	*	*			*		*	√
Humanities		√	√		√							√
Historical Study			√									
Interpretation										√		
Language & Ling.									√			
Literature									√			
Literature & Arts			√									
Literature & Fine Arts						√						√
Musical & Visual Arts										√		
Philosophy										√		
Remarks	该校仅规定主修课程数上限,其他除 Writing 外无明确规定。			* 相关考试可以抵免。	* optional	* 相关考试可以抵免。	全校学生只研读希腊时代以来之经典名著。	* 可经由考试抵免。	* 相关考试可以抵免。此外 Literature 必选,其他同一次类不得超过二门课。		* 高中之外语学分可以抵免。	该校 GE 课程分成四类,其中第一类及设此领域之课程。

注 1. His.: History; Ins.: Institutions; Ling.: Linguistics;
Interpretation: Interpretation of Historical, Literary and Philosophical Texts.
注 2. 各校如有次类划分,则以次类划记;否则以 Humanities 划记。

表 4.4 自然科学领域之各校课程与科目

	布朗	哥伦比亚	哈佛	印第安纳	普林斯顿	斯坦福	圣约翰学院	伯克利加州大学	洛杉矶加州大学	芝加哥	得克萨斯大学奥斯汀分校	耶鲁
Life Sci.												
Math.				✓					✓			
Math. Sci.						✓				✓		
Natural Sci.						✓				✓		✓
Natural & Math. Sci.				✓								
Natural Sci. & Math.											✓	
Physical Sci.									✓			
Physical & Biological Sci.										✓		
Tech. & Applied Sci.			✓									
Quantitative Reasoning			*			✓			✓			
Remarks	该校仅规定主修课程数上限,其他Electives除Writing著重在Humanities及Soc. Sci.外无明确规定。	该校之Nontechnical Electives	*相关考试可以抵免		此领域之相关课程该校工学院列为院必修,不并在此。		全校学生只研读希腊时代以来之经典名著。	资料上未明确规定				该校GE课程分成四类,其中第四类开设此领域之课程。

注 1. Math.: Mathematics/Mathematical; Physical & Biological: Physical & Biological Sciences; Sci.: Sciences; Tech.: Technology.
注 2. 各校如有次类划分,则以次类划记;否则以 Natural Sciences 划记。

表 4.5　社会科学领域之各校课程与科目

	布朗	哥伦比亚	哈佛	印第安纳	普林斯顿	斯坦福	圣约翰学院	伯克利加州大学	洛杉矶加州大学	芝加哥	得克萨斯大学奥斯汀分校	耶鲁
Historical Analysis									√			
Moral Reasoning			√									
Phi., Soc.& Religious T.			√			√						
Soc. Analysis			√						√			
Soc. & Behavioral Sci.				√								
Soc. Sci.		√			√					√	√	√
Remarks	该校仅规定主修课程数上限，其他除 Writing 外无明确规定。						全校学生只研读希腊时代以来之经典名著。	资料上未明确规定。				该校 GE 课程分成四类，其中第三类此设领域开课之课程。

注 1. Phi.: Philosophical; Sci.: Sciences; Soc.: Social; T.: Thought.
注 2. 各校如有次类划分，则以次类划记，否则以 Soc. Sci. 划记。

表 4.6 文化研究领域之各校课程与科目

	布朗	哥伦比亚	哈佛	印第安纳	普林斯顿	斯坦福	圣约翰学院	伯克利加州大学	洛杉矶加州大学	芝加哥	得克萨斯大学奥斯汀分校	耶鲁
American Cultures						√						
Civilizational Studies										√		
Culture, Idea & Values						√						
Culture Studies		√		√								√
Foreign Cultures			√									
World Cultures						√						
Remarks	该校仅规定主修课程数上限,其他除 Writing 外无明确规定。		修习美国文化以外之同一种他国文化二门课。				全校学生只研读希腊时代以来之经典名著。	资料上未明确规定。	有关课程该校并入 Humanities.			该校 GE 课程分成四类,其中第二类开设此领域之课程。

注:各校如有次类划分,则以次类划记;否则以 Culture Studies 划记。

由表 4.1-4.6 可以看出,美国通识的课程虽然琳琅满目,各异其趣,但是却有一个普遍的共同点,那就是:十分强调通识教育的重要性。此一现象,由其通识科目种类之多,及其所占全部毕业学分比例之高,可以清楚看出。以下即以此 12 所具有代表性而且著名的大学为例,统计其通识、主修、选修科目学分之比例。

表 4.7　美国各大学共同必修、专业必修及选修科目学分数比较表

学校名称	学期/季	毕业学分	通识	百分比	主修	百分比	选修	百分比	计算单位
布朗	Semester	32	12-22	38%-69%			10-20	31%-63%	Course
哥伦比亚	Semester	128-138	28	20%-22%					Credit
哈佛	Semester	32	12	38%	12	38%	8	25%	Course
印第安纳	Semester	122	61-73	50%-60%					Credit
普林斯顿	Semester	36	8	22%					Course
斯坦福	Quarter	180	60	33%	85	47%	35	19%	Unit
圣约翰学院	Semester	132	132	100%			0	0	Credit
伯克利加州大学	Semester	120							Unit
洛杉矶加州大学	Quarter	180	64	53%					Q. Credit
芝加哥	Quarter	42	21	50%	9-13	21%-31%	8-12	19%-29%	Q. Course
得克萨斯大学奥斯汀分校	Semester	129	28-46	22%-36%					S. Hour
耶鲁	Semester	36	16	44%					Course

各校课程规划与设计及其特色:

学校:布朗大学

学期:学期制

1. 毕业学分课程要求:128 学分 / 32 门课
2. 共同选修学分课程要求:英文阅读与写作及自由选修的非主修科目

11 门课。

3. 全校课程共分七大类：

   3.1. 世界文明与文化

   3.2. 社会问题分析与议题

   3.3. 科学

      a. 大自然

      b. 人体组织

      c. 技术与科学

   3.4. 数学与符号语言研究

   3.5. 艺术、文学与各类表达方式的研究与创作

   3.6. 沟通技巧

   3.7. 道德与责任

4. 特色：

   4.1. 教育理念为：大学生是成年人，了解自己欠缺了什么，在教育的过程中是积极的参与者；因此，由学生规划自己的大学课程。

   4.2. 每一学期约开1800门课供学生选修。

   4.3. 大一、大二不分系，大二结束前择定主修。

   4.4. 所谓的主修，只需修习10-21门课，并不规定课程为何，唯需先经指导教授同意。文学士的主修课程：不得超过10门课；理学士及双学位的文学士：不得超过20门课（工程类21门课）。

学校：哥伦比亚大学

学期：学期制

1. 毕业学分课程要求：128-138学分

2. 共同必修学分课程要求：28-35学分（每门课2-4学分不等）

   2.1. 英文（必修，并指定科目）

   2.2. 经济学（必修，并指定科目）

2.3. 现代文明（必修，并指定科目）

2.4. 人类学或亚洲文明（必修，并指定科目）

2.5. 人文与社会科学（选修）：

    a. 外国语言与文化

    b. 历史

    c. 音乐

    d. 哲学

    e. 政治学

    f. 宗教

    g. 社会学

3. 特色：

3.1. 大一、大二分院不分系。

3.2. 强调在大一、大二时奠定好理工科的基础，修习数学、物理与化学；28学分的非理工领域学分，大三、大四完全修主修。

3.2. 经济学为理工学院学生之必修科目。

学校：哈佛大学

学期：学期制

1. 毕业学分课程要求：32门课

2. 共同必修学分课程要求：12门课

    符合要求：学生免修主修领域内的2门课。

    2.1. 基本要求：

        a. 英文写作：1门课

        b. 数理统计：1门课

        c. 外国语文：2门课（一年）

    2.2. 核心课程：

        a. 外国文化：1门课

b. 历史研究：2 门课

c. 文学与艺术：3 门课

d. 道德思考：1 门课

e. 科学：2 门课

f. 社会分析：1 门课

3. 特色：

  3.1. 核心课程学生可以四年完成。

  3.2. 课程上课三小时，每次一小时（星期一、三、五），或一个半小时（星期二、四），另加一小时小组讨论。

学校：印第安纳大学

学期：学期制

1. 毕业学分课程要求：122 学分
2. 共同必修学分课程要求：61-73 学分

  2.1. 基本能力要求：19-23 学分

    符合要求：修习指定课程，其中英文作文和外语可以相关考试抵免。

    a. 写作：6 学分

      英文作文：3 学分；密集写作：3 学分

    b. 数学：3 学分

    c. 外语：10-14 学分

  2.2. 分类必修学分课程要求：36-44 学分

    a. 艺术与人文：12 学分

    b. 自然与数学科学：12-20 学分

    c. 社会与行为科学：12 学分

  2.3. 文化研究要求：6 学分

    符合要求：修习美国文化以外之其他同一种文化共两门课。

  2.4. 特色：

a. 课程由全校 51 个学系提供，因此学生可选的范围极广，有时其中一次类的课程即有数百门之多。

b. 除英文作文外，学生必修密集写作课，培养在某一特定学科领域的论文写作能力。

c. 特别强调文化研究的课程。

学校：普林斯顿大学

学期：学期制

A. 学院：理工学院

1. 毕业学分课程要求：36 门课

2. 共同必修学分课程要求：8 门课

   a. 写作：1 门课

   b. 人文与社会科学课程：不少于 7 门课

B. 学院：文学院

1. 毕业学分课程要求：30 门课

2. 共同必修学分课程要求：16 门课

   2.1. 写作（建议在大一时修习）

   2.2. 外国语言（能力测验后再选课，可以跳级，通常修 3-4 学期）

   2.3. 分类必修学分课程：

   a. 科学（实验课）：2 门课

   b. 社会科学：2 门课

   c. 艺术与文学：2 门课

   d. 历史、哲学与宗教：2 门课

3. 特色：

   3.1. 大一、大二分院不分系，在全校各系选课；大三、大四再修主修课。

   3.2. 共同必修课程在大二结束前修完。

3.3. 共同必修课程是指各学域的基础课，高年级与研究所课程不能抵免共同必修。

3.4. 文学院学生的科学类课程为实验课。

3.5. 大三时作专题研究，大四时写论文，为该校独特的训练。

学校：斯坦福大学

学季：学季制

1. 毕业学分课程要求：180 Units
2. 共同必修学分课程要求：60 Units

   共同必修科目：

   英文写作：6 Units

   外国语文：9 Units
3. 特色：

   3.1. 教育理念：强调知识的深度与广度、终生教育以及知识的应用。

   3.2. 通识课程：须于以下九个范围中修习 11 门科目，每一门课 3–5 Units，总计约 45 Units。

   范围一：文化、理念与价值（3-quarter sequence）

   范围二：世界文化

   范围三：美国文化

   范围四：数学

   范围五：自然科学

   范围六：技术与应用科学

   范围七：文学与艺术

   范围八：哲学、社会与宗教思想

   范围九：社会与行为科学

   3.3. 课程中特别重视第一类的范围：文化、理念与价值，为三学季的连续性课程。

3.4. 通识课程分布在大学四年中完成。

学校：圣约翰学院

学期：学期制

1. 毕业学分课程要求：132 学分
2. 共同必修学分课程要求：132 学分
3. 特色：

   3.1. 教育理念强调自由与理性的人格、共同的文化传统，以及社会与道德的责任。

   3.2. 遵行哈钦斯的理想常经主义，以西方经典为唯一教材，于四年之中全部修毕。所有课程皆为必修，没有选修。课程安排如下：

   大一：古希腊作品

   大二：罗马、中世纪、文艺复兴时期作品

   大三：十七八世纪作品

   大四：19-20 世纪作品

   3.3. 所有同年级学生皆于同时研读同样书籍。

   3.4. 教学方式有四：

   A. 研讨会（Seminar）：17-21 位学生，2 位老师。一周两次（20：00-22：00）。

   B. 小组讨论（Preceptorial）：大三、大四为主，每组 10 人以下。九周。

   C. 学习方法指导（Tutorials）：学生 13-14 人。学习语文、习作、数学、音乐。

   D. 实验（Laboratory）：数学练习、物理实验、生物实验……

   E. 听演讲（The Formal Lecture）：每周五（20：00-22：00）

   3.5. 学生全体住校，晚上经常有研讨会或演讲，学生必须出席。

学校：伯克利加州大学

学期：学期制

1. 毕业学分课程要求：120 Units
2. 共同必修学分课程要求（注：从所得资料中，无法得知确定 Units）：

    2.1. 阅读与写作

    2.2. 美国历史与政府

    2.3. 美国文化

    2.4. 其他（注：因所得资料不全，对于各类广度课程及学分要求无法提供）

3. 特色：强调基本学术写作能力及文化与历史之基本知识。

学校：洛杉矶加州大学

学季：学季制

1. 毕业学分课程要求：180 Units
2. 共同必修学分课程要求：64 Units

    2.1. 基本能力：16 Units

    符合要求：修习指定课程或通过相关考试

    a. 量化逻辑：1门课（4 Units）

    b. 外语：修习3学季（12 Units）

    2.2. 分类必修学分课程要求：12门课（48 Units）

    课程分为四类，学生的主修领域必为其中之一，且可以在该类免修2门课。

    a. 人文：4门课（16 Units）

    下分文学、语言和语言学、哲学、文化与文明、艺术，文学类必选1门，且其他任何一次类不得超过2门。

    b. 生命科学：3门课（12 Units）

    其中1门课必须是实验或含演示之课程要求。

    c. 物理科学：3 门课（12 Units）

    其中 2 门属配对式，另 1 门必须是实验或含演示之课程要求。

    d. 社会科学：4 门课（16 Units）

    下分历史分析和社会分析二次类。每一次类各修 2 门课。

3. 特色：自然科学领域（含生命科学、物理科学）的课程特别重视实验，而社会科学领域课程则重在分析，以培养学生独立思考的能力。

学校：芝加哥大学

学季：学季制

1. 毕业学分课程要求：42 学季

2. 共同必修学分课程要求：21 学季

  a. 人文学科：4 学季

  b. 外文：3～4 学季

  c. 数学：2 学季

  d. 自然科学：6 学季

   下分物理科学和生物科学（各为 3 学季之连续课程），及自然科学（为 6 学季之连续课程，专供预备主修人文与社会科学之学生修习）。

  e. 社会科学：3 学季之连续课程

  f. 体育：3 学季

3. 特色：

该校的通识教育特别强调文化的广度、知识的深度与人格的独立。而其课程规划则以共同必修课程达到文化广度目标。知识的深度与人格的独立则借专业及选修课程来达成。

学校：得克萨斯大学奥斯汀分校

学期：学期制

1. 毕业学分课程要求：129 学分左右（各系要求不一）

2. 共同必修学分课程要求：28～46学分

   2.1. 英文、文学与写作：

      由英文、修辞与写作及文学名著三类中选2门。

   2.2. 外国语言：修两学期

   2.3. 社会科学：15学分

      a. 美国政府：6学分

      b. 美国历史：6学分

      c. 社会科学：3学分

   2.4. 自然科学与数学：12学分

      a. 数学：3学分

      b. 同一领域的自然科学：6学分

      c. 自然科学、数学、电脑：3学分

   2.5. 艺术与人文：3学分

3. 特色：

   3.1. 修习美国政府课程时，皆需修得州政府这门课。

   3.2. 各系对共同必修课程差异颇大，有些系只需修28学分。

学校：耶鲁大学

学期：学期制

1. 毕业学分课程要求：36门课

2. 共同必修学分课程要求：16门课

   2.1. 外语要求：4门课

      符合要求：修习二年共4门课，或通过相关考试。

   2.2. 分类必修学分／课程要求：12门课

      第一类：语言与文学、英文和外语、古代或现代。

      第二类：建筑、艺术、古典文明、电影、艺术史、科技史、医药史、人文、音乐、哲学、宗教。

第三类：人类学、考古学、经济学、语言学、政治科学、心理学、社会学。

第四类：天文学、生物学、化学、计算机科学、工程、森林与环境研究、地质与地球物理、数学、分子生物物理与生物化学、物理、统计。

符合要求：于个人主修领域外之各类修满3门课，而在大二结束前，每一类别均应修满2门课。

3. 特色：

3.1. 主张博雅教育。

3.2. 学校提供选课的指引，但不指定选修的课程。

四 21世纪的现状

（一）AAC & U 2000年之调查报告

美国学院和大学协会（AAC&U）2001年出版《2000年通识教育状态：全美调查摘要》（*The Status of General Education in the Year 2000: Summary of A National Survey*），报告于2000年春，经由Email问卷方式，调查AAC&U所属全美521所大学院校之教务主管（Chief Academic Officers, CAO）和负责通识教育主管（General Education Administrators, GEA）两类人员。CAO问卷回收279校，回收率54%。GEA问卷回收200校，回收率71%。有关结果如下。

1. 有经常性、持续性检阅通识课程的校数159所，占57%，详析之：

(1) 研究型大学：27所，占该类型大学67.5%；
(2) 能颁授博士学位之大学：16所，占该类型大学64.0%；
(3) 能颁授硕士学位之大学：53所，占该类型大学55.2%；
(4) 仅颁授学士学位之大学：63所，占该类型大学53.4%。

2. 未能经常性、持续性检阅的校数120所，占43%，详析之：

(1) 研究型大学：13所，占该类型大学32.5%；
(2) 能颁授博士学位之大学：9所，占该类型大学36.0%；
(3) 能颁授硕士学位之大学：43所，占该类型大学44.8%；
(4) 仅颁授学士学位之大学：55所，占该类型大学46.6%。

3. 上述统计显示，能经常检阅该校通识课程者，自研究型大学至仅能颁授学士学位之大学，依次由多渐少，等级愈高愈重视该校通识教育之检讨、审阅。而未能经常检阅该校通识课程者，情形正好相反，依次由少渐多，此中信息显示：愈是高等级别（通常也是愈好）的大学，愈重视该校的通识教育。

4. 此外，AAC&U此报告列述出，全美大学通识学分占毕业总学分之比例，分别为：1967年为43.1%，是高峰期；1974年为33.5%，是通称通识教育"大灾区"的时期；1988年为37.9%，是恢复期；至2001年为37.6%是平稳安定期；而笔者2020年的查阅调查为36.8%，亦可称为平稳安定期。显示自1980年代迄今21世纪初叶四十多年，美国大学通识教育之学分占毕业总学分均维持在36%-38%之间；若以具体实际学分数论之，则绝大多数之学校在毕业总学分约120学分，通识学分在36-48之间的最多。

(二)ACTA 之通识教育报告

美国大学董事和校友协会(American Council of Trustees and Alumni, ACTA)自 2009-2010 学年(当年 9 月至次年 8 月)起,每学年均对全美约 1100 所大学院校之通识教育,进行评估考察,出版《他们会学到什么?》之报告。

该评估考察,系针对各校通识教育在作文、文学、外语(须达中等程度)、美国政府或历史、经济学、数学、自然科学这七门基本核心科目是否列为必修及其教学情形作为指标。开设有 6-7 门且教学优良者为 A 级,4-5 门者为 B 级,3 门者为 C 级,2 门者为 D 级,1 门或未设者为 F 级。

ACTA 的调查结果,自首次(2009-2010 学年)起至第 11 次(2019-2020)之报告,显示均无太大差异,少有变动。以下将自第 7 次(2015-2016 学年)至第 11 次(2019-2020 学年)各等级、校数、比例之结果,列表如下。

表 4.8　ACTA: What Will They Learn 2015-2020 年情形表
(1)等级校数和百分比

总校数 级别	1108 校 2015-2016	1110 校 2016-2017	1116 校 2017-2018	1120 校 2018-2019	1123 校 2019-2020
A	24(2.2%)	25(2.3%)	24(2.2%)	23(2%)	22(2%)
B	371(33.5%)	355(31.9%)	350(31.4%)	343(31%)	350(31%)
C	342(30.9%)	351(31.6%)	346(31.0%)	347(31%)	335(30%)
D	268(24.2%)	261(23.5%)	269(24.0%)	273(24%)	279(25%)
F	103(9.3%)	118(10.6%)	127(11.5%)	134(12%)	137(12%)

（2）七门科目中列为必修之校数比例

总校数＼科目	1108校 2015—2016	1110校 2016—2017	1116校 2017—2018	1120校 2018—2019	1123校 2019—2020
文学	35.9%	35%	34.2%	34%	32%
外语	12.7%	12.5%	12.0%	12.0%	12%
美国政府或历史	18.1%	17.8%	17.6%	18%	18%
经济学	3.1%	3.2%	3.1%	3%	3%

由上两表及其调查结果可知：

1. A级约2%，包含圣约翰学院、托玛斯·阿奎那学院、科罗拉多基督教大学、西南浸信会大学等约23所。

2. B级和C级均约31%，此两级合计约62%，占最大多数校院。

3. D级为24%—25%。

4. F级为9%—12%，包含布朗大学、伯克利加州大学、莱斯大学等名校。

5. 七门核心科目中，各校最少开授者为文学（约34%）、美国政府或历史（约18%）、外语（约12%）、经济学（仅约3%）。

最近，ATCA 2018—2019学年和2019—2020学年的两次报告中，更指出如下内容。

1. 学校所承诺的并未实施

许多大学院校都宣称该校实施健全完整的通识教育，但实际上67.5%的学校（C、D、F级）只开授七门核心科目中的三门或更少。如莱斯大学、明德学院（Middlebury College）均宣扬学校宏伟的通识教育目的，但实际上在七门核心科目中，学生未修任何一门都可毕业。

2. 钱财并非优良核心科目之关键

列为 A 级的 23 或 22 所大学，其学年平均学费为 22470 美元，但学费高到 54620 美元的纽约州汉密尔顿学院（Hamilton College），51848 美元的鲍登学院（Bowdoin College）等均未要求学生修七门中的任何一门。因此，建议减速少开授许多杂乱散漫的科目，节省经费，而集中心力和钱财，开授好基本的核心科目。

3. 学校名望并非万能

获得 A 级的学校，除了如圣约翰学院、加州的佩珀代因大学（Pepperdine University）、佐治亚大学、贝勒大学（Baylor University）等较著名学府之外，其他多不甚为人知。相反，不少颇有声望的学府，如 8 所常青藤盟校中，A 级者 0 校，B 级者 2 校，C 级者 4 校，D 级者 1 校，F 级者 1 校，其中哈佛大学（B 级），只要求达到初等水平的外语，耶鲁大学（B 级）并未要求学生修读数学，布朗大学（F 级）实施"开放课程"，学生可以自由任选修读，无核心科目之要求。

ACTA 强调，这些著名学府的学生，相当聪明地选择修读科目，例如多选读模糊不清的、故弄玄虚的和轻松容易的科目，而避开严谨的、连贯的通识科目，以便获得高分。

4. 分类必修常是空有其名

分类必修（Distribution Requirements）在学校书面文字上看起来很吸引人，然而实际上很多是浅薄又杂凑的，学生可以在各类的十多门甚至一百多门科目中只选读一、二门即可，例如康涅狄格大学（University of Connecticut）可以修读"嘻哈音乐（Hip-

Hop)、政治和青年文化"作为"社会科学",北卡罗莱纳大学（University of North Carolina）可修读"冲浪史"作为"美国史",威廉学院（Williams College）可修读"足球和拉丁美洲史"作为"历史",密西根大学可修读"巫毒崇拜"作为"人文"学科,等等。

5. 州议会、学校董事会可以发挥功能

得克萨斯州、佛罗里达州和佐治亚州州议会明确规定该州的公立校院必须修读"美国政府或历史"类课程,加州议会要求加州州立大学系统必须修读"美国政府和美国历史"。此外,田纳西州、南达科他州、佐治亚州、佛罗里达州、内华达州的很多公私立院校董事会制定对通识教育的标准或要求,颇有助于学校开授此七门核心科目,足显州议会和学校董事会重视通识教育之功能。然而,除上述少数几个州之外,其他许多州的州议会或学校董事会并未注意及此。

6. 各校的通识教育目录隐藏其品质或水准

许多学校仅简略申述其目标或开列课程类别,很少叙述其品质要求或基本水准。

7. 对外语和他国文化相当忽视

只有约12%的学校对外语的教学要求达到中级,多数学校只要求到初级,而更有些学校无要求或未开授。

8. 对经济学的忽视

虽然各大学经常强调当今经济学的重要性,但很少大学会要求必修,只有约3%的学校要求修读基本的经济学。

9. 科学、技术、工程与数学（STEM）受到忽略

2015年美国经济发展委员会认为,数量和分析能力、批判性

思维是当今大学毕业生就业急需的能力,科学、技术、工程与数学(STEM)是许多公司最为需要的知识和技能,但是很多大学因为学生避难求易,在通识教育中,对 STEM 的学科和教学是相当忽视的。

10. 许多大学开授简易怪异的科目

许多大学均强调培养学生基本知识和能力的重要性,但却开放允许学生修读许多缺乏连贯性、学术性、深度性的科目,形成"自助餐式"的通识教育,而且趋势不断增加。

由上述 ACTA 调查评估以七门基本核心科目为重点,以及对各科目内容强调严谨性、学术性、连贯性、深度性,并据之分列为 A、B、C、D、F 等级,明显可见其理想常经主义的通识教育哲学。

(三)全美通识教育最佳之大学院校

然而,依据"大学实况"(College Factual)2019 年 8 月的报道,认为全美通识教育的最佳大学院校前十名为:科尔盖特大学(纽约州)、布朗大学(罗得岛州)、德堡大学(印第安纳州)、布兰迪斯大学(马萨诸塞州)、密歇根州立大学(密歇根州)、西南大学(得克萨斯州)、圣路易斯大学(密苏里州)、丹尼森大学(俄亥俄州)、布克尼勒大学(宾夕法尼亚州)、古斯塔夫·阿道夫学院(明尼苏达州)。

2020 年"大学事实"又做同一调查,结果学校排名除第六名和第七名对调,第十名改为俄勒冈州立大学(俄勒冈州)外,其他排名都与 2019 年一样。

上述校院的通识教育绝大部分均采自由任选的模式,学生选课相当自由多样,明显偏向实用进步主义的学生自主教育哲学,而结果与前述 ACTA 偏向理想常经主义的教育哲学几乎完全相反。

(四)哈特报告

2016 年美国学院和大学协会(AAC & U)公布发表其所属之哈特研究机构(Hart Research Associates, HRA)调查报告,该报告以全美 AAC & U 会员之 1001 所大学院校为对象,针对各校通识教育自 2015 年 7-10 月,以线上调查方式,请各校学术主管(如教务长、学术副校长等)负责填答,有 325 位回填送达,回收率 32%。回填学校中含授予学位类级副学士(Associates)者 11%,学士 30%,硕士 39%,博士 19%,其他 1%,意即各类等级之大学院校均有,且符合全美大学院校总体数量之比例,因而具有相当的代表性。

2016 年 AAC&U 之哈特报告(Hart Report)将 2008 年和 2015 年的情形进行比较,结果大致如下:

1. 2008 年和 2015 年对通识教育增加支持和重视的比例分别为 56%、55%,并未改变的为 41%、43%,减低支持和重视的为 3%、2%,显示增加支持和重视者两年均超过半数。

2. 在通识课程的重新规划时,最重视的分别为:(1)知识、能力、应用三方面的整合(67%);(2)有应用性的学习经验(61%);(3)跨学科的技能发展(51%);(4)广博知识的获得(32%)。可见在规划设计通识课程时,整合、应用、跨学科三项理念最受重视,而传统的"增加广博知识"虽显下降,但仍有三分之一予以重视。

3. 通识课程的结构,2008年和2015年高低依次分别为:(1)全球性的科目(60%,70%);(2)大一研习(58%,63%);(3)多样性科目(56%,60%);(4)科际整合科目(51%,55%);(5)服务学习的科目(38%,46%);(6)参与活动式的公民学习(38%,42%);(7)需要实验的学习(36%,36%)。这显示21世纪以来,新兴的科目内容逐渐形成为重要的课程结构,且其百分比逐渐增加。

4. 就整体课程的类型比例而言,2008年和2015年分别为:(1)只采用分类模式(15%,8%),(2)兼采分类模式和其他特色(64%,68%),(3)只采用一种或多种其他特色(18%,24%)。由上显示,只采用分类模式,意即让学生到各院系选修科目,充作通识学分,此一模式已由2008年的15%,再大幅降低到2015年只剩8%院校采用;兼采分类模式和其他特色课程模式者最多,而且由2008年的64%增加到2015年的68%,成为绝大多数或称为主流;只采用一种或多种其他特色课程模式,如主题必修课程、核心课程、高级必修、学习社群之院校,却由2008年的18%,增加至2015年的24%,有明显的增长,约占全美的四分之一大学院校采用。

5. 就通识教育的科目内涵而言,最普遍受重视的在2008年和2015年,依序为:

(1)写作技能(77%,84%);

(2)批判性思考和分析性推理能力(74%,84%);

（3）数量推理能力（71%，80%）；

（4）科学知识（71%，78%）；

（5）数学知识（68%，78%）；

（6）人文知识（72%，78%）；

（7）全球文化知识（68%，76%）；

（8）社会科学知识（70%，76%）；

（9）艺术知识（无资料，72%）；

（10）口语沟通能力（69%，70%）；

（11）不同文化间的知能（62%，68%）；

（12）资讯信息的知能（59%，65%）；

（13）作研究的知能（51%，64%）；

（14）道德推理能力（59%，61%）；

（15）美国多样性的知识（57%，62%）；

（16）各种学科间学习的统整（49%，57%）；

（17）课堂外学习的应用（52%，55%）；

（18）公民参与和知能（53%，54%）；

（19）科技知识（48%，42%）；

（20）英语之外（外文）知识（33%，41%）；

（21）美国史的知识（39%，40%）。

（五）2020年报告

依据笔者2020年1—3月对美国大学2020年最佳大学排行榜前200所大学院校通识教育现况之调查，整理如下。

1.美国大学之课程，大都分为学期制（semester）和学季制

(quarter, term)两种。学期制,每学年分秋、春两学期,每学期18周,一学年合计36周;学季制每学年分秋、冬、春三学季,每学季12周,一学年合计也是36周。两种课程学分之换算,则学期制之学分乘上1.5即为学季制之学分。因此,如A校属学期制,其大学部(本科生)毕业总学分为120学分,等于学季制之B校毕业总学分之180学分,而个别课程或科目其学分数之换算亦然,因而学生转学时,其学分数之换算相当方便。本文下述各校其毕业总学分或通识教育学分,均换算为学期制之分数,因其与我国海峡两岸之大学最为相同,易于比较参酌。

2. 兹将美国202所大学其通识教育学分数、校数以及校数百分比列表并说明如下(表4.9):

表4.9 美国大学通识学分数、校数表

通识学分占毕业总学分之比例	校数	校数占202总数之比例
50%以上	5	2%
46%–50%	3	1.5%
41%–45%	6	3%
36%–40%	39	19.5%
34%–35%	27	13.5%
31%–33%	92	46%
26%–30%	23	11%
21%–25%	7	3.5%

由表可知,美国各大学之通识教育学分数占毕业总学分数之百分比,以31%–33%的92所大学最多,以36%–40%的39所大学次之,以34%–35%的27所大学又次之。

如将此三项合计,即通识学分占毕业总学分数之百分比,从

31%-40%者合计共158校（92+27+39），占全美202所最佳大学之79%。美国各大学本科生毕业总学分绝大多数为120学分（学季制为180学分，依上述换算为学期制的120学分）。可知全美国大学在36-48学分之间者最多（学季制大学在54-72学分），经笔者在查阅各校通识学分时亦然。

其中通识教育学分数或占毕业总学分比例极高者，如芝加哥大学通识教育21门科目占总毕业42门科目的50%，耶鲁大学通识教育16门科目占总毕业36门科目的44%，丹佛大学为46%，特别是，通识学分占比很高的大多为天主教会大学，如圣托玛斯大学（St. Thomas University）高达54%，圣心大学（Sacred Heart University）更高达55%。

此外，也有少数大学，通识教育之学分要求相当具有弹性，如布朗大学在毕业总共32门科目中，学生可以从通识教育科目中选择12-22门，亦即占38%-69%；而罗彻斯特大学学生则可在毕业总学分128学分当中，从通识教育科目中选择4-122学分，亦即占4%-96%，是自由任选的极致代表学府。

3.就通识课程的结构设计而言，可分四种形态。

（1）分类课程

由各学院、系负责规划与授课，学院、系完全依本身的主修或专门课程之科目内容授课。他系学生可依规定到该院、系修读若干科目，作为通识教育学分。依笔者2020年查阅分析与统计之美国200所大学院校中，有35所采此方式，占17%。

（2）核心课程

由学校某一学院，通常是文理学院或通识教育中心完全负责规划和开授全校学生之通识课程。在调查的202所大学院校中有48所采此方式,占24%。

(3)兼采分类和核心课程

将分类课程和核心课程同时实施,唯两者之间有其固定的比例,且各校之规定有所不同,此消彼长,相互配合,共同执行该校之通识课程。此类型最多,在调查的202所大学院校中有117所,占58%。

(4)自由任选

兼采分类和核心课程,唯两者之间并无固定之比例,甚至通识课程之学分占毕业总学分之比例亦相当自由悬殊,如布朗大学为38%-69%,而罗彻斯特大学更可以为4%-96%。在调查的202所大学中,仅有此两校实施,占1%。

本章小结

美国大学通识教育的近况与实施,在课程和修业方面,首先是1960-1970年代的检讨,历经1980年代的改革,直到当今21世纪的反省、调整和沉淀,发现在历史的趋势、教授的文化、学生的特性、制度的异化、社会的改变等五项外在因素方面,以及课程与规划、哲学与理论、学生与学习、教师与教学、行政与组织等五项内在因素方面,都有许多不利于通识教育的情况,造成通识教育的灾难时期。

近年来针对改进的途径方面,有不少的争论,包括:(1)课程的内容方面,大学生应该知道什么,应该具备什么样的能力,应该成为什么样的人？（2）课程的连贯方面,应该是严密完整、条理细密的设计,还是自由松散、有自由选择的空间？（3）课程的共同性方面,应该注重社会共同要求的价值规范,还是个人的差异和自由发展？美国人心灵的闭锁或开放是什么样的课程造成的？（4）课程的综合性方面,学生修课要维持均衡综合,在人文、社会、自然三者兼顾,课程编订时注重综览式的概论？还是由学生自行挑选？通识课程应占总毕业学分多少比例才是合理？与主修学科、选修学科之间的关系如何？

笔者经1994年和2020年两次实证的调查研究发现,上述这些争论或主张,在全美各大学的实施近况中均有具体的反映,各有其疆域领土甚至堡垒或大本营,如圣约翰学院、芝加哥大学的理想常经主义,布朗、伯克利的进步实用主义,哈佛、斯坦福的精粹本质主义。当然,仍然有许多大学,并不那么明显,似乎是介于两种或三种学理主义当中,因为事实上有很多学校是各种学理的综合,或者是各种势力的冲突与妥协,而欠缺明显独特的色彩。这些因素也是深刻影响课程的因素,甚至是最实质、真切的因素,均将于下篇各章中详予研讨。

第五章

教学和评估

通识教育有学术理论的基础,经过课程的安排设计后,就进入了实质的教学和评估阶段。教学是将学理的功能、目的和课程的内涵、目标通过教师的"教"和学生的"学"来达成。教学包含教和学两大方面,以及两者之间的互动关系。评估是要测知教学历程当中某一阶段的个别目标、某些阶段的共同目标,以及总体阶段的终极目标是否达成,评估因而有各阶段的测量,当然也包含对教师"教"的评估和对学生"学"的评估两大方面。评估的结果,可供师生教学时参考改进、设计课程安排时斟酌改善,还可据以对所依据的学理思想予以完善。

一 对1960-1970年代的检讨

通识教育在1960-1970年代被卡耐基教学促进基金会称为"灾区",教学要负很大责任。1980年美国大学教授协会(AAUP)的执行长斯皮茨伯格在其《通识教育的教授》(*The Professoriate in General Education*）中说："仅要求科目并不能保证学习就会成功……课程即使设计得再好,如果没有教师有效的教学,以激发和协助学生的学习,则终究是没有用的……有太多太多通识科目的教学被咒骂,认为教学不认真,被视为学术圈中的最下层。"（Spitzberg, p.426）

加夫描述这一时期的通识教学为："教师缺乏准备,没有学术地位,教师和学生都不明白通识教育的概念,不知道开授这门科目对整体通识教育有什么用意,许多人视通识科目为'营养学分'的科目,最多只知道通识科目就是为了弥补专业的不足罢了。所有这些因素都导致通识科目的教学给人们留下负面印象:人数众多的大班级由资历浅的或助理教师在上课,学生无精打采地在课堂发呆,或自顾自地写学生自己的主修学科报告……各种情形都有,就是与教师现在上的这门课无关。"（Gaff, 1983, p.116）

当然,教师们也是很不甘心或有苦说不出。雷德瓦恩在其《通识教育的教学与辅导》（*Teaching and Advising in General Education*）中就抱怨道："任何东西都是由以研究和出版著名的教授先占,谁管你教学。大学部的课都是叫最没有经验和资历的教师去充数,不然就是派那些快要退休的老教授去养老,或者找些校外业余的外行人来搞好公关,或培植个人的人脉关系……教学没有评估,即使有,又有什么实质作用。保守顽固的分子不想改变多年的陈旧授课方式,激进新潮的家伙滥用学术自由的幌子,更糟的是,彼此都看对方不顺眼,彼此都认为对方不应在校园存在……反正,能够快速成名、截取资源才是最重要的。教学?啊,谁还记得这个名词?"(Redwine, 1980, p.85)然而,也有老师认为自己是很认真努力地教学的。特里林的通识教学经验是:"我认为,自己是处在学术环境中的,不但有学者的感觉,而且充满教育的意义与目的……这是一种充满挑战、令人兴奋和愉快的工作,更重要的是,能在我们这个时代的这个国度,为这些年轻人尽一份心力,协助他们如何去阅读、观察、倾听和思索。"(Trilling, 1980, pp.45-46)类似这样古道热肠的老师,还是可以在校园中发现的,只是学生也许无动于衷,或者昨夜疲累,浑然忘我入梦乡。

1960-1970 年代是多元而自由的校园,是多彩多姿的大学,当然也就有各式各样的教师。这种多元、多彩、多姿、多样,如果是通识教育受重视的大环境,当然就很理想,然而 1960-1970 年代却是职业主义、功利主义、专精主义的年代,通识教育显然不是校园的主流;而"营养学分"之外,再加上"易混科目""放水科目",却成了大学通识教育的代名词和最佳写照。

二 改进的途径与争论

针对教学和评估的检讨,改进的主要途径大体可综合归纳为教师进修(Faculty Development)、教师教学(Faculty Teaching)、教学评估(Teaching Evaluation)和教师评价(Faculty Evaluation)四方面,然而在进行的方式和结果的好坏方面,也有不少的批评意见或争论。

（一）教师进修

教师进修有助于教学的改进，其理由是简明而无须多述的，而事实的结果也证明确有成效。加夫在其调查报告中列举了1980年代各大学教师进修的各种实施方式（Gaff, 1991, pp.104-110）：

1. 针对各不同学科的寒暑假研习会；
2. 参加促进教学方式的工作研习营；
3. 计划和设计教学材料的各种会议和研讨会；
4. 提供基金和假期让教师申请，以发展长程的教学改进计划；
5. 参加校外的有关教学和课程专业会议；
6. 参观其他学校的教学；
7. 邀请专家学者到学校演说并示范教学；
8. 教师相互举办观摩教学；
9. 协同教学，相互支援合作教学；
10. 成立小组由资深教师担任督导；
11. 为新进或新任的教师办理研讨会；
12. 为资深教师办理检讨改革会；
13. 利用各州各地的教师研习中心，激励教师的重新学习；
14. 办理不同学科教师的相互对话和了解研习；
15. 每周定期的聚会研讨。

这些各式各样的教师进修，获得不少支持者的赞同和赞助，因而有许多正面的、实质性的改进作用。

1. 获得许多单位的支持和赞助，包括布什基金会（Bush

Foundation）、利利基金会（Lilly Endowment）、梅隆基金会（Mellon Foundation）以及私立高等教育促进会（Consortium for the Advancement of Private Higher Education）等私立机构，以及公立方面的全国人文基金会（National Endowment for the Humanities）、高等教育促进基金会（Fund for the Improvement of Postsecondary Education, FIPSE）等。

2.许多学校主管人员，开始时无论采取何种态度看待通识教育的教师进修，都不同程度地承认进修有正面功能和价值，对整体教学有所改进。加夫的调查显示，全美的教务长30%认为非常有效，65%认为中度有效，5%认为不太有效（Gaff, 1991, p.108）。

3.有许多学校已开始采取政策要求教师在教学中必须参与研习，以及要求参与研习回来的教师在校内担任教学改进的示范和督导角色，甚至有学校在初聘教师时即将此项政策列为聘约之一（Gaff, 1991, p.106）。

然而，教师进修也有不少的问题和不同看法，综合而言，大体如下：

1.教师的进修，主要目标是应针对教学方法和学生心理，但大多数的所谓进修，尤其是赴校外的较长时期的进修，常是教师为个人的学位或者升迁而前往，对实质的教学没有太大作用，甚至有时产生反效果，因为老师忙于自己的进修和本身进修的要求，反而忽略原有的教学（Gaff, 1983, p.123）。

2.教师的进修，有时须多数教师同时参加，因而必然影响原来正常的教学时间和师生作息。请假、调课、缺课、代课的情形所在多有，用功的学生觉得不受重视而抱怨，不用功的学生更有理由不必认真于通识课的学习。

3. 教师的进修，通常在研习时的内容是偏向理论或学说，较少实际的演练示范。许多参加进修的教师抱怨，教师进修只是把理论说得更详细精深，而不是真实的课堂教学所需。每个专家学者都把教学方法的学理说得头头是道，但本身却从头到尾都是最古老最传统的讲述法。

4. 教师的进修，经常强调不少教学方式中要应用许多设备和器材，而且要新颖进步，因而研习回来的教师发现本校样样欠缺，在申请购置遇到困难或手续繁琐的情况下，往往心灰意懒，甚至以此作为不求改进教学的正当理由。他们认为教学设备和器材不够、不新是教学的最大困难，"物"的作用胜过"人"的作用。

5. 教师的进修，常发现最应该多加进修的教师却是最不肯或不屑参加的人；而最常参加的人，却未必在教学上真有改进。

尽管正反意见都有，西格尔（Siegel）1980年在其调查报告《教师进修的实证发现》（*Empirical Findings on Faculty Development Program*）中与500多位参加过各类教师进修的教师访谈后证实，绝大部分教师认为进修有积极、实质的作用，特别是在以下六个方面，一般教师认为获益最大：①激励教学的卓越目标和动机；②结合自己的教学理念和实务；③提高自己的教学认知和方法技术；④知道如何运用各方面的教育资源；⑤知道大家教学都有困难缺失，克服自己不胜任的原先的羞怯和害怕；⑥知道今后请益的途径和相互支援的联络网（Siegel, p.135）。

内尔森在其另一个类似的调查报告《教师的更新》(*Renewal of the Teacher Scholar*)中亦有相同的发现，因而他在结论中强调："学校要改变课程，当然获益的主要考虑是学生，但是在课程改变的历程和教师准备的历程当中，教师也得到许多的收益和成长。"（Nelson, 1981, p.46）1985年，埃布尔（Eble）和麦基齐（McKeachie）接受布什基金会的委托，在调查、研究了三十多所大学后宣称："我们深信教师进修不仅能促进学生的学习，而且能维持和增进教师教学的品质，也使教学感到满足愉快。"（Eble and Mckeachie, 1985, p.223）

三　近期实施情况

（一）教师进修

依据加夫（Gaff, 1991, pp.109-120）的调查研究发现，在美国176所大学当中，教师的进修和该校通识课程的更新改变具有密切的关系。在176所大学当中，75所学校的教师进修是没有精心和完整设计、随意和临时应变的"没有系统的进修计划"（No systematic program），另外71所是比较用心和有完整设计的，长远和全盘规划的"有重要进修计划"（Major Program）。教师进修与学校通识课程的更新之间的关系如表5.1所示。

表 5.1 课程改变与教师进修

	No Systematic Program	Major Program
Large change in general education:		
Planned	42%	68%
Achieved	28%	65%
Faculty development:		
Half of more of the faculty involved	3%	48%
Program regarded as very effective	3%	67%
Required special types of courses:		
Interdisciplinary core courses	25%	55%
Courses using original sources	11%	46%
Freshman seminar	15%	42%
Senior seminar, project	12%	32%
Required across-the-curriculum themes:		
Writing	36%	75%
Ethics or values	17%	55%
Global studies	20%	38%
Cultural pluralism	16%	35%
Computer literacy	13%	28%
Gender issues	9%	25%
Had policy of active learning in courses	23%	55%

资料来源：Gaff, 1991, p.110。

表 5.1 显示，教师进修"有重要计划"的学校，与学校在通识课程上有大规模的改变关系密切，无论其为计划阶段或已经完成阶段。依教务长填回的资料，学校属于"有重要教师进修计划"者，其通识课程大规模改变处在计划阶段的大学有 68%，而已经完成阶段的亦有 65%。相反，学校属于"没有系统的教师进修计划"者，其通识课程大规模改变处在计划阶段的大学有 42%，而已经完成阶段的则只有 28%。这明显地表明，通识课程大规模改变的学校，无论是正在计划阶段或已经完成阶段，有重要教师

进修计划者均多于没有系统教师进修计划者。而且，有重要教师进修计划者，其在计划阶段和已经完成阶段的滑动情形（65%-68%）较小，表示稳定，按计划执行；而没有系统教师进修计划者，其滑动情形（28%-42%）较大，表示不稳定。

此外，表 5.1 也显示，在"有重要教师进修计划"的大学中，有 48% 的学校其教师有一半以上的人参与此项进修计划，而"没有系统教师进修计划"的学校，则只有 3%。同样，在"有重要教师进修计划"的大学，有高达 67% 的教务长认为此进修计划对全校教学的改进非常有效，而"没有系统教师进修计划"的学校则只有 3%。

若以教学科目的形态而言，在"有重要教师进修计划"（以下称"前者"），其任教科际整合性核心科目者，有 55% 参与教师进修，而"没有系统教师进修计划"（以下称"后者"），则只有 25%，不到前者的一半；其任教科目为新设性质而需使用原始资料的科目，前者参与教师进修的有 46%，后者则仅有 11%；担任大一始业性介绍性教学的，前者有 42%，后者仅 15%；担任大四高阶性论文性教学的，前者有 32%，后者仅 12%。

就跨越各项学科而以主题为主的教学形态而言，任教写作的教师，前者有高达 75% 的教师参与教师进修研习，后者仅有 36%；任教伦理或价值的教师，前者有 55% 参与，后者仅有 17%；担任全球性研究的教师，前者有 38% 参与，后者为 20%；担任多元文化性质科目的教师，前者有 35% 参与，后者仅 16%；担任计算机语言科目的教师，前者有 28% 参与，后者为 13%；担任性别问题研究的教师，前者有 25% 参与，后者只有 9%。

最后，学校中制定有鼓励教师进修积极办法的，前者有 55%，而后者只有 23%。

由上述得知,学校"有重要教师进修计划"者和"没有系统教师进修计划"者之间,其课程的改变更新和教师的教学形态、教学方式有明显的不同,前者颇为重视,后者显然轻忽。其结果和成效,在加夫的报告中有详细的对照(表 5.2)。

表 5.2　教师进修的结果对照

	No Systematic Program	Major Program
Attitudes toward general education more favorable:		
Administrators	52%	84%
Faculty	49%	83%
Students	21%	51%
Quite a lot or very much change in:		
Faculty renewal	23%	89%
Higher-quality education	40%	82%
Greater curricular coherence	38%	77%
More active learning	24%	68%
Revitalized institution	27%	68%
Greater appreciation for diversity	35%	55%
Positive impact on:		
Faculty renewal	48%	88%
Institutional identity	58%	87%
Sense of community	51%	79%
Public relations	48%	75%
Efficient utilization of faculty	36%	65%
Admissions	21%	65%
General education budget	32%	62%
Retention	24%	58%
Fund raising	20%	57%
Faculty reward structure	12%	42%
General education quite or very close to dean's ideal	20%	57%

资料来源:Gaff, 1991, p.114。

表 5.2 显示,"有重要教师进修计划"的学校和"没有系统教师进修计划"的学校之间,其行政主管、教师、学生对于通识教育的正面、肯定程度,有显著的程度差异,前者均高于后者。

教师进修之后,其对教师的更新、提高教育品质、促进课程的连贯、学生的积极学习、学校的恢复生机、多元的认知与欣赏等方面,认为具有极大或很大改变作用的,前者亦明显大于后者。

在教师更新、认同和爱护学校、生命共同体的感受、公共关系、教师的有效运用、招生、通识教育的经费预算、维持学生的就学、学校向外筹募基金、教师的奖助办法等方面,认为教师进修具有正面影响的,前者亦显著高于后者。

最后,教师进修的情况,认为非常符合该校教务主管理念的,前者为 57%,后者为 20%,亦有明显的差别。

有鉴于上述结果的比较分析,拉里·古德温(Larry Goodwin)于 1989 年宣称:"课程修订和更新的关键在于教师进修,我们不可能对课程有真正的修正或者说改革——如果只在增加或减少科目方面着手。想要真正的改革,全体教师必须先有共识和决心,我们当今需要的,除了教什么之外,更重要的是如何教,以及知道学生是怎么学的,如何评估学生的学习。现今我们的急务,是教师的自我检讨、反省,以及教师之间的相互学习。总之,我们需要的既是新酒,也要新瓶。"(引自 Gaff, 1991, pp.119-120)

(二)教师教学

经研读分析当今美国各大学的概况、教学科目说明等,以及笔者在美国大学研读和教学的经验,可以将其通识教育的教学方式，大致分为课堂讲述、小组讨论、研习发表、独立研究等四种。

1. 课堂讲述　大班课堂上课学生人数众多，以 50-100 人之间者最多；亦有小班制，其人数在 20-30 人之间者。课堂讲述以教师传授和讲述为主，固然学生亦得发言或讨论，甚至有时某一节课，学生发言讨论较多，但基本上就整体而言，以教师讲授为主。

2. 小组讨论　通常在课堂讲述之外，另设有小组讨论，尤其是采取大班授课方式的，常辅以此种方式。例如某一科目 4 学分当中，经常为一星期课堂讲述三小时，另外一小时即为小组讨论。

3. 研习发表　事先分发研读资料，并将全班学生分组或个人一人为单位，开学前两周内分派指定好各组或各人负责部分，按次依序担任主角轮流报告，为该次授课的重点。

4. 独立研究　学生个人或少数几个人，自行拟订研究主题和纲目，在教师同意后，进行独立研究。定期或不定期与指定教师研商讨论，期末时交研究报告。

教师的教学深受课程的不同编排形态影响，而且教学的方式与要求也应配合不同形态的课程，才能充分发挥某种理论或形态的课程之功能和特色，否则，如果老师真正授课时，无论什么课程形态，其方法和要求都一样或一成不变，事实上是难以达到某种课程的目标和要求的。以下说明三种通识教育的主要形态。

1. 核心课程

通识核心课程是共同的、紧密结合的，内容广泛，通常采取科际整合的方法，或有连续性的编排组织，并将课程分为若干类（通常以五至七类最普遍），学生必须在每一类当中必修或选修若干科目或学分,规定每一类当中均为必修的学校,以圣约翰学院最具有代表性;或每一类当中用选修方式由学生自行决定的,则以哈佛的核心课程最具有代表性。

麻省理工学院于1975年受到哈佛核心课程的影响,也开始实施被称为"汇集"(concourse)的核心课程,系以广泛的科际整合的主题方式进行教学,主题涵盖学生在麻省理工学院大一时各项科目的统整融合,分成两大类:一为学科的技术,重点在学习的方法和思考的形态,是基础性和方法性的教学;另一为通识的整合,重点在各学科内容的相关和解决当今社会问题的知识整合,理论性和应用性兼顾。教师在教学时,必须学理和现实并陈说明,列举真实的当今情况。"汇集"的教学方式,教师大都采用协同教学,全部课程为一周五天,每天三小时的教学。

依据卡耐基高等教育政策研究委员会的"1976年大学院校概况研究"(Catalog Study, 1976)显示,1975年,全美具有代表性的270所大学院校中,采用核心课程的学校占10%,如以学校类型再细分,则文理学院占7%,而大学和专业学院则占14%。这种核心课程比较适合于同质性较高的学生,如圣约翰学院和哈佛,因其教学时教师的目标和要求较能一致,也较易达成此目标和要求。相反,如果在学生异质性较高的一般州立大学,则不易施教,师生双方均会感到教与学都辛苦。

依据卡耐基促进教学基金会所发表的《卡耐基调查报告:1975-1976》(*Carnegie Surveys*, 1975-1976),其于1975年调查了25000位大学院校教师、25000位大学部学生、25000位研究生,结果发现47%的教师赞同或喜欢核心课程的方式。

2. 分类必修

分类必修是要求每一位学生必须在某几类（如人文、社会、自然三大类）当中，自行到各学院各科系修满规定的科目数或学分数，学校仅规定各类应修多少学分，而未特别规划或列举出科目名称和内容。如人文类 12 学分，只要到文理学院目前所开授的有关科目中修满即可；社会类 12 学分则到法、商学院选课修习；自然类 12 学分到理、工学院选课修习。学校并未特别针对通识教育而另行编排设计课程，仅要求学生到各院各系修习现有的科目，因各院各系现有的科目颇多，林林总总，适合各类学生修读，学校也无须另作安排设计，省事省力。在各校当中，分类必修方式所采用的比例最高占 85%（Catalog Study, 1976），而且 46% 的教师对于此项教学颇为赞同和支持（Carnegie Surveys, 1975-1976）。

分类必修，经详细分析各校的实施情形，在教学上又有不同的四项情形。

（1）完全指定的分类必修：系分类必修中最严格的一项，学生按指定的科目和分类修习，几乎没有自己选择的空间，如密歇根大学的雷西登谢学院要求学生必须修毕一门"大一研习"、一门"艺术实作"、一门外国语文、三门人文学科、三门社会学科、三门自然学科。分类必修的学校当中，大约 60% 属于此项（Catalog Study, 1976）。

（2）少量指定的分类必修：指定必须研习的类别和科目较少，例如本宁顿学院（Bennington College）指定某一门科目，可以在该校的 8 个学院中任选 4 个学院的任一门课抵充。大约有

24%的大学院校采取此项方式（Catalog Study, 1976）。

（3）建议性质的分类指导：要求系建议性而非强制性的，学校做这种分类和科目只供学生选课修习时参酌，但也言明这是学校的"强烈希望"或用"强力推荐"等字眼，期盼学生参考依照。例如哈特福德大学（University of Hartford）"强烈建议"学生修四类的课程：语言和其他符号系统、人与自然的关系、人类的社会制度和文化的形式。只有3%的大学院校采用此项方式（Catalog Study, 1976）。

（4）其他方式的分类必修：在上述三种之外，仍有各式各样的分类必修情形。如美国东北部新罕布什尔州的新罕布什尔大学，采用"能力资格或学习结果为基础"的方式，要求学生能证明下列通识教育的能力资格或学习结果：基督教的传统与价值、知识的获得与使用、审美与艺术、物理和社会环境、言语的沟通、体能和娱乐活动、社团群体。譬如，为证明已习得或已具有"审美与艺术"的能力或结果，学生要在下列四方面有所表现或展示：一是了解若干项艺术文化的传统，并能用艺术方式具体地表达；二是用具体的媒体或器材，表达出艺术的工作成品；三是具有审美的知识和经验；四是具有审美的价值观念和欣赏批判的能力。这些能力或结果可以用上课时教师的观察考评、学生的独自研习、标准化的考试测验，或者以实际的现场经验等方式作考查。新罕布什尔大学要求所有的学生要通过自然科学与数学、社会科学、语文和沟通、人文与艺术四项综合考试，而平时没有特别指定的科目，学生在教师教学授课委员会的指导之下，自行修课，以达到该四项综合考试的要求。

3. 自由任选

学校既无专为通识教育的课程编排设计,也无特别指定的必修通识科目,只规定通识学分的最低要求,让学生得以在全校各科系自由随意选择修习。偶尔也会对英文写作等少数基本技能科目有所规定,但绝大部分的科目,均由学生自由任选,既无分类必修,更无所谓核心课程,有些大学甚至对于通识学分的规定都很模糊,如伯克利加州大学和布朗大学等。

自由任选基本上不符合理想常经主义和精粹本质主义的哲学理念,但颇符合进步实用主义的哲理。自由任选的学校,在美国大学院校的比例不多,仅有大约2%(Catalog Study, 1976),而且教师的赞同或支持度亦不高,仅为6%(Carnegie Study, 1975—1976)。

(三)教学评估

学生在通识教育上所习得的成果如何,通常可由任课教师依据学生上课时的课堂表现,如出缺席状况、热心参与和发言讨论的情形,以及学期当中的各种测验考试、成品制作或研究报告等予以评估。教师通常用数字分数或文字等级,或者用P(F)、Pass(No Pass)等表示及格或不及格。然而,除了这种对某一特定科目由任教老师自行评分的方式之外,是否需用一套测量办法,以评估其知识能力、行为态度或价值观念有无经研习而得到提升,进而评估通识教育的整体成效,成为近几年美国通识教育所重视和争相辩论的问题。

1980年代初期,美国高等学府对通识教育的成效评估开始蔚然而起。首先是全国性的"高校水准测验计划"（College Level Examination Program, CLEP），测验大学生的英文作文、数学、人文学科、自然科学、社会科学等方面的水准；其次，"教育进步系列测验"（Sequential Tests of Educational Program, STEP），测验英文表达、阅读、数学、科学、社会等方面的水准；最后，东北密苏里州立大学最为积极，将"美国大学入学考试"（American College Test, ACT）中的高校教育成果评估方案（College Outcome Measures Program, COMP）予以应用和改编，专门针对通识教育进行测验评估。1980年代末期，又有美国教育考试服务社（Educational Testing Service, ETS）的"学术能力检定"（Academic Profile）、美国大学考试中的大学学术熟练程度测试（Collegiate Assessment of Academic Proficiency, CAAP）、大学基本学术科目测验（College Basic Academic Subjects Exam, CBASE）等。一时间，对通识教育的评估测验，各校及各文教机构纷纷投入精力。

然而，以这些标准化的测验来评估全国各校的通识教育成果，反对的意见和批评的声音亦纷至沓来。综合而言，大致如下：

1. 这些标准化的测验不可能考评到个别教师的实际教学效果，因为每位老师的教学内容并不相同，其教学范围也不一定涵盖在标准化的测验题目之中。

2. 这些测验大都采用多重选择的答案，因此测验的内容通常都比较偏向较低层次的智力或技巧，对高层次的内涵无法测知。

3. 各校学生的程度在入学时本来就不一，以此测验作为全国各校的教学成果进行比较，显然不公平。

4. 这些测验的所谓标准是如何建立的？其答案在现今这么

多元观念的社会中,如何有所谓统一的标准?而且这些标准和答案,是依什么价值观念而来的?成年人的价值标准,是否适合于现代的年轻人?

5.这些测验的结果显示,大多数大学生的得分均偏低,何以至此,并未做出令人信服的合理解释。

面对这么多正反不同的意见,美国高等教育协会(American Association for Higher Education, AAHE)会长艾德哥尔顿(Russ Edgerton)1986年指出:"这些标准化的测验,主要是为个别学生作自我比较参照之用,而不是以一群学生作比较,更不是依此对各校作排行榜。"(Banta, 1991, p.206)ETS社长安瑞格(Greg Anrig)也于1986年在其"致各州州长和州议员的信函"中声明:"这些测验本身并不是在考核评估各州的学校。"并重申:"高等教育的主要关切点是,这些全国性测验想用量化的数字探知测量的最低能力。"(Banta, 1991, pp.206-207)他希望各校的教师,以这些标准化的测验作为教学时的参考依据,作为教学时所应达到的最低目标。

虽然正反意见均有,但通识教育的标准化测验还是得到广泛应用。因为以往很少对整体通识课程的教学效果作评估考量,1986年之后,才有学校认真而有计划地进行此项工作,以致1989年美国教育委员会(American Council on Education, ACE)在其年度调查报告中指出,在受访的全美456所公私立大学院校的学术主管(以教务长或学术副校长为主)中,60%的人赞同这种标准化测验,而且已经进行或正在计划进行这样的通识教育成果测量(Banta, 1991, p.204)。

此外，有许多研究计划，系在高等教育促进基金会（FIPSE）的赞助、支持下，进行通识教育的成效评估研究。如1989年罗伯特·桑代克（Robert Thorndike）发现高校教育成果评估方案（COMP）、大学学术熟练程度测试（CAAP）和学术能力鉴定（Academic Profile）三项全国性的标准化测验有所偏失，无法真正测知学生在语文沟通、数理统计和批判性思考三方面的真正学习效果，但在其他方面则颇具有信度和效度，而值得再修正后采用（Thorndike, 1989）。

另一个受高等教育改进基金会赞助的是田纳西大学的派克（Gary Pike），他于1987年开始将COMP、CAAP、学术能力鉴定三项测验在田纳西大学进行测试和分析。他首先请该校五个学院的七位教授分析这三项测验的内容，并将共同的部分抽出，然后与本校多数教师在各科教学中所订的目标再作分析比较，又抽出共同的部分，最后找学生进行测试和修订。如此订出田纳西大学的通识教育成效测验范本，提供给该校各科教师采用。

类似田纳西大学的情形也颇多，例如俄亥俄大学、东北密苏里州立大学等，也都针对COMP、CBASE、CAAP以及学术能力鉴定等数项标准化测验作修订，以适合自己学校之用（Banta, 1991, p.208）。美国教育委员会1990年的调查指出，1990年时全美将近五百所大学院校的教务主管中，66%的人说他们的学校已经或正在发展这类通识教育成果的测验。此项比例，比1989年的60%、1988年的45%均高，而且显示逐年快速增加的趋势（Elkhawas, 1990）。

奥斯汀得州大学在使用这些全国性标准测验不满意之后，开始制订该校的通识教育成效测验评估方案。该校首先搜集全校师生在评估通识成绩的各种意见,综合分析后初步编拟成评估工具。然后从全美546所大学院校中挑选出有"杰出方案途径"的50所学府,将此50所学府的评估方案方式作比较分析,也初步编拟成另一套全国性的评估工具,结果发现与其自行发展出来的评估工具大同小异,无甚差别。该校仍将此两项评估工具再作调整,订出最后适合于自己又具有全国性参考标准的通识教育成果评估方案。

美国各大学院校最常采用的评估方式,大致可归纳为下述三类。

1. 校际联合途径

1986年,在美国大学协会策划下,18所学府联合行动,目标在于发展共同适用的评估工具,以及校际作竞赛,比较各校的通识教育实施情形和成效。评估时由各校共同组成评价委员会,分赴各校查访,与学生深度交谈,并进行受访学校大四学生的普测。

另外,美国州立大学院校协会(American Association of State Colleges and Universities, AASCU)也于1980年代初期开始,先以10所大学院校联合发展评估通识教育成效,名为"学术课程评估方案"(Academic Program Evaluation Project, APEP),即认为学生的基本学识智力和习得成果是可以测量的。APEP在各校以四项步骤实施:①界定一般性的总体能力;②确定学习成效的指标、标准和测量程序;③评估学生的学习成就和整个课程的效果;④提供学生和学校双方改进途径的建议(Banta, 1991, p.213)。

1986年,肯塔基大学与邻近的14所公私立大学院校联合发展评估计划,以测量各校的通识教育成果,名为阿巴拉契亚计划(Appalachia Project)。此计划由四项测验组成:①大四学生的英文写作测验;②学术能力检定;③大学生经验调查问卷;④大四学生的访问面谈。其中以第四项为主而被视为最有价值。其进行方式是:首先由一位访谈的教师和三位大四学生面谈,时间为两小时。访谈的问题大致为:什么是受过教育有教养的人?什么是有效率的公民?艺术家在文化中的角色为何?工作是什么?你在大学中最重要的二至三项经验是什么?等等。学生可以用各种方式回答,以显示其一般的综合能力。他们对15所学校测验的结果进行综合比较分析,找出各校的优缺点和特色,作为各校教学之重要参考依据(Carey and Elton, 1990)。

2. 各校自评的方式

康涅狄格大学于1986年开始自行编拟测量计划,而于1988年正式实施。该校大一所有新生都要修读六大类的课程:外国语文、文学与艺术、西方或非西方的文明、哲学与伦理、社会科学、自然科学与技艺,再加上英文写作、数量统计和电脑等三项基本能力。全校担任通识课程的约50位教师经多次研究协商,订出此六大类课程和三项基本能力的目标,公告全校师生,每年进行测评。测评的方式除了书面测验和师生访谈之外,也可以用具体的测评方法,如在众人面前做某一主题的公开演讲,或用诗歌、绘画、音乐等公演作为成果的发表,由各组教师联合评分,并由参与聆赏的学生发表意见。

新泽西州高等教育董事会则制定出一套高校教育成果评估方案(COMP),提供给该州各公立大学院校测量各校通识教育的成果。此方案是测评大二学生在搜集、分析和表达三项解决问题的能力。此三项解决问题的能力再细分为48小项,而问题则分为人文艺术、社会科学、自然科学三部分。例如分析能力这一项,是考核学生能否作出正确的假设和如何获得结论的过程。新泽西州这项评估测验经1989–1990学年再予以修订后,目前发展为通识智慧测验(General Intellectual Skills Assessment, GISA),该州各公立大学院校正在实施运用,以评估学生解决问题的综合能力(Watt, 1990)。

3. 个别教师的评估方式

许多大学院校的教师个人或少数几位教师合作设计出通识教育的成果评估,例如在纽约州立大学,部分教师认为笔试可以测出学生历史、科学、文化和伦理的知识与能力。该方式分两阶段。第一阶段要求学生列举出10项人类历史上最重要的事件,然后描述如果这10项中任何一项没有发生,其后果会如何的三种结果。评分方式系看学生所列出的10项事件能否依时间年代的次序、10项大事的重要性程度(学生需简要说明理由)、学生叙述重要性的因果关系是否确切、想象和推理的能力如何,以及有无种族偏见等。第二阶段是要求学生假想自己是由欧洲来美国就读的交换学生,提出对美国文化和问题的评论。评分方式是以其评论内容的广度和深度两方面而计算,由此可以考核得知学生对美国文化和当今问题的反省能力和认知程度(Fredonia, 1989)。

另外,威廉与玛丽学院教授大卫·鲁泽尔(David Lutzer)在威廉与玛丽学院进行通识教育成果评估实验(Lutzer, 1990)。丹佛(Denver)大学卡伦基奇纳(Karen Kitchener)及其同事也在该校进行实验类似的评估方案（Karen, 1990）。

（四）教师评价

教师的教学，必须有所评价，以作为教学改进的参考。然而也有少数反对人士认为评价不公或干涉学术自由，此系多年的争论，通识教育方面情形亦然。但发展至今，教师评价已成为普遍被接受的事实，虽然其功效和作用有多大通常视各校和个人的态度而定。

以哈佛大学为例，该校素来重视学术自由，但每学期期末均进行教学评估，由学生评估任课教师的教学。其问卷反应由学生自治会和学校的本科教育委员会（Committee on Undergraduate Education, CUE）共同设计和执行。两学期统计之后，于每年八九月间印行成册，CUE 将全校通识课程教师的任教评价结果给每一名学生分发一册，供作选课之参考。CUE 详细说明评价的内容、过程、统计结果，将近 1000 页。其评价问卷和统计结果的说明，颇具有示范性。

四　21 世纪的现状

（一）教师教学重点

学校的课程理念、课程分类设计必须通过教师的教学方能真正与实际结合，否则，理念、设计再完美，教师授课不能予以配合，则显虚幻隔离，甚至背道而驰。

依笔者 2020 年对美国 200 所大学通识教育之查阅、分析和统计，得知教师教学之重点，依比例之高低叙述如下。

1. 主题统合导向（Theme-based）

教学注重针对当前社会的某些特定问题，作各学科之间的科际整合，有 87% 的教师采用或特别注重之。

2. 分科分类导向（Disciplined-based）

教学注重各自学科之知识与能力，强调各自学科之重要性和功能性，有 76% 的教师采用或特别重视。

3. 方法导向（Method-based）

注重生活困扰和实际问题，以及学业困难和读书方法等之认知与解决，有 44% 的教师采用或重视之。

4. 伦理价值导向（Value-based）

注重发展学生的价值观念和批判思考，建立对当前社会的伦理、价值标准，有 42% 的教师采用或重视之。

5. 基本能力导向（Skill-based）

教师注重学生的英文写作和阅读、口语表达、数理统计、电脑应用等基本能力，有 31% 的教师采用或注重之。

6. 文化传承导向（Heritage-based）

教师注重对西方（含美国）以及世界各重要国家之文化或历史，期许学生对美国、西方和世界文化之继承或了解，有 11% 的教师采用或重视之。

7. 学生兴趣的导向（Student-based）

教师对教学重点不多作规定，由学生依各自的兴趣或专长作决定，有 4% 的教师采用或重视之。

由上可知，教师在通识科目教学上的重点不会只在单一个导向，经常会在二至四个导向，因而主题统合（87%）和分科分类（76%）这两项比例最多，方法解决（44%）、伦理价值（42%）和基本能力（31%）三项次之，而文化传承（11%）并未受充分重视，而学生兴趣（4%）则最少教师在教学时会予以重视。

此外，从1994年学校通识课程理念和2020年教师教学重点的两项资料统计结果，列表如下：

表 5.3　1994 年与 2020 年通识课程重点对比

项目	1994 年排序	2020 年排序
分科分类	1	2
基本能力	2	5
知能资格	3	（取消未列）
主题统合	4	1
方法解决	5	3
伦理价值	6	4
文化传承	7	6
学生兴趣	8	7

虽然学校设计课程之理念和教师教学之重点并不能直接相比，但从上表依然可以大致推测如下。

1. 主题统合导向的课程设计，在1980年代由哈佛大学的核心课程初创，历经教师教学的适应、接受和改进，逐渐为多数教师所重视，成为教师教学最注重的项目。这可视为精粹本质主义的教学重点。

2. 学科分类导向的课程设计具有长远的历史，教学内容着重教师自己的主修专长，教学时最易于实施，因不需太多改变。因此，2020年的排序仍占第二，可视为理想常经主义的教学重点。

3. 基本能力、知能资格以及方法解决导向的课程设计，系1980年代美国实用进步主义教育哲学兴盛时期最重视的知识或能力，因而排序在2、3、5，但经历约三十年至今，其排序分别落在5、3。而知能资格（Competency）被认为与基本能力和方法解决相似或难以区分，因而在2020年的查阅中，甚少学校提及，是以排序中从缺或略为不提。这反映当年盛极一时的方法论、生活问题论等实用进步主义的观点，已经消退或减缓。相对而言，伦理价值维度的课程设计系理想常经主义教育哲学之理念，但在1980年代实用进步主义当道时期，未受重视排序在第6位，但经历约三十年至今，又重新渐受注意或注重，因而在2020年的排序上往前列在第4位，反映这两种教育哲学彼此之消长。

4. 文化传承维度和学生兴趣维度，无论在1994年之调查和2020年之查阅中，均显示排序依然在最后两项。有趣的是，文化传承系理想常经主义所重视，而学生兴趣则是实用进步主义所强调，但无论落实在1980年代的课程设计理念或是在2020年的教师教学重点方面，均排序在最后，原因可能是这两项分别是该两种主义最具特色或最强调、坚持的教育哲学观点，但正因浓度太强烈或意识形态太鲜明，除了少数学校如天主教会大学的圣约翰学院和自由主义大本营的布朗大学分别仍各自坚持采用之外，大多数大学院校均予以淡化或缓和。

5. 综合而言，美国大学通识教育理想常经主义、精粹本质主义、实用进步主义的教育哲学，在21世纪教师的教学上，依然显现，依每位教师的理念或喜好或依任教科目之性质与内容，而呈现多种多样、相互配合之趋势。

(二) LEAP 和 VALUE

进入 21 世纪伊始,美国各大学院校有鉴于通识教育应有新的视野和愿景,遂由美国学院和大学协会(AAC & U)于 2003 年发起组成博雅教育和美国承诺(Liberal Education and America's Promise, LEAP)团队,邀请哈佛大学前任和荣誉校长博克(Derek Bok)以及美国著名大学院校的前任或现任校长、教务长、通识教育授课教授、企业界领袖等约三十人,为全国领导咨议会(National Leadership Council)委员,研究探讨和规划方案,历经两年多方与大学生、大学教师、企业雇主、外交与政治专家等人员以线上调查、深度访谈、小组座谈、分组研议和大会议决等方式,在 2005 年发布"博雅教育和美国承诺"(LEAP)方案,要点如下。

追求卓越的 LEAP 原则:

原则 1:目标——朝向总体性的卓越　鼓舞学生奋发,朝向卓越的学业、事业和人生。

原则 2:给学生一个罗盘　协助学生制订学习计划,迈向并完成重要的学习成果。

原则 3:教道探究和创新的知能　让学生沉浸在发现、分析、解决困难和沟通的校园学习环境中。

原则 4:提示重大问题　经由课程和教学向学生展示人文价值、社会正义、科学真理、全球依存、经济变化以及人类自由与尊严等重大事件或问题。

原则 5:将各种知识连接到选择和行动　让学生将所学的各

种知识,连接和运用到其所处的真实世界。

原则6:提升学生公民的、文化间的和伦理的学习　强调在各类学习领域中,个人的和社会的职责。

原则7:评估学生面对复杂问题的学习和处理能力　教师运用评估以加强学生不断改进的能力。

依据上述七项原则,期望达到四大类LEAP的精粹学习成果(Essential Learning Outcomes, ELOs):

1. 人类文化和自然界的知识;

2. 知性智力和务实应用的能力;

3. 个人的和社会的职责;

4. 统整的和应用的学习。

再经由这四大类的精粹学习成果作为指标,制订十六个"有效评估本科教育学习"(Valid Assessment of Learning in Undergraduate Education, VALUE)的项目。

通识教育的成效评估很不容易。学生的书面考试分数,虽然容易进行,但分数高低并不一定能表示通识教育这种注重品格、价值、伦理、态度等情意目标之学习成果。

有鉴于此,2007年,美国学院和大学协会(AAC & U)邀集许多学者专家和大学担任通识科目的教授,研究如何具体有效的评估大学生的通识教育学习成果,经两年多研议,于2009年发布"有效评估大学部本科生的学习",以16个项目来评估学生的学习成果:

1. 探究与分析;

2. 批判性思维;

3. 创造性思维;

4. 书写沟通；

5. 口头沟通；

6. 数量推理知能；

7. 信息知能；

8. 阅读；

9. 团队合作；

10. 困难解决；

11. 公民知识与参与——地区性和全球性；

12. 各种文化间的知识和能力；

13. 伦理的推理和行动；

14. 全球学习；

15. 终生学习的基础和技能；

16. 统整的学习。

据 AAC & U 表示，至 2015 年 12 月，这个 VALUE 评估方案已经在美国 2188 个学院和大学采用，例如，2011 年冬美国学院和大学协会（AAC & U）在其"同行评论"（Peer Review）刊物中，报道西夫特（Linda Siefert）对北卡罗莱纳大学威尔明顿校区实验这种名为"价值项目"（VALUE Rubrics）为主的评估通识教育成效，兹摘要叙述如下：

1. 该校用 AAC & U 2010 年所发展设计的"价值项目"16 个项目中的 4 个项目：

（1）文字表达与沟通能力；

（2）探究精神与能力；

（3）批判思考能力；

（4）信息处理能力。

2. 评估这四个项目每一项目的四个层次：

（1）基准，系起点层次；

（2）里程碑1，为中级层次；

（3）里程碑2，为高级层次；

（4）顶点，为最高级层次。

教师必须对每一层次的内涵、重点、差异以及观察、纪录之方法等进行2小时的研习。

3. 每一项目各层次之决定参考内容：

如批判思维能力（"价值项目"2），教师必须观察、记录学生在其任教科目中：

（1）对问题的了解、认知程度；

（2）能否提出批判的证据；

（3）能否运用有关学理来批判；

（4）分析和批判的广度与深度；

（5）批判的公正性、价值性、影响性等。

经由这种注重情意的观察和考查，教师给出学生的该科期末成绩，是量化的分数高低，加上质性的详细评语。

2011年4月，俄克拉何马州立大学教学评估与测验主任佩恩（Jeremy D. Penn）发表《评估复杂的通识教育学生学习成果案例》一文，引经据典地列述：

1. 通识教育的学习成果不能被定义；

2. 通识教育的学习成果不能以现有的工具来评估；

3. 通识教育的学习成果不能被教；

4. 通识教育学习成果的评估结果，从来未被用于任何事情上；

5. 通识教育学习成果的评估是对学术自由的一项威胁。

上述五项理由或事例，系反对或否定通识教育学习成果的评估，然而该文作者也同样举证出不少正面案例（如下）。

1. 通识教育学习成果的评估具有提升校内各教学单位之潜力，例如透过评估，学校经常要教师反省和思考以下问题：（1）学生正在学的是他们该学的吗？（2）何种教学、课程和联合课程的方式做得较好？何种方式需要调整？（3）我们需要增加那些教育项目，现有的教育项目宜如何增删或强化？（4）我们现有通识教育评估是否有效？

经由这种思考和反省，纽约州立大学系统的三所学府（一所设有博士学位的研究型大学、一所综合教学型大学、一所社区学院）、南佛罗里达大学、北卡罗来纳州立大学、西北伊利诺伊大学以及俄克拉何马州立大学等，在佩恩的实地亲访调查中，75%以上的教师认为通识教育学习成果评估具有正面的、积极的功能，尤能对全校的通识教学上有提升的作用。

2. 通识教育学习成果的评估可以协助达到绩效的期望。在教育行政的每一个层级都希望知道每一种教学成果。只有透过评估才能知道结果；有所期望才会有所教学，合理的期望才会使教师努力认真教学，教学必须经由评估方知是否有效，而进行更改、调整或加强。教师或行政人员的合理期望，有助于教师的教学和学生的学习。佩恩提出了许多实际的案例予以证实。

教学评估是大学教授的职责之一。美国有不少大学教授只作研究不用教学，或重研究轻教学，或即使教学也不作评估（由助教负责评估），形成许多大学重研究轻教学的普遍现象。其实，教授本身不亲自评估学生，便不知学生的学习程度和结果；只作研究不授课教学，便只是研究机构的研究员，不是大学的教授。佩恩举证出美国大学中许多案例，力主教学评估是大学教授的重要职责之一。

2016年2月美国学院和大学协会（AAC&U）公布研究报告《学习成果评估之趋势》，该研究以线上调查AAC&U所属1001所加盟学府（几乎涵盖美国主要的公私立大学）为对象，探究各校当时对大学部本科生学习成果的全校性评估情形，其中对通识教育方面之情形，摘要略述如下。

1. 进行评估学生在通识教育累积性学习成果的学校有所增加。有长期（5年以上）进行之学校，自2008年的52%，增加到2015年的67%；未有进行之学校，自2008年48%减少为33%。显示愈来愈多的学校增加了学习成果评估。

2. 各校使用评估的方法呈现多样化，使用最多之比率，依次是：

（1）各校自行研发的方案，占87%；

（2）全美通用的顶点方案，占78%；

（3）学生问卷或学生自我报告，占64%；

（4）各州或各地区研发的某些学科测验，占62%；

（5）各州或各地区研发的共同测验，占46%；

（6）AAC&U研发的VALUE评估法，占42%；

（7）全国性标准化的通识技能测验，占38%；

（8）全国性标准化的通识知识测验，占33%。

3. 在使用 AAC & U 研发的 16 个项目评估法学校中，被使用最多项目的，依次为：

（1）批判性思维能力 71%；

（2）写作沟通能力 69%；

（3）数理推理能力 51%；

（4）口头沟通能力 50%；

（5）信息应用能力 38%；

（6）伦理推论能力 30%；

（7）全球知识学习能力 30%；

（8）跨文化知识和能力 30%；

（9）探究和分析能力 29%；

（10）公民参与的学习与能力 29%；

（11）问题解决能力 25%。

4. 使用电子学习历程档案（E-Portfolios）作为评估方式的学校，从 2008 年的 57% 提高到 2015 年的 64%，其中规定学生必须提交电子学习历程档案者，从 2008 年的 3% 提高到 2015 年的 7%，显示此项评估方式普遍且增加。

（三）学生对教师教学之评价

大学教师评价中，采用学生对教师教学的评价（Students Evaluation of Teaching, SET），在通识教育中常有各种正反意见，经常争论不休。美国大学教授协会（AAUP）在 2018 年 6 月 28 日的会刊中，刊发劳伦斯（John W. Lawrence）《学生的教学评价是无效的》一文。劳伦斯强烈反对各种现行的学生对教师教学之评价，文中引述伯克利加州大学教授的研究报告，认为 SET 在统计上很有争议，在行政上费时费钱，而实际上没有功效。例如，一位教小班（15-20 位学生）和一位教大班（100-200 位学生）的教学评价，或一位教物理学和一位教嘻哈音乐的教学评价，很难有评价的基准和效用。文中尤其反对将教师评价的结果作为教师升迁或考绩等之重要依据，而许多学校目前就是如此。目前通识教师的教学评价，惩罚性的功能大于辅助性，因而此文也反映了许多大学教师的不满心声（Lawrence, 2018）。

美国《高等教育内情》2007 年 10 月登载施韦泽（Hugo Schwyzer）的《教育者们对教学的攻击》一文，反对现有的教学评估以及教师进修，文中提及其任职的学校，在每两年举办一次的教师在职教育日，探讨主题为"改进学生的学习成果"时，其所见所感如下：

1. 尚未获得长聘的教师，绝大多数是碍于学校的规定，心不甘情不愿地来参加此项教师进修日的研习，而已经获得长聘的教师，大多数在研习时漫不经心，心中只想着免费午餐时有什么菜肴以及研讨会中间的点心水果。

2. 多数教师常将此类教师在职进修日作为社交的联谊活动，很少真正认真视为进修或提升能力。

3. 主办单位常将此类研习当作一种例行公事或向上级呈报业绩来办理，至于效果如何，很少探究。

4. 教育行政主管经常将新近的、流行的教学方法或评分理论等大力在研习会上引介推销，但很少考虑本校是否适用。

5. 即使研习会上，当时参与的教师们有些心得或收获，但散会后常因实际繁重的授课负担而难以进行推展，常有"心有余而力不足"之感叹（Schwyzer, 2007）。

本章小结

学生、课程、师资是通识教育的投入，教学是历程，评估是检测产出是否达到预期的目标。

在检讨1960-1970年代的美国大学通识教育中，其教学固然有不少坚守职责岗位、认真热心教学的情形。但在整个大环境中，通识教育不受重视，任课教师受到轻忽，大多数的教学是在忽略和散漫中进行的，导致通识教育处于"灾难时期"中，而成为"灾难区域"，通识教学也常被形容为"营养学分""易混科目""放水科目"等。

有鉴于此，从1980年代开始，再经21世纪以来各项的检讨改进中，以教师进修、教师教学、教学评估和教师评鉴四方面检讨为最多。各种改进方案纷纷出现，然而也有不少反对的意见和批评的声浪。

在教师进修方面，那些有重要进修计划的学校显然比没有系统进修计划的，在课程的更新和教学的改进上有较大而明显的改变，可见通识课程要更新改变，教学要革新改进，则不能不对教师进修做有系统而重要的计划。

在教师教学方面，除了课堂讲述、小组讨论、研习发表和独立研习等通常的教学方式之外，通识教学必须和整体课程的编排形态相互配合呼应,这些主要的课程形态有核心课程、分类必修和自由任选三大类。其中核心课程最需全体教师有密切的共识,各科教学时在内容和教法上配合整体的设计目标,如能贯彻而周延地实施,最有成效,但是实际上也最难实施,执行不易。分类必修又有完全指定的、少量指定的、建议性质的和其他方式的四种,在教学时较易实施,省事省力,但也因而不易有统整和健全的组合。自由任选则几乎没有任何规定,教师在教学上最能依学生的需要和兴趣而授课,但也最不易有系统和健全的教学。

在教学评估方面,是否需要有全国性的标准化通识教育成效测验,成为争论的焦点之一。然而无论正反意见如何,各州或各校都在尝试着努力,有的以若干全国性的标准化测验为基础,进行修订改编,适合各自的学校,有的则由本校自行编拟。目前的测验有校际间的联合方式,各校适用的自行方式,更有各个教师自行研究运用的方式。总之,其目标不仅在于用某一科目期末的评分或等级而已,而系针对如何能测知学生大学四年中,整体通识教育的效果作评估测量。

在教师评鉴方面,虽然也有评鉴是否公平有效和干涉学术自由的争论,但教师评鉴已成为绝大多数的共识,并遵照实施。至于评鉴结果是否公开,结果如何运用,则各校情形不一,但多数系公开让学生作选课的参考和作为教师升迁任用的考评之一,哈佛大学的教师评鉴即可作一参证。

第六章

辅导和生活

通识教育不仅仅是课堂的教学。课堂教学是正式的教学,必须辅以许多课堂外的非正式教学,方能见成效。学生在学校的生活也不仅限于教室内,教室外的环境和时间更是通识教育的空间和时间。教室内外的学习是一体而相关的。通识教育必须通过涵泳、熏陶才能内化成为学生身心的一部分,成为生活的经验和创造的源泉。

学生是学习的主体,课程的编排设计、教学的实施进行必须处处考虑到作为学习主体的学生。学生在学习上有困难,在生活上遇到问题,学校能否协助和解决,是通识教育有用或无用、有效或无效的又一考验。师生之间的关系是限于课堂内的知识传授,还是有进一步的课后辅导关联?通识教育不只是做经师,更是做人师。

一 对 1960-1970 年代的检讨

1960-1970 年代,美国大学生在大学通识课程的改革中扮演着重要的角色,占有明显的力量,除了最具有代表性的伯克利加州大学学生不满学校措施而在体制外自行经营"学生自由大学",以及布朗大学的通识课程改革几乎全由学生主导的两个典型例子之外,全美大多数大学的课程实施,学生均具有很大的发言权和决定力量。学生运动主要的原因是对课程和教学不满,以及对修课规定不满等。然而到1980年代之后,学生运动渐趋消失,以至于"1980年代以来,学生在通识教育的改革浪潮中明显缺席……这次的改革,主要是由教师和行政主管主导,学生很少参与,顶多是有些学生代表参与,而且并非决定性的重要部分"(Gaff, 1991, p.121)。

然而,学生没有参与,并不表示他们满意这些改革,相反,学生大多数不满意进行中的改革。1981年,加夫和戴维斯(Davis)调查10所大学院校的1698位学生得知,大学各年级的学生,绝大部分都对本校的通识教育不满意,只有20%的学生认为非常满意;相对而言,有40%的学生对选修课非常满意,有52%的学生对主修课非常满意。由此可以得知,学生对通识课是相当不满意的(Gaff and Davis, 1981)。

二 改进的途径与争论

学生上大学的目的何在,是近年美国在实施通识教育时首先探讨的问题。卡耐基基金会于1984-1985年调查了116所高中12年级的1187位学生,请其列出上大学"最重要的理由和目标为何"时,90%的高中学生回答"为了有满意的生涯",89%的学生回答"为准备一种专门的行业"。1986-1988年,美国大学院校评估专案（American College Testing Program 1986-1988）调查155所大学院校的84598位学生，问了同样的问题，其回答为"完成我所选择的专门职业之教育要求"最高，占80%。洛杉矶加州大学（UCLA）高等教育研究所1989年调查全美403所大学院校的216362位大一新生相同的问题，回答"为了得到较好的工作"占第一，比例为75.9%（Johnston and others, 1991, p.184）。

由上述各项调查可知，美国大学生上大学的最重要理由或目的，在于大学毕业后有较好的工作或职业，亦即期盼在大学期间能习得与职业有关的专门教育，即使对通识课程亦有此倾向。依据莫法特（Michael Moffatt）在1978-1979年和1984-1985年两个调查显示，学生在选读通识科目时，虽然也会考虑到兴趣、上课时间是否方便、内容难易程度等因素，但最重要的是考虑："该科目是否有用，是否对未来就业有帮助？"可知是以实用为导向的，大学生是"冷酷的实用主义者"乃当时普遍的写照。

因此，只有三分之一左右的学生会将下列科目视为非常重要：西方文明和遗产、非西方的文化和国家、艺术和表演艺术、文学、哲学、宗教。即使"科学和工艺对现代社会的影响"和"美国的民主、制度和社会"等科目也只有49%和43%的学生认为重要（Johnston and others, 1991, pp.186-187）。前述波义耳1987年的研究报告也指出，在问卷中所列出的八大类通识课程当中，问学生哪一类应予增加学分时，只有"电脑应用"一项被普遍认为应予增加，且高达74%的比例。至于其他七项的英文作文、数学、自然科学、外国语文、艺术、文学、历史均没有达到过半比例。

但是，如果就通识课程的目的而问大学生，波义耳在1987年受卡耐基基金会委托的研究报告《美国大学部学生的经验》（*College: The Undergraduate Experience in America*）中指出，认为上通识课程的目的在于"得到完整均衡的教育"最多，占80%。1989年，美国大学院校评估专案的调查报告《大一学生调查》也指出，学生认为选读通识教育的目的在于"成为一个较有教养的人"者占第一，比例为73%。

这种情形显示美国大学生知道通识课程的基本目的在于使大学教育得到均衡完整，进而成为一个有教养的人，其认知方面是肯定通识教育的价值和重要。但在实际选课时，又不得不考虑未来就业的迫切需要，如电脑语言和应用成为热门课，而对哲学、宗教、西方文明、他国文明等，"虽重要，但并不急迫紧要"，因而在选课时，便不得不无奈地把它们排在后面。

因而，在通识教育的实施上，学生到底应扮演何种角色，承担何种程度的功能，常成为争论话题。此外，在检讨中，也发现新生始业教育（Orientation）、学习指导（Academic Advising）、图书馆使用资料咨询（Library Advising）、宿舍辅导（Residence Tutoring）等方面颇为欠缺，这些对学生课业和生活方面的辅导均需加强。然而也有不少人认为，大学生在这些生活方面已是成年人，无须太多辅导；而且大学生实际上有问题时，也很少向学校的这些单位或人员寻求协助，学校的辅导作用不大，甚至学生觉得自己受干涉，令人厌烦。

加夫的调查显示，大学院校的这些学生服务辅导措施，对大学生的通识教育的促进功能程度不同（表6.1）。

表 6.1 学生辅导对通识教育的功能

	Not very much	Somewhat	Quite a lot	Very much
Academic Advising	4%	24%	43%	29%
Study skills, tutoring	12%	35%	37%	16%
Library	12%	41%	30%	18%
Orientation of students	12%	42%	32%	15%
Campus convocations	44%	30%	18%	8%
Admissions	39%	35%	17%	8%
Residence halls	50%	37%	11%	2%

资料来源：Gaff, 1991, p.128。

表6.1显示，美国大学院校的教务主管们认为，"学术辅导"对学生通识教育的功能有非常大或相当大作用的合占72%（29%+43%）；"学习方法和辅导"占53%（16%+37%）；"图书馆咨询"占48%（18%+30%）；"新生始业训练"占47%（15%+32%）；"校园的集会"占26%（8%+18%）；"入学服务"占25%（8%+17%）；"宿舍辅导"占13%（2%+11%）。可见，教务主管们认为，只有"学术辅导"和"学习方法和辅导"两项对通识教育的功能达到50%以上，而"图书馆咨询"和"新生始业训练"两项接近50%（48%和47%），其他"校园集会""入学服务""宿舍辅导"三项功能的作用均不大。

上述教务主管的反应显示，美国大学的通识教育中，教务部门参与较多，而学生辅导部门参与则较少，形成一种教务部门为通识教育"团体内"、训育辅导部门为"团体外"的现象。加夫的访问调查中指出，许多教务主管认为："对于通识教育，我们学术教务人员认为是好的、有效的、负责的，而学生辅导人员却不这

样看。"（Gaff, 1991, p.129）

"学术指导"系指任课教师课余对学生的课业辅导，被认为是最直接有效的协助学生的通识教育，道理是很明显的。但实际上当学生真正有课业问题时，却未必能很容易地找到任课教师寻求协助。"学习方法和辅导"指美国大学院校内的"学习指导中心"，中心内设有许多学习方法的资料以及协助的人员，帮助在写作、数学、阅读、读书习惯、准备考试等方面需要协助的学生。

"图书馆咨询"则指图书馆除了静态地陈列图书之外，尤须主动协助前往的学生。但在加夫的调查报告中指出，各校图书馆均因人手不足，无法提供太多这方面的协助。多数学生需在图书馆摸索甚久，才能找到真正所需的资料或协助，许多美国大学生视上图书馆为畏途（Gaff, 1991, p.130）。此外，图书馆的资料，大多以科系的图书资料为主，并未与学校通识课程的设计与目标理念之间取得配合。

"新生始业训练"系指大一新生报到时，各校通常有一两天的新生教育，但大多介绍学校的一般行政和各科系的课程、设备，以及校园的资讯等方面内容，而很少提及通识教育。即使有，也只在教务主管报告时，轻轻一笔带过，少有深论详述，以致学生似乎人人都知有通识课程，却又人人无法详细知道内涵梗概。

"校园的集会"指各大学通常也有不少的例行月会、周会或名人到校演讲，以及各社团的演讲活动，但通常演讲很少有计划安排，更少有事先与通识课程作协调配合，以致演讲常成为即兴式甚或酬酢式。

"入学服务"指各大学在招生时印发各校的概况说明，但因精简扼要,而且多侧重有关科系的师资、设备、成就等,很少在通识教育方面着墨。

"宿舍辅导"则指学校园内的宿舍,原应有辅导人员督促学生的课业和生活,但一般美国大学生均不喜欢受此干涉,辅导人员沦为舍监,做些应门登记访问甚至清扫整理的仆役工作。另外,除了少数学校规定住校之外,大多数学生都在外自行觅屋租住,宿舍辅导的功能大打折扣。

三 近期实施情况

通识教育的实施必须在校园的生活与辅导方面相互配合,近年已有共识,学校内教务和辅导的人士都明显的有改革的措施,共谋改进。学生方面,已较少排斥学校的施政,而且认识到运用学校的资源可使学生社团和自我成长学习相得益彰。学生对学校事务,从1980年代中期的冷漠疏隔,逐渐恢复投入与关切。近年校园的改革与实施,较明显者为:新生研习课、图书馆咨询服务、师生关系、宿舍辅导、学生社团、学生辅导等方面。

(一)新生研习课

新生始业训练因通常只有短短的一两天,未能详述学校的各种情况,因而都是择精撮要的说明和以介绍主修的各自科系为主。有鉴于此,各校通常采取"新生研习课"的方式作为弥补和加强。"新生研习课"最早是在哈佛校长内森·普西(Nathan Pusey)任期(1953–1971)内首倡,他有感于新生始业训练之不足,因而要求大一新生修习一学期的"新生研习课"。内容通常包括:①校史和设校理念,使学生对本校的来历、教育目标旨趣及各类措施,不但知其然,更知其所以然,这有助于培养全校的校风特色和精神文化,通常由校长亲自轮流到班上讲述;②学校各行政单位的介绍说明,让学生了解全校的组织及其功能,以便对学校有整体而详细的认知,对生活环境有全盘的了解,知道有困难问题时寻求协助的途径,这通常由各单位负责人到班上和学生详细说明与讨论;③全校各科系所学术单位的介绍说明,目的在于让学生在自己的主修科系之外,知道全校其他各科系在研习些什么,与自己的主修有何关系;④学习方法和读书技巧、图书馆的利用等学业方面的研习;⑤人际关系与沟通、个人情绪与行为、学校社团概况介绍等生活方面的知识研习。

新生研习课的功能自然比一两天的新生始业训练要详细而完整。但新生入学教育仍有其必要性,新生须在到校之初立刻对学校有大略的认识,这是新生入学教育的功能,而新生研习课则提供充裕时间做深入的研习,对全校有全盘而贯通的理想,实为大学"通识"的第一课。

研读、分析各校现有的课程目录可以得知,新生研习课大致可分为两大类。第一类为由学校安排固定时间和人员,前往各班依序报告说明。如南卡罗来纳大学的此项课程,即定名为"University 101",将内容分为高等教育、大学校园、你们自己三大部分,由校长、各级主管、有关人员等按排定时间到各班报告讨论。西南得克萨斯州立大学也采取类似方式,一学期16周中均安排妥各班的讲员和内容,自1988年以来即开始实施,为一学分的科目,全校大一新生均必修。学校极为重视此一科目,其教学总目标为"本校学习的基本动机",而达到"对人生的自我承诺"的目标,并将每一节课的目标均明确标示,以期各讲员共同达成。

第二类系由一两位各方面经验丰富的资深教授担纲主授,采取大班制的方式讲述或研习,内容与第一类近似,但由一至二人担任,可使内容更丰富连贯和紧密,而不至于有重叠或雷同之处,而且主授者富有经验,对学校的历史和各部门来龙去脉都相当熟悉,娓娓道来,如数家珍。缺点则是因采取大班制,学生参加人数过多,不易有深入讨论的机会,而且学生感受不如小班制亲切和真实,以及不如校长等人亲临班上感到受重视。另外,一人主授,有时难免主观看法较强,而忽略了其他层面。

(二)图书馆咨询服务

图书馆是学生学习的非常重要的场所,尤其在当今资讯发达的时代,学生必须常到图书馆寻找各种资源,但图书馆大都已电脑化和自动化,对图书馆专业人员和行政工作人员固然相当方便,但对大多数学生而言,则需要相当的辅导和协助,才能将图书馆电脑化和自动化的功能充分领略和运用。

有鉴于此,图书馆资讯和图书馆咨询辅导等就成为图书馆的新兴工作和功能,各校图书馆人员专门为到图书馆的学生进行解说、协助,甚或在图书馆排定时间做此项解说和示范演练。

此外,鉴于仅在图书馆做咨询服务还不够,因为许多学生就是因为不熟悉图书馆的新式网络查询,而很少或根本不到图书馆,学校遂在通识课程的"基本技能"或"基本必修"中,加入图书资讯查询、学术网络、图书馆应用、学术题目与论文之搜集查阅等课。因此美国大学各校课程目录中的"基本技能"或"基本必修"中,除了以往传统的英文习作、数理统计、外国语文等之外,近年纷纷出现有关图书馆咨询方面的科目。

（三）师生关系

课堂正式授课之后的课后学业辅导在大学本科部近年已渐受重视。许多教师以往到处兼课,来去匆匆,即使专任教师在校时间也不多,或者即使在校,也忙于自己的研究或指导研究生,本科生要请教任课老师不易,通常需事先约定时间,时间也不可能太长。近年许多教师安排有接受学生来访的辅导时间,公布在系办公室和各教师研究室前,以备学生前来研讨、请教。有更多的教师在任课的课程大纲中,即注明其辅导时间,让学生有所准备,便于安排时间。

美国大学生的师生关系接近于朋友般的关系,而非父子般的关系,彼此以名互称,或以小名互道,相互之间平等友谊的性质高于师徒上下尊卑的性质。其利在于能坦然相处,言语自然,彼此无太多忌讳顾虑,无须维护师道尊严,而摆出道貌岸然的面孔,或做出权威的姿态和解释,师生能以理相互辩难责问。西方谚语云:"吾爱吾师,吾尤爱真理。"这有助于真理、学识的探究。但是在这种模式中,教师对学生的责任感便不及父子性质的深重,教师对学生最多只是尽一个朋友诤言的责任,少有"教不严,师之惰"的使命感,更欠缺"师者,所以传道、授业、解惑也"的权威感，因而对大学生的言行态度、衣着举止等，甚少干涉、纠正，也不便对学生的个人事务"刺探、过问"，因为这些都是个人的隐私和自由。个人的隐私和自由，朋友性质的师生关系是不能干涉过问的，但父子性质的师生关系，则是为师的责任和权利。美国大学中，除了少数教会属性颇强的院校之外，大多数没有父子性质的师生关系，因而比起"尊师重道"的气氛自然相对宽松。

（四）宿舍辅导

美国大学的学生宿舍，1960年代以前管理严格，1960—1970年代因学生运动而松弛。自1980年代起，学生自觉宿舍应有某种程度的规范，1990年代已对各种规范视为必须遵守，此中情形，在笔者赴美读书期间有深刻的感受。

近年因校外居住费用高涨，学校宿舍因为便宜而成为大学生竞相申请和争取的对象，学校因而对有关宿舍的规范较易执行。宿舍的辅导情形，各校作风不一，除了规范的宽严不一之外，最重要者，有些学校仍设有宿舍导师制度，如耶鲁、哈佛以及教会性质的大学院校，如天主教的圣母大学。宿舍导师负有督促考问宿舍内学生课业的职责，甚至各宿舍有由宿舍导师主持的宿舍研习课，亦属通识课程之一。哈佛至今仍有此项措施。另有一些大学宿舍则设有舍监，仅负责宿舍内各项规则的执行和监督，而无辅导的功能。至于有些大学则只有宿舍管理员，形同工友，负责清洁维护而已。

宿舍的住宿安排分配亦影响通识教育。在大多数学校，学生宿舍是将不同科系的学生，混合编在同一寝室，让不同科系的学生，自然在生活当中交换各自主修领域的学识，学生无形中获得其他领域的经验。

至于校外的学生住宿，许多大学生集体住在学校附近的民营学生宿舍，取名常以希腊字母作为象征或代表，显示其某一特色或风格。这些较具历史和规模的民营宿舍，通常亦设有舍监甚或宿舍导师，对学生兼负督促管理之责，令学生对其敬畏之至，爱恨兼有。他们既有父母般的唠叨啰嗦，也有父母般的照顾呵护，以至于许多大学生毕业时，对教师没有惜别之感，而对这些舍监却有浓厚的依依别情。

（五）学生社团

学生社团是重要的课外活动之一，其功能不仅是课堂外的活动而已，实有联课活动的功能，即将各项学科所习得的知识和能力，在社团中得以展现。学生社团因而具有观摩、发表、激励、领导和创造等作用，是通识教育的具体表征。

学生社团在美国大学校园内，林林总总，多种多样，包含学术性的、娱乐性的、服务性的、体育性的、联谊性的、综合性的以及各种怪异新奇的社团。社团有组织章程或某种规范，社员相互约束遵从，有时遵守社团规范的忠实程度大大高于对学校行政规范的遵守，因而发展成一种同侪团体的情谊。

许多学生在课业上或课堂上无法施展的才智能力，却得以在社团中实现其潜能，在发表和创造中获得自我肯定，在领导和被领导中学到对民主和议事的认知与能力，在服务与被服务当中习得与人相处之道，在观摩和访问活动中扩大视野，增长见识。总之，社团生活使学生对生活与生命有另一番真切而深刻的体验。

学生社团之外，还有学生组织，通常称为学生联合会（Students Union）或学生政府（Students Government）等，系全校性的学生组织。学生组织除社团功能之外，更具有代表学生向学校行政当局要求参与的功能，其参与的程度各校不一，有列席的发言权和出席的表决权两大类，视校园各项事务的性质不同而定。学生联合会或学生政府本身有严密的组织和规章，常从学生的角度和利益审视学校的各种措施，提出建议、批评和改革要求，与学校行政当局时而相互配合支持，一团和气；时而意见不一，剑拔弩张。学生在抗争中学到议事的技巧和发言的能力，也在妥协中习得民主的风范和自由的珍贵。对自己的主张和看法要能说服别人，对别人的主张和看法要能理解、谅解，事理要贯通，人情要通达，这是通识教育的目标之一。

然而，学生社团和学生组织，也有学生因过分投注心神时间，以致影响课业。担任干部的学生，在责任和荣誉的驱使下，为社团和组织而荒废功课，甚或延迟毕业、被迫离校等情形，亦常在大学校园里发生。

（六）学生辅导

大学生的学业和生活，都可能面临困难或发生问题，除了一般师长和朋友、同学的协助之外，常需专业辅导人员的咨商和辅导。目前美国大学中，通常均设有学生辅导中心，内设专业的辅导人员，辅助学生解决在课业、生活、职业等方面遇到的困难与问题。

在辅导的方式上，通常有个别辅导和团体辅导两类。个别辅导是从各项资料（含心理测验、人格、性向、兴趣测验等）中，彻底了解学生，找到学生的困难与问题的症结所在，引导学生领悟出问题的关键，找出解决的办法。团体辅导是使有相类似困难问题的学生，经学生同意后，安排在同一时间到辅导中心，在辅导人员的引领下，彼此互诉困难和问题，让学生处于团体之中，知道他并不孤立，问题也并非只有他独有，使他们共同寻求解决的办法。

至于辅导的技术运用，因不同专业人员的专业知识和辅导方式，各校不一，但大体而言，可分为三类。

1. 指导式或诊疗式　注重辅导员对学生当事人的诊断与治疗，方式上以辅导员为主。通常是由辅导员经过对学生各项资料的分析和综合之后，诊断其现有的症结所在，并且预测未来可能发生的问题，然后进行治疗，为学生提出建议和定出计划，最后做追踪延续的辅导。

2. 非指导式或当事人中心式　以心理分析与自我学理为依据，重在发现当事人潜意识的动机或被压抑的经验，并注意辅导过程中出现的现象。辅导员不是扮演权威的角色，而是扮演倾听和同情的角色，当学生在无拘无束地自我表达时，引导学生自己发现问题的关键或困难的症结所在，并逐渐领悟、发现解决问题的办法。辅导员系从旁暗中协助，使学生恢复信心。

3. 折中式　将上述两种方式交相运用，或视学生的个性、问题严重的程度和急迫性，而分别采用某一方式。

总之，无论采取何种方式，美国大学对学生的各种辅导和心理问题颇为重视。学生辅导机构在对学生资料的搜集分析综合的基础上,进行完整细密的研究,在实际辅导咨商时,重视学生的真实关键问题,协助其寻找解决的办法,卓有成效,也为学生的人格统整和独立,以及未来解决问题的方式,提供良好的服务。

四　21世纪的概况

美国大学通识教育的很大特色之一,是开设有大一经验、大一研习课或新生研习课等,名称类似,意义相同,用意在大一新生初到校时,讲授大学的演进发展史、本校历史演进、理念目标、课程教学、图书资源使用、学习辅导等,通常在第一年的上、下学期进行,多数为1—3学分。

2006年夏,美国学院和大学协会(AAC & U)发表了艾奥瓦大学本科生教育研究中心帕斯卡里拉(T. Pascarella)主任和凯瑟琳·古德曼(Kathleen Goodman)研究助理的《大一研习课增进学习坚持和继续留校》一文,指出全美四年制的大学有95%左右均在通识教育中开授大一研习课或新生研习课,对于新生的学习助益很大,尤其使学生对上大学的意义和目的有更深刻的认识(Goodman and Parscarella, 2006)。

2013年,美国"大一经验与学生转学全国资源中心"(National Resource Center for the First-Year Experience and Students in Transition, NRCFYEST)发表报告《大一研习课全国普查,NSFYE》,摘述如下:

1. 针对全美3753所大学、学院进行线上普查,有效回填学校

896所,虽只占全美25%的学校,但包含各地区各级各类学校,仍具有代表性。有效回填学校中有804所学校开授大一研习课或新生研习课,高达89.7%。

2. 开授此门课之目的,依次为:

(1) 认识大学的意义、功能及其与学生的关联;

(2) 作为选课尤其是在通识课程中选课的重要参考;

(3) 了解学习的资源及使用方法;

(4) 更广泛地认识自己兴趣和学校科系;

(5) 更深入地了解本校的通识教育。

2016年,美国《教育与学习期刊》(Journal of Education and Learning)登载杰加兰姆(Paul Jaijairam)《大一研习课——本科目所提供之益处》一文,指出全美大学院校在2014年有将近90%的学校开授有"大一研习课"之类的科目,用以在学业、生活、通识选课等方面辅导大一新生,而且绝大多数学生有正面的评价。学生认为受惠项目由高而低依序为:(1)生活技能:如人生或生涯的目标、时间管理、设定目标与决策、自我认知等;(2)学业成功的策略:如批判思考之能力、研读技能和考试准备、研究和图书馆运用能力、写作能力、口语报告能力等;(3)校园与社区之认识和运用:如学业辅助之资源与运用、师生联系与运用、公民参与和运用、社区资源与应用等;(4)全球学习的基础:如学术伦理、公民职责、多元了解与尊重、全球议题或争论等(Jaijairam, 2016)。

此外,本项调查研究特别指出大一研习课对新生的学业辅导成效卓著,尤其在下列各项有很高比例:①学业表现的反省思考（94%），②与教授的请益沟通（93%），③学习困扰之解决（93%），④学习的意义与目的之了解（92%），⑤有信心参与课上的讨论（90%），⑥规划未来的学习计划（88%），⑦对自己的未来人生进行考虑或规划（85%）等。

2017年，美国大一经验与学生转学全国资源中心（NRCFYEST）再次对美国大学的"全美大一研习课"（NSFYE）进行调查，结果公布如下：

（1）在全美依地区、学校类别等项目区分下，共抽样调查537所学校。设有大一研习课之类的学校达93.5%，其中绝大多数学校规定为必修，少部分学校为选修，通常开在大一上学期（88.6%），学分有0学分但必修以及1-3学分者，各校不一。

（2）除了传统上称为大一经验、大一研习课以及新生研习课等授课一学期、必修或选修，给予0-3学分的科目之外，近年新增了不少称为大一学业辅导、及早预警制度、学期前定向辅导、学生成功中心、学习社区等机构单位或计划项目，虽非正式有学分的科目，但对大一新生甚至对全校学生均有实质的辅导作用和功效，以致美国学院和大学协会将这些正式或非正式的"新生研习"列为美国大学有高度影响性的教育措施，系美国大学在通识教育方面的重要特色之一。

2019年9月8日，《美国新闻与世界报道》发布"2020年最佳大学院校"中，特别登载有关全美各校开设大一经验之排名情形，摘述如下：

（1）这是《美国新闻与世界报道》多年来在美国大学院校排名调查中，第一次开始针对大一经验（含大一研习课、新生研习课等）之调查和排名，显示大一经验等科目和有关措施受到重视。

（2）调查于2019年春开始，邀请美国大学院校1500名以上之校长、教务长、学生事务长以及入学和注册部主任等，请其选出实施大一经验最杰出的15所学校，以获得最多提名者为优先排序，于2019年秋发布"2020年大一经验优秀学府"（2020 Colleges with Great First-Year Experiences）排名，其中大众熟知的有些著名学府固然位列其中且排名前端，然而也有排名在后端甚至未上列名者；反之，有些虽非著名学府，但在本项大一经验排名列在前端或中上者，两者均有介绍和说明其实施情形。

本章小结

学生的辅导与生活是通识教育重要的一环。因为学生在课业学习和生活经验上不断地会有问题或困难发生，通识教育的本质和目标就在于培养学生解决问题或困难的能力。

美国大学校园，1960-1970年代因学生运动而显得活跃积极，对学校各项事务多所参与甚至干预，但自1980年代起则显得冷漠清淡。然而，学生对校务的冷漠不一定表示其对学校的无意见和满意，相反，可能是一种疏隔和消极的抗议，疏隔是学生明显地转向自我的职业和工作导向，而不再有1960-1970年代的理想和激情。这也可以说，现在的美国大学生比较务实或实际，而不再空怀梦想，这种情形，一直延续到21世纪的现今。

另外，美国大学生并非不知道通识教育的目的，他们也深知通识教育在培养完整的人、有教养的人。然而在现实的压力下,即使通识课程也大多选择与职业有直接密切关系的科目,如电脑应用,而对哲学、历史等排序在后,显示当今美国大学生在理想和现实中有所落差,有所挣扎。

正因为在学业和生活中有理想与现实的落差和挣扎,这也显示出辅导工作未尽完善。资料显示,除了在学术课业辅导和学习方法辅导两方面较令人满意之外,其他在图书馆咨询服务、新生入学教育、校园集会、入学介绍和宿舍辅导方面均无法与通识教育的目的和课程相互配合。

有鉴于此,21世纪以来,各校有诸多的改进措施:(1)新生研习课的实施,使学生对该校的全盘施教有较深刻周详的认知;(2)图书馆咨询服务方面,协助学生懂得如何搜集资料,如何应用图书馆的各项设备;(3)师生关系方面,教师订出辅导时间,协助学生解决课业的疑难;(4)宿舍辅导方面,加强规范和辅导;(5)学生社团和学生组织方面,正反面功能均有,有待辅导;(6)学生辅导方面,主要在课业学习、生活经验、情绪感情、自我认知方面,近年颇受重视。

第七章
行政和支援

通识教育的实施,必须要有行政组织的策划和执行。通识教育的组织编制是否健全,直接关系到通识教育的规划与执行。行政中还需教务、学务(学生事务)、总务等单位的配合,通识教育的理念和计划才能贯彻实施。规划与执行通识教育需要有健全的组织、编制人员之外,还要有足够的经费和各种资源,才能施展发挥。全校的校园景观、校舍建筑、行政运作、校园文化都关系着通识教育的施行,通识教育在全校的行政和支援下,才有成功的可能。

一 对1960-1970年代的检讨

依据加夫(1983, pp.135-137)的调查报告,美国大学在1960-1970年代,对通识教育的行政支援是很轻忽和薄弱的。在行政组织方面,通常是由学术副校长(vice-president for academic affairs)或教务长(dean of academic affairs)负责,但是这些主要的学术主管通常不会把通识教育置于全校学术事务优先或重要地位。他们的大部分精力在于评审新进人员、全校学术行政例行事务、学术研究预算，以及各系、所的专门主修问题等方面，通识教育几乎是所有教务或学术工作中最后的事项。有些大学院校的通识教育由全校性的课程委员会负责，即各学院或各学系自行规划负责其院系的通识课程与教学。在课程委员会中讨论各院系课程时，大都倾其心力于专门主修科目，通识科目通常是附带未详加讨论而通过的。此外，这种全校性的课程委员会，因各学院、各科系内容性质千差万别，实际上很少有委员能对本院系以外的课程科目有太多的了解认识，因而会议常流于形式，流于例行的程序。甚至，为了担心某些院系的异议或反对，各院系在排课时事先做好妥协，相互交换筹码，使各院系的课程成为政治或利益的角力竞赛的标的，或维持现状的均势，尽量不予更改，导致加夫所称的"课程委员会形同虚设，成为课程改革的坟场"（Gaff, 1983, p.136）。可见课程委员会对通识教育的职责，是相当模糊而不确切的。

大部分学校通识课程的编排和执行是在各院系进行的，院系的教师都拟在通识科目的学分比例当中加入与自己专长有关的科目，认为这些重要而值得在通识教育中研习，或视通识课程为其专长学科的基础入门课，因而难以有真正健全均衡和统整综合的通识科目。以加夫引述许多教师的看法而言，这是一种"人人负责，也无人负责"的情形。

因为组织和职责不明确，任教通识科目的教师仍归属在各科系，但又以担任通识科目为主，而较少担任该科系的专门科目，因而成为科系的边缘人,可有可无,影响其尊严和教学情绪。

在经费财政和资源分配方面,通识教育也受到轻忽漠视。加夫1983年的调查报告指出许多大学院校希望通识课用大班上课,人数一般在100-200人之间最为常见。节约下来的经费,可以在主修专门科目方面进行小班制的教学。通识科目缺乏经费是普遍的现象,在教学场所和设备的使用优先顺序上,通识教师的科目,通常总是在最后,被安排在大家不喜欢的场所和时段,作为填补空白之用(Gaff, 1983, pp.142-143)。其间也曾有过不少改进通识教育的计划,然而斯皮茨伯格在其《通识教育的教授》报告中指出:"许多想要复苏、重振通识教育的计划,最后都在欠缺经费支持之下而销声匿迹……经费并非真正没有,而是不愿从各科系的专门科目的庞大经费中挪拨过来。"(Spitzberg, 1980, p.426)

二 改进的途径与争论

鉴于对1960-1970年代的检讨,1980年开始有不少改进的建议,但也引起反对的意见。第一类改进途径是有些学校想回到1930-1950年代独立的通识学院。但终因时代已不同,1980-1990年代学生的来源和性质已非1930-1950年代的景况,而且这些独立设置的通识教育学院花费太大,引发诸多反对声音,使得1980年以来没有任何一所大学真正敢尝试这种规模庞大、行政组织较大、经费开支较大的方式。

第二类改进途径是拟将分散在各科系自行开设通识科目的权限,集中到学校教务主管部门,或创设一个专门单位,负责全校通识课程的规划与执行。其理由是全校应该有较完整的规划贯通执行，而且人员和资源集中时，可以节省重复和分散的浪费，有助于全校一体的观念和校风特色。但是反对者认为如此一来，将削减其原有的行政权限，减少其科系原有的经费分配，人员和教师被抽离出去也会削弱其原有的运用空间。另外，谁来担任这个专门单位的主管？什么资格的人适合于此一职位？都是各方争议的焦点。可见此种改进方式，涉及原有行政权力和经费资源的重新分配，以及人选的资格、能力、权限等敏感问题。然而，不改革是不行的，在当今多元大学的理念和形势下，大多数大学院校的行政领导者都在多方研议和协商下，谋求改进的途径。

三　近期实施情况

虽然争论不断，各种改革的措施却在进行当中，主要体现在组织人员、经费资源和行政运作等方面。

（一）组织人员

依加夫的调查报告，全美305所大学院校中，大约75%的学校设有全校性的"通识教育委员会"（Gaff, 1991, p.93）。笔者1994年5月调查174所美国主要大学的结果显示，负责通识教育的主要单位中，102所大学由通识教育委员会负责，达58.6%；51所大学由各学院负责，占29.3%；18所大学由通识教育中心或共同科负责，占10.3%；3所大学由各系自行负责，占1.7%。可知，以往绝大部分由各学院负责规划执行的情形,改由全校性的通识教育委员会负责,另外通识教育中心或共同科亦多为近年新设的负责单位。

各校的通识教育委员会,因系委员会的性质,其功能偏向审议、查核、督导的作用。通常仍设有一个实际负责策划、联络、执行的主管人员,有的学校称为通识教育主任、通识教育委员会秘书或文雅教育主任、通识教育协调联络人。这个职位通常由该校原来的教授兼任此职,仍继续授课,且大多授通识方面的科目;也有部分学校由副教务长或助理副校长兼任。

依加夫（Gaff, 1983, pp.138-139）的调查报告,各校通识教育委员会的职责主要包括:

1. 决定该校通识教育的目标和课程方向:印发指导手册给有关单位和人员;

2. 审议通识课程的各类科目和教学纲要:不是徒具形式的橡皮图章,必须真正对各科目提出评论;

3. 促成通识各类课程具有统整连贯性:利用会议记录、正式通知、与教师会谈、研习会、教师进修等方式达到课程目标;

4. 督导通识课程的执行:定期查核执行情形和结果,接受教师的申诉;

5. 审议通识教育的经费运用:向学校争取经费预算,审核支用情形。

通识教育委员会的委员人数,各校不一,但成员通常包含有关单位的代表。以南加州大学为例,该委员会成员如下:

1. 由教师选出的各学院代表,每学院 3 人;

2. 由学生选出的代表 2 人；

3. 通识教育委员会主任和通识教育协调联络人，2 人均由文理学院院长指派；

4. 大一英文写作部门主任 1 人；

5. 外国语文委员会主席 1 人；

6. 数理基本课程主任 1 人；

7. 各专门学院、科系的联络员 1 人，由学术副校长指派；

8. 有关部门的负责人，如本科教育委员会主任、全校课程委员会主任等。

至于通识教育主任的职责，依东北伊利诺伊大学通识教育主任乌南姆的自述（Unumb, 1981, pp.6-7），其主要职责如下：

1. 改变的承担者：受通识教育委员会之托付和交代，推动改革的实际计划，接受各方的意见；

2. 促进者：激发有关通识教育的讨论，调和各方不同意见，执行决议，与学校各单位沟通协调，督促各项方案的实施，提出实施方案的结果与检讨；

3. 听讼人：扮演类似法律顾问的角色，接受各方的抱怨、牢骚、陈情、投诉，安抚教师或学生的不满情绪，除了平常的促进合作协调之外，处理虽系偶发现象但在通识教学中却是常有的师生愤慨"诉讼案件"；

4. 倡导者：扮演类似"教区牧师"的角色，说服、引导、纠正、劝诱校内师生和校外人士，为通识教育投注心血、时间、经费，向外要展开宣传和劝募筹款、开发资源，向内要求绩效和节约。

总之，通识教育主任的角色是多方面的，规划执行、沟通协调、倡导促进是其主要的职能。其职务的位阶,各校不一,大多介于系所主任或各种中心主任之间。近年资料上所看到的最"野心勃勃"的建议,是马厄(Maher)对其母校弗吉尼亚州立大学的建议:"我坚决主张本校应该给文雅教育的主任以院长或副校长的职衔和权责,其薪资亦予比照,并如各院长一样成为学校各种重要委员会之一员。"(Gaff, 1983, pp.141-142)职务名衔和地位并非绝对重要,真正重要的是有实际的筹思构想,规划改进,认真执行,能与人沟通协调者。加夫1991年的调查报告指出,全美目前75%以上的大学院校有通识教育的主要负责人(Ibid., p.93)。

(二)经费资源

虽然经费欠缺,但1980年代初期,已有大部分学校增加经费于通识教育。加夫的调查显示,许多学校已聘雇专门人员和职员,处理日常业务,或新聘以担任通识科目为主的教师,并且认为这些花费对通识核心课程具有潜在的贡献(Gaff, 1983, p.143)。各学院科系、所也开始编列固定而平稳的经费进行通识教育,或节省出部分经费供全校统筹运用。近年出现这种改变的情况,是因为大家逐渐体会到"虽然这些花费无法精确地预测出结果,但是通识教育能产生多项长期的真实利益"(Ibid., p.144)。

经费之外,有关教学资源的运用方面,纽约州立大学布法罗分校的通识教育实施策划小组(Task Force on Implementation of General Education, 1980)曾做过广泛而深入的研究,发现该校大学部所有教学设施、场地等资源，必须约有四分之一是提供给通识教育，方能达到基本而必要的教学需求。

有些学校在争取校内经费和资源的分配之外，更积极寻求有关通识教育的研究计划或教学改进实验，以向校外各种基金会和机构争取经费补助或资源供应。目前在政府或公立基金会方面，以高等教育改进基金会、全国人文基金会、美国大学教授协会、美国大学协会、美国高等教育协会等最为著名而普遍；在私人基金会方面，则以卡耐基促进教学基金会、利利基金会（Lilly Endowment）、布什基金会（Bush Foundation）、安德鲁·梅隆基金会"（The Andrew W. Mellon Foundation）、私立高等教育促进联合会、西北地区基金会，以及埃克森石油基金会（Exon Foundation）等为多。无论公立或者私立的基金会或机构，近年均乐于支持赞助大学院校通识教育的研究计划和改革实验，从许多有关的期刊书籍中均可发现和证实。

另外，有些学校则鼓励各系和研究所资深而著名的教授到大学部开授通识科目，其薪资待遇予以提高，而其原任系、所需另增聘他人教专门科目之经费，则由学校补偿。哈佛大学即以此法而著名，是以担任通识课程的教师，常有通儒大师，也可矫正通识课程的教师都是"次等教师的垃圾倾倒场"的成见。

也有不少学校是采取省钱的办法，从节约的观点着眼，例如鼓励学生多选修文学、哲学、历史、宗教、数学这类不需太多设备而只要以图书资料为主的通识科目；而对于行为科学、表演艺术、艺术欣赏与制作、电脑动画、生命科学、泛文化研究等这类需要颇多仪器、设备或场所、教室或需要特殊装置的科目，则较少开设,可是这些却常是近年来学生最喜欢的热门科目,因为学生认为这些科目必须靠学校的特定场所设备才能学到,毕业离校后不易进行,而文史哲一类科目可以自学,只要图书馆有书可借即可。依据前述纽约州立大学通识教育实施策划小组之研究,如果要满足学生选修这类需要演示或操作的通识科目,该校必须将现有的教室、场所、设备、器材等扩增8倍,方满足所需。因而学校节约省钱的立场和学生利用时机、场所学习的观点,常有冲突出入,造成学校一方常宣称"本校开设颇多通识科目",但学生却经常抱怨"本校可选的通识科目很少"的局面。

(三)校园景致

学校的校舍建筑和景观布置,对学生通识教育的潜移默化具有重要的作用。学校除了教师和书本典籍的"身教"和"言教"之外,校园环境是无声的"境教"。学生可以不上某一位教授的课,也可以不看某些书本,但却不能不生活在校园景观环境中,天天受其影响,时时浸淫其中,因而是所有学生的必修课程、共同科目,形成某一大学"校风""校色"等风格特色的影响因素,除了教师之外,其实学校建筑风格和校园景观特征占了很大的比重。校园是无声的著名教师,是无言的伟大教授。

从报刊的报道、各校出版物的封面校园景致,以及笔者多年亲历和目睹的经验来看,美国大学的校园的确各具风格特色。著名的常青藤盟校的典雅壮丽固不用说,即使一般各式各类大学院校,其哥特式建筑的高耸宏伟,希腊式风格的典雅高贵,罗马式风格的坚实古朴,巴洛克式风格的壮硕文采,维多利亚式风格的精致流风，西班牙式风格的广阔舒适，再加上近代各种建材的明亮多变。总之，大学校园建筑就是西方文明的记录和缩影，有模仿巴黎、牛津、剑桥、爱丁堡等古老大学的"巨石"（Big Stone）大学，其主要建筑常以巨石砌成，古朴坚硕，仿佛令人顿然莅临古希腊罗马的时光岁月，浸淫在古希腊罗马文化的召唤中，漫步在校园，便是和苏格拉底、柏拉图、亚里士多德、西塞罗对话；也有参照中世纪"红砖"（Red Brick）大学的赭红的砖砌高楼大厦，在青天丽日中、在茵茵绿草上熠熠闪光。如果说这是学者的"城堡"、知识的"堡垒"，没有人会否定，即使说这是"僧侣的修道院""神父的培灵所"，相信很多人也愿意到此城堡或寺院中，和伊拉斯谟、马丁·路德、但丁、佩特拉克一起研修，接受宗教和文学的洗礼，当然也会抬头看见理学院大楼旁托勒密、伽利略、牛顿、圣托玛斯的雕像在相互辩论，或者爱因斯坦在一旁静默沉思。在另一个校园里却耸立着"白瓷"（White Tile）贴满四周的大厦，达尔文的巨像孤零零但也雄辩滔滔地在举证其进化论，因而让你感到自己虽不是生物系的学生，也要驻足倾听一个时辰。在校园那一端，还有一座耀眼的"玻璃板"似的庞然大物，原来是走到20世纪的工学院，虽然让人一不小心转弯或回头时，鼻尖碰撞到透明如无物的玻璃墙玻璃门，但远观时，这座玻璃大厦将校园对面的青山白云或枫红橡黄，映照得格外鲜明亮丽，爱迪生也在夜晚将整座大厦变得灯火通明，间或五彩缤纷。以为该回到现实了，左边却突然涌现一座莫名其妙、奇形怪状的建筑物。趋近察看，才知是传播学院或艺术学院在作"超现实"搞怪，也许不见得是向人类传播和表现，而是在和星夜中的外星人对话，因为他们的许多艺术和言语,只有外星人才懂。

要欣赏和体味一所大学的校园,一天是绝对不够的。第二天清晨要到校园一边的森林或植物园区蹓跶,会有参天的成群古木,比校园各庭院中昨天见过的更多样更高大,惊见不少美国人(分不清是教授,还是学生,或是附近居民)在林中碎木屑铺成的跑道上晨跑。其实整天都有人在慢跑,彼此打照面时,轻轻互道一声"Hi",不管认识不认识,这是通识教育中人际关系的第一步吧。(很少像我们中国人,陌生人彼此见面,谁也不发一言。甚至明知对面有人过来,却转头或低头故作视而不见状,人人封闭孤冷,通识教育莫大之失也!)

大学校园的森林或植物园内,有许多的虫鱼鸟兽和花卉果类,花木旁标示名称、产地、习性、用途等,让人看得腰酸背痛;只好起来活动一下,然后静坐在石椅上或土堤边,不经意间,好多的美洲雀,叽叽喳喳在枝头引颈而望,又发现右边白桦树枝上栖息着不知名的"野鸟",但其艳丽的羽毛和沙哑独特的鸣啾,使人只好问过路的人,相互研讨或胡诌一番,最后只得回宿舍或到图书馆去查鸟类图鉴。在归时的路上,要不是仲春或盛夏时云雀在头顶上空一嘶清唱,就有可能是秋末初冬野雁在向晚的天际,传来声声凄楚。一时之间,人、鸟、天三者合一,其不谓通识乎?

近午时分,回到学生活动中心,吃过薯条和可乐这种速简午餐之后,一出门,会发现草地上只要有阳光的地方,就躺着男男女女的大学生。阳光在美国是受到欢迎的,也许北地常年寒冷,一见太阳,纷纷裸露欢迎,非把白皮肤晒个红褐色不可。尤其是在夏日,校园草皮上、宿舍屋顶上,男的只穿着短裤,女的只穿着比基尼甚或只留一点式泳衣，人人大晒特晒（常令我们从亚热带来的中老年人难以理解，老美何以这么爱晒？我们女士和大学女生，夏日炎炎时常撑太阳伞，美国人就难以理解什么叫太阳伞？），经笔者几次参与"晒阵"询问得知，原来美国人自称体内缺少太阳阴离子。晒也有晒的门道和规矩，例如女生躺晒换面时，着一点式泳衣者，有其特别的手法如何去除最后一点，以及同晒者不得专门长期不停地盯视对方身上某一部位，否则即为不"通识"——不通门道，没有见识。而且，那种看法是"专精"科目，而非全盘的、通通都看的"通视"课程。

　　晒过太阳，下午宜到校园边或贯穿校园的河中划船泛舟，或垂钓或逗野鸭。校园内有河有湖是大学的灵魂，哈佛大学要是没有查尔斯河（Charles River），如何能在一年一度的哈佛—耶鲁"梅竹赛"*中胜过耶鲁？耶鲁又何独不然，没有著名的"母亲湖"（Mather Lake，纪念第一任校长美德而命名），平日如何操兵演练？一如剑桥没有了康河（Cambridge River），徐志摩如何能在康桥细数康河的波纹，倚暖了桥畔的青苔？当徐志摩吟咏"康桥，再会吧"时，心中未必出现那里的典籍和名师，而是怀念康河这条富有灵性的河！当金耀基在"剑桥雨丝"中独步时，身旁未必有同学、老师，但剑桥的苍老巨石，国王学院如茵的草地，怎能不在春日的雨丝中烘托出一生难忘的大学景象？此番景象是学术无限的动力，是灵感无限的涌泉。试问哪一门通识科目，有如此的功效？同样，当李亦园在哈佛攻读考古人类学时，并不是

---

　　* 梅竹赛：台湾清华大学与交通大学的校际体育赛事，取清华校长梅贻琦与交大校长凌竹铭姓名中的"梅"字和"竹"字为名。此处代指哈佛大学和耶鲁大学的赛艇活动。

只在擦骨头和数骨粒,难道没有受查尔斯河的沐浴洗礼?难道没有在查尔斯河畔的如茵草地上,观赏和研究"美(国)人"晒日光浴?在课堂上和实验室中擦古人骨头之余,必须到河畔数现代"美人"的骨头,做古今比较和参照印证,其考古学之专,方能达到今日通识之博。

在河中或湖畔"浴乎沂,风乎雩,咏而归"之时,不管是暮春还是仲夏,校园西天已染红一片,校园的晚钟声响起,作别西天的云彩;或者是深秋寒冬,那西天的"野火在暮色中烧",即便"天边还有些儿残霞",也"教我如何不想他"。一种苍茫凄美,一种怀恋思绪,涌上心头,不也是一番通识教育吗?在向晚的暮色或深夜的静穆中走过校园,那白天清晰可辨的建筑和菁菁校树,又都化作另一番景况,座座雕像的巨灵,似乎不眠不休,在深夜中究天人之理;棵棵大树的身影,好像在喁喁私语,诉说宇宙间深蕴的奥秘。人类许多伟大的理论、学理,常常是在这种神秘的、玄疑的、夜的王国中发现的。

夜的精灵,使得校园可以有仲夏夜的梦。音乐、艺术的表演,要在校园的夜色中方能展示得更美;学生的许多社团活动,不在夜色中的校园,怎能展开呢?即或学生独自一个人在图书馆勤读,在隆冬深夜,可享"四壁图书中有我"的情趣。书读累了,偶看窗外雪压寒枝,真是"读书之乐何处寻,数点梅花天地心"。多少莘莘学子,是在这种校园景观中,领悟了课堂上的通识教学。

当然,并不是所有的美国大学校园都有这样的校园景观。但是,绝大多数的大学有其建筑的特色和景观的风采,如所有建筑物均是西班牙式红瓦顶、黄墙壁的斯坦福大学,统一而一致;集各朝各国建筑之大成的威斯康星大学,繁复而多样。

美国大学校园的两日游之梦,总有醒的时候,梦醒之后,且让我们看看现实的行政运作。

(四)行政运作

大学生的课业和生活,与学校的行政运作息息相关,举凡注册申请、选课、教室和实验室等的清理维护、宿舍管理、校园汽车与自行车的停放规定、餐厅价格和服务态度等,这些与学生日常生活、课业研习直接有关的行政,对学生的通识教育,有正面和负面两种可能的影响。

大学的整体行政运作是中央集权式的,地方则是(各院、各系、馆、处、中心等)分权式的或均权式的,校长和各级主管的领导方式是权威式的,或是放任式的,或是民主式的,似乎未直接影响学生。但大学生身处其中,不但耳濡目染,而且在和学校各单位来往交涉中都会切身经历,深有感受,这些对通识教育亦有正反的双面功能。

学生前来申请办事,或申诉、报告时,各部门行政主管和职员、警卫处理的态度是官僚式的拖拖拉拉,还是积极的关怀协助;是公事公办的刻板条文,还是主动的设法解决,凡此等等,都具体而深刻地影响学生对全校整体行政作风、校园文化的认知和毕业后不经意的模仿学习,其对通识教育的影响,虽为潜在的,却颇为深远。

大学校长系一校精神的象征和通识的表率,其个性与修养、责任心,其领导方式与行事风格、与师生相处的态度、与政商等社会各界交往的风范,能否做到"威武不屈、富贵不淫、贫贱不移",做青年学子的表率、学术真理的中流砥柱,至关重要。就通识教育而言,校长的君子之风既是青年学子学习的表率,也是学校的精神象征。

然而,不可否认,上述对学校行政运作和工作人员的要求与期许,在现代多元而民主的社会和校园环境中,确有其苦衷和困难。因为学校规模愈来愈大,机构愈来愈杂,法令规章愈来愈多,因此,要靠人治、德治的古风,想做"今之古人"缅怀纽曼、哈钦斯的时代,这种理想也只能留存在内心深处。面对法令规章,校长和各级主管常常徒唤奈何。再者,现代的大学校园,是校园民主、教授治校、学生自治的年代,各有各的坚决主张和认知,各有各的利益和立场。大学行政运作,处在学校组织是科层的事实和教师团体是专业的观点之间。科层组织要求全校的统一、一致、全盘、通适,专业人员主张个人的认知和差异,要求多样化、个别化、专门化。

专业人员与科层组织的冲突是经常发生且引人注意的。现在的学校是具有许多科层特性的正式组织,"今天我们所看到的学校组织,可以说是高度科层化的机构"(Abbott, 1969, p.45);而大学教师无疑是专业人员,"由于教学、知识和理论的提升、对师范教育的不断要求、老师对学生教育的高度责任、强大的教师组织,以及越来越高涨的教师自治权,使我们确认教师是一种专业"(Hoy & Miskel, 1982, p.117)。

科层组织意指基于理性行为的一种权威机构,是一种为了完成大规模的行政任务而雇用了许多人,通过系统的组织和协调来完成任务的机构形态。

专业是指一种行业需要具有高度知识的专门能力、严格的入门标准、长期的专门培养、具有强制性的工作规范、享有高度的专业自治的强大的专业组织。

几乎所有科层组织都具有这些基本原则：①层级性的结构；②由职位而来的权威；③任务分工；④依法则规章行事；⑤强调对组织和上级的忠诚；⑥公事公办而无人情味的关系；⑦终生职业的导向（Hoy & Miskel, 1982, pp.81-83）。

而所有专业都有其基本原则：①以一套系统的理论为基础；②权威来自知识和技术；③须经过长期的专门训练（通常四年或五年以上）；④有一套专门的准则、规范；⑤有其坚强的专门组织；⑥对专业团体的忠诚；⑦要求专业的自治（Corwin, 1965, p.7）。

比较上述科层组织的原则和专业人员的原则之后，可以将他们的相同相异之处列表如表 7.1。

表 7.1 科层和专业的异同比较表

	科层组织	专业人员
相异：	1. 权威的层级	1. 同事间的相互参照
	2. 纪律的服从	2. 决策的自治
	3. 对组织的忠诚	3. 自定行事的标准
	4. 强调规章程序	4. 强调知识能力
	5. 向组织负责	5. 向顾客负责
	6. 强调组织整体目标	6. 强调个人独特表现
相同：	1. 知识和技术	1. 知识和技术
	2. 强调客观	2. 强调客观
	3. 强调公正无私	3. 强调公正无私

科温（Corwin）研究专业人员和科层组织的冲突之后，也列举了科层组织和专业人员根本的冲突之处如表 7.2。

表 7.2 科层组织和专业人员的冲突因素

冲突的因素	科层组织的要求	专业人员的期望
1. 标准化		
例行性工作	强调一致性、统一性	强调独特性、个别性
工作过程	强调记录和档案	强调研究和创新
规则的运用	强调普遍性、共同性	强调变通性、多样性
2. 专门化		
任务分工	强调效率	强调目的
工作技能	着重技巧的练习	着重知识的领悟
3. 权威化		
决策的考虑	解决例行性的困难	解决特殊性的困难
权威的来源	来自地位职责	来自个人才能
	忠于组织和直属上级	忠于同事和服务对象
	容易接受组织的团体规范	只接受专业同行的规范

（摘自 Corwin, 1965, p.7）

检视科层组织和专业人员不同的基本原则之后，我们可以清楚地发现两者之间有相反的特征。专业人员的行为最基本的特征，是强调系统的知识和要求专业自治。相反，科层组织却强调现行的规章程序和对上级的服从。在科层组织里，员工被要求依照上级的指示行事，而不是凭员工自订的原则和专业的知识、技术行事。简言之，科层组织要求员工依令行事，而专业人员却想要自做决定。

专业化特别强调自由的探索、自订的标准、创新理想性，以及对专业同事的认同。而科层化则特别重视现行的规章和程序、公订的标准、现实可行性，以及对组织的责任。许多研究显示，科层组织中的专业人员面临着这种冲突。霍尔的研究特别强调科层化和专业化之间——尤其是专业自治方面——有着明显的冲突（Hall, 1968）。科温发现学校的冲突原因，大半都是因为老师反抗学校的行政措施（Corwin, 1965）；他还发现"异议和叛逆性的"教师既专业又好斗，而且越具专业倾向的教师越强烈地感受到这种冲突（Corwin, 1966）。斯科特的研究也发现相同的事实，而且指出在下列四方面，冲突的程度最强烈：①专业人员抵制科层组织的规章与程序；②专业人员抵制科层组织的标准化作业；③专业人员抵制科层组织的上级督导；④专业人员抵制科层组织的忠诚要求（Scott, 1966）。

埃齐奥尼则指出专业机构的特征是具有两种的权威结构——以科层为基础的行政结构和以专业自治为基础的专业结构。他特别说明，在一个复杂的组织中，专家取向和科层取向确实无法相容；在大型机构中的科学家和工程人员，其工作的疏离感是由于专业和科层长期冲突的结果（Etzioni, 1959）。

由上述诸多研究可知，由于学校组织的科层化和教师的专业化，其间的冲突的确存在而且严重。就教学方面而言，最明显的冲突在于教科书的选择、教学的过程和方法，以及成绩的评定等，然而，更强烈的冲突在于教师的专业自治和学校的行政督导。

四　21世纪的现况

（一）加州大学21世纪的通识教育

2007年，伯克利加州大学高等教育研究中心发表了《通识教育在21世纪——加州大学通识教育委员会报告》，报告除了由加州大学的九所著名校区每校区一两位著名教授参与之外,还延请哈佛、耶鲁、普林斯顿、哥伦比亚、斯坦福等5所名校之著名学者总共25人为委员,经过两年的研究、探讨和商议,提出详细充实的报告。报告在序文中指出,因为加州是全美土地面积很大,人口和族群最多,大学院校数量最多、类别和等级最全的州,很能代表全美的大学院校,因而研究固然以加州各大学为范围和重点,但同时也注意到其他各州大学的情形,可供全美各校未来改善通识教育之重要遵照或参考。报告提出了八大建议。

1. 大学必须重视和扩大本科教育主管之功能和职责。具体而言,此项职位必须是:(1)在学校行政体系中具有显著重要的位阶、分量和角色;(2)给予充分的年度预算和其他资源,以改进通识教育的教学、设备和活动;(3)免除过多的行政杂务琐事,以集中精力处理好通识教育有关的重大事项。

2. 大学必须对通识科目任课教师提供充分的各种奖助诱因,让他们在教学改进、研究发表、活动参与等方面有所提升。

3. 大学必须对"自助餐式"的自由任选通识课程,依主题或科目分门别类成为数项"套组"(packages),学生一旦选定某一"套组",则必须且只能修读该"套组"内之科目。

4. 大学必须大力提升"公民教育和参与"的教学,质言之,这些科目必须是:(1)学生自愿性的、服务性的、社会性的;(2)教学内容具有学术性、服务内容具有重要性或意义性;(3)无论个人的或小组的研究,要有其研究之社区的参与。

5. 大学必须顾及各类转学生的公平权益和学术品质,在采认转学生原校之科目和成绩时,固然应予公平合理的对待,但是在科目的学术归类、意义价值以及学分数方面，仍应予以慎重采计。

6.大学必须促使教授和行政人员善用科技和资讯于教学，尤其要注意使用科技和资讯时，不可牺牲教学品质，以致舍本逐末。

7.大学必须促使行政主管和教授经常记住和体认通识教育之价值、理念和目标，定期或不定期举办通识教学研讨会。

8.大学必须在学术评议委员会中设有单位或机制，针对通识教育的课程规划、科目设置、教师教学、学生学习、行政资源等方面，进行研究改善、督导协助以及定期举行内部和外部评价，以确保通识教育之有效运行和品质提升。

上述报告提出之后，引发了加州以及全美各大学院校许多回应和讨论，对各大学通识教育之改进和重视具有很大的影响。

（二）AAC＆U及各界之报告

2006年美国学院和大学协会（AAC＆U）发布《2000年通识教育情况：全国调查之摘要》之报告，系2000年春，AAC＆U对全美大学院校抽样出567所学校，请各校教务主管和通识教育主管填答电子问卷，结果总回填率约85%。该两类行政主管中，73%认为就总体而言比起10年前（1990年）变得更积极。其中在行政和支援方面之情况，摘述于下：

1.行政人员方面

（1）各部门或单位的行政人员（包含主管和职员）通常都会有正式和非正式的分裂，例如教务处和学生事务处，因而影响了通识教育的推动和实施。

（2）传统上绝大部分行政人员都偏向各系所的专门主修领域，因而在资源分配和使用上，通识教育常处于劣势。

（3）行政人员觉得很难将各自系所的专门科目或领域必修，为了所谓"统整"而强行纳入通识教育。

2. 学校实施方面

（1）要将专门专业的课程和教学转化或发展为独特性的通识必修课，感觉是在各种命令或压力下而进行（心不甘情不愿）。

（2）赶快定案推动吧（Let's get it done）！我们已经谈论和被烦扰五年多了！

（3）通识教育已经成为任何困难的"替罪羔羊"。

（4）学校经费的限制阻止了变革。

（5）当学校预算缩减时，通识课是最常被削减的。

有鉴于此，报告在结论中提出，美国大学通识教育在学校行政和支援方面是亟待加强改进之处，因而特别呼吁各校的校长、学术领导以及各级行政人员应重视通识教育在一所大学中的意义和价值，在行政推动和资源支援方面给予充分和确切的协助。

2012年夏，美国学院和大学协会（AAC & U）刊载保尔森（Karen Paulson）《教师对通识教育和使用高度影响力的实施》一文，其中论及大学教师们对于所任职学校在行政和支援方面的感受和意见，摘述于下：

1. AAC & U自2000年起，在美国各大学院校通识教育中大力推动"博雅教育和美国的承诺"方案，旨在通识教育的课程和教学中，使用其所谓"高影响力实践项目"（High-Impact Practices, HIPs），而所谓"高影响力实践项目"，系指除了课程和教学的更新改进之外，更强调学校在行政和支援方面如何协助改善通识教育。

2. 绝大多数（85%）的学校在2010-2011年间，对通识教育在课程和教学方面确实均有明显的重新规划和实施。然而，在学校的行政和支援方面，却看不出有多大的改变或更新。

3. 约三分之二的教师希望学校清晰明确地表达通识教育的目的、目标和价值理想，制定行政人员编制、资源分配、经费支援等方面切实可行的措施。

4. 在"高影响力实践项目"方案中，应列明所需的经费项目和额度、人员的编配和调度、空间设备等资源的规划和管理等，以切实落实相关项目。

美国《高等教育内情》2015年1月报道，2014年，对美国大学院校624位教务长（Provost）就当年相当热门的校园内言论自由、性别骚扰、师生关系等问题中行政人员和教师、学生之间彼此相互的尊重、礼貌等"礼节"（civility）情形之调查，其中叙述学校对通识教育教师在行政和支援方面的状况如下：

1. 许多教务长认为，近年美国经济的好转并没有反映在学校行政经费上，学校在教学设施和教师待遇方面，感受不出调整、更新或提升，反而甚至察觉或预测到教学方面（含通识教育）的经费受到削减。

2. 调查显示，教务长在学校行政和支援方面的态度，并没有和教师领袖们（Faculty Leader）站在同一阵线，彼此之间有所疏离和歧见。

3. 反之，教务长们认为教授对行政人员（含主管和职员）

的"礼节"或尊重"经常是"的只占1%,"大多数场合是"的占25%,"略微是"的则高达67%,未填答者7%。

由上述调查可知,代表学校的教务长在学校行政和资源支援方面并未和教师站在同一阵线,彼此疏离;而教授对行政人员的行政作为和支援态度也欠缺"礼节"或尊重。

2018年8月,亚利桑那大学通识教育检讨任务小组公布其"总结报告和建议",其中特别对该校的行政管理和领导结构,列出专章检讨学校在通识教育方面的行政和支援问题,认为由于学校长期欠缺对通识教育有规划性的设计和督导,因而明确提出如下建议:

1. 成立通识教育中心:(1)负责全校通识教育之规划、推动和检讨;(2)设置主任、副主任和助理人员以及职员等;(3)要有固定而适合的地点、空间与设备;(4)要有适当充分的经费预算。

2. 设置全校性的通识教育委员会:(1)在通识教育中心之上设置此委员会;(2)委员会负责审议、研究和督导通识中心的工作和业务;(3)委员会对全校在通识教育方面的行政运作和资源支持,进行审议和督核;(4)委员会由学术副校长或教务长担任主席;(5)通识教育中心主任可担任此委员会之秘书长。

美国《高等教育内情》2019年1月报道,美国近年经济萎缩不振,导致许多大学经费预算和支出缩减,因而正在整并、削减甚至废除校内的许多系所,特别是有关人文、艺术、教育方面的学系以及通识教育、社会领域的科目,例如历史教学常被视为肤浅,600多位教务主管中,将近78%持此看法。这充分显示大学通识教育在行政、资源和支持方面,都未受到重视。

五 近况综览

为简明而清晰地展示美国大学通识教育的近期实施概况,兹将中篇各章实况,依笔者1994年的问卷调查为主,以数据显示,做一概要性的综览。

1. 美国大学里,负责规划和执行通识教育的单位以全校性的通识教育委员会最为普遍(58.6%),其下通常设有通识教育主任、通识教育协调联络人、通识教育委员会秘书、文雅教育主任职位,实际负责规划和执行;其他的或由各学院负责(29.3%),或由通识教育中心或共同科负责(10.3%),也有极少数由各学系自行负责(1.7%)。

2. 各校规划或开设通识课程的主要理念依次为学科分类导向(37.7%)、基本能力导向(21.7%)、知能资格导向(16.0%)、方法解决导向(7.2%)、主题统合导向(7.2%)、伦理价值导向(4.0%)、文化传承导向(3.2%)、学生兴趣导向(2.5%)、其他(0.5%)。意即涵盖有理想常经主义、进步实用主义和精粹本质主义三大类的学理派别在内。

3. 大学生毕业总学分最低限。学期制的大学,在108-144学分之间,而以124学分最普遍;学季制的大学,在168-196学分之间,而以183学分最普遍。

4. 通识课程毕业学分最低限各不相同。学期制者,在0-132学分之间,而以43学分最普遍,占毕业总学分的35%(43/124);学季制者,在40-92学分之间,而以63学分最普遍,占毕业总学分的 34%(63/183),可知无论是学期制还是学季制,通识课程占全部课程大都在 34%-35% 之间。

5. 各校通识课程的分类。在 0 到 10 类之间,若有分类,则以分 6 类者最普遍。其科目内容,大致可分为人文、社会、自然三大类。其中,几乎各校都对英文写作、数理统计、外国语文列为基本必修或称基本能力。人文、社会、自然三大类若再细分,人文类以分出文学与艺术、西方文明、历史哲学、文化研究等最普遍;社会类以分出社会科学研究、政治与经济、道德推理、行为科学等最普遍;自然类以分出自然科学、数理科学、生命科学、技术与科学等最普遍。

6. 各校提供的科目数,在 25-600 种之间,而以 100-200 种科目者最普遍,意即让学生到各系所选读分类必修者最多(83%),而实施核心课程(15%)或自由任选(2%)的均不多。实施分类必修的大学,以耶鲁、普林斯顿、密歇根大学、威斯康星大学、印第安纳大学、加州大学洛杉矶分校、得州大学奥斯汀分校等为代表;核心课程的大学以哈佛、哥伦比亚、斯坦福为代表;自由任选的大学,则以布朗大学、加州大学伯克利分校为代表。

7. 通识学分当中,必修科目或学分的比例,由 0 到 100% 不等,而以 36% 最普遍;相对而言,选修科目或学分的比例,由 100% 到 0 不等,而以 64% 最普遍。

8. 修读通识课程的学生,各校以大一最多(100%),大二次之(93%),大三和大四再次之(均为 24%)。意即大一学生几乎人人均修读通识科目,大二亦颇多,大三、大四则有将近四分之一的学生仍在修读通识科目。

9. 各校对通识教育的评估检讨，近三年内其方式依次为课程检讨（40%）、教师评价（28.2%）、学生意见调查（21.4%）、教师意见调查（4.9%）、从未进行（3.9%）、其他（1.6%）。其中课程检讨是指行政负责单位正式或主动对全盘课程的检讨，教师评价指较为正式的评价。如通常期末学生对每一任课教师的教学反应，系针对某一位教师某一门课而言；学生意见调查则指对学生进行所有通识课程的意见调查，而非针对某一位教师的任教；教师意见调查则指教师对所有通识课程的意见调查。

10. 各大学通识教育最大的阻力，依次为各科本位主义（40.2%）、缺乏足够经费（21.3%）、学生兴趣不高（15.3%）、教师兴趣不高（9.4%）、与今后职业无关（7.1%）、缺乏行政支援（3.9%）、其他（2.8%）。其中与今后职业无关包含学生认为通识教育对毕业后的寻找工作没有太大关系，以及各科系教师也认为与其现有任教专门科目的职业无太大关系，可教可不教，不影响其聘雇。

11. 各大学通识教育最大的助力，依次为行政主管的支持（35.3%）、通识教师的努力（30.1%）、学生选读的兴趣（11.3%）、各科教师的支持（9.8%）、各科系所的配合（8.2%）、校外资源的鼓励（4.5%）、其他（0.8%）。

12. 从各大学通识教育最大的阻力和最大的助力分析（助力减阻力）可知，行政主管的支援（35.3-3.9=31.4）和通识教师的努力（30.1-9.4=20.7）这两项，是最主要的助力；而各科系本位主义（8.2-40.2=-32）和学生的兴趣不高（11.3-15.3=-4）这两项，是最主要的阻力。这显示通识教育目前处于行政主管当局和通识教师的"倡导力劝，苦口婆心"和各科系本位主义及学生兴趣不高的"无动于衷,资源第一"的双方拉锯的态势。

本章小结

大学对其通识教育的行政和支持,是通识教育的实施能否贯彻成功的重要因素。美国大学通识教育在1960-1970年代之所以常被称为"灾难的时期和地区",各种原因都有,但学校在行政和支持方面明显的欠缺,是不可推诿的,也可以说是关键的原因之一。其缺失的现象在于虽有全校性的课程委员会,但在庞大而繁杂的各院系课程中,通识教育的讨论常常是有名无实,无关紧要的部分或者成为政治利益交换的竞技地区;实际负责开课的单位在各院各系,但因各院系都注重主修的专门课程,担任通识课程成为额外的负担和累赘。在专门科目的教师眼中,通识科目成为可有可无的课程,任教者成为该院系的边缘人,院长、系主任也无太多心神关注于此。造成此等现象的原因在于行政组织不明确,人员编制缺乏。另外,在经费资源的分配和运用方面,也明显缺乏,在行政的优先顺序上,几乎都是殿后。

1980年代,有各种改进的方案和争论,少数怀乡恋旧的人士,缅怀哈钦斯在芝加哥大学的"芝加哥学院",以及1930-1950年代的各种通识"实验学院"等,但终未实现。因为1980-1990年代,已非50年前的情景,学生、教师都不同了。比较可行的改进途径是将各院系的通识教育权责集中,创设一个专责单位,以收统一和一贯的功效,但反对的声浪不小,理由颇多,主要在于各院系的经费和人员被抽离,而且谁有资格能力承担此一专门职务?

在争论不休当中，21世纪初的改革与实施情况颇有可观，在组织人员方面，有全校性的通识教育委员会，其下设有通识教育主任之类的专责人员，前者负责审议评核等大政方针，后者实际提出规划和承办执行。此主任人选各校不一，有由教务长或学术副校长兼任者，亦有由对通识教育具有理念和兴趣之教授兼任，通常后者较多，也较能全副身心关注其牧师般领牧的"教区"。

在经费资源方面，除校内争取固定预算之外，近年颇多从校外的政府或民间有关基金会，以研究计划或教学改革实验的方式取得费用和教学设施，此类属积极向外开源者；另一类则以消极向内节流的方式，鼓励学生选读文史哲等花费较少的通识科目，而限制艺术、表演、生命科学之类较需设备器材和经费支应的科目，但却引发学生的抱怨。此外，则鼓励资深著名教授担任通识教学，具有多方正面意义和实际教学效果。

就校园景观而言，美国大学的主要建筑常能显示其学校风格特色，景观配置亦颇可在优游之间，借收熏陶涵泳的情景教学功能。校舍建材从古老的"巨石"，依年代顺序到中世纪的"红砖"、近代的"白瓷"、近年的"玻璃"、未来超现实的"太空"，校舍建筑便是走过历史的长廊，校园总不缺一条河、几个湖，还有森林可供身驰心荡，校园是读不完的通识课程。

行政运作就不如校园景观那么浪漫而令人心醉，这需要大量的沟通、谈判、协调。由于科层组织的整体要求，行政人员和持不同专业立场的大学师生既要合作，也会争吵。如何达到和谐的平衡点，是行政人员和教授们给大学生亲身经验的通识学习。

下 篇
趋势与启示

上篇讨论了美国大学的发展与通识教育的演进、通识教育的理论、重要案例等的历史与理论，中篇介绍了美国大学通识教育近三十年在课程和修业、教学和评估、辅导和生活、行政和支援等方面的调查研究，由此可以察觉出美国大学通识教育未来的趋势，并进一步思考其意义或启示。

除了继续上、中两篇各章所用的历史文献研究、调查报告，以及笔者1994年的问卷调查和2020年的网络查阅资料之外，为求对美国大学的通识教育有真实深切的了解和认识，下篇的探讨和引述，将加入笔者对有关人士的访问调查资料。

这些向通识教育负责人的查询，以及对学生的面谈访问，系历史文献的书面资料和问卷调查的数据统计的量的研究之外，再辅以查询和面谈做质的研究。特别是在和学生的面谈访问中，从学生的谈话内容和表情态度等，可以察觉到美国大学生对通识教育的真切感受和实际经验。

2020年笔者经由网络调研大学行政人员、教师、学生对通识教育的态度和感受，以及许多学会、组织对通识教育的评论和期盼等，均有助于对未来动态和趋势之分析和预测。

第八章
目前动态与改革趋势

经由历史文献、问卷调查、查询面谈和网路查阅等方法，美国大学通识教育的实际情形与改革趋势，可从社会影响、学术理论、课程、教学、学生、行政等方面进行探究讨论。

一 社会影响

社会影响包含政治、经济、社会、文化各层面对大学通识教育的影响，亦即通识教育的外部影响势力。同样，大学通识教育的内涵实质和结果成效，也会影响政治、经济、社会、文化各层面，其间有互动的关系。

美国建国初期，虽然开国群贤都主张民主，但对实施民主的方式各不相同，最先掌握国家政治经济势力的是联邦党（Federal Party），其党员如首任总统华盛顿，第二任总统亚当斯，以及力主联邦主义的财政部长汉密尔顿等人，主张要有强大的中央联邦政府，中央政府权责要大，汉密尔顿甚至主张君主制。华盛顿虽为民主国家的首任总统,但其作风一如国王君主,虽不多言但颇尊贵,一言九鼎。

第三任总统、独立宣言的起草人杰斐逊,当其首创民主共和党(Democratic-Republican Party)时,力主美国政府应以州为重心,使联邦—州—地方得以均衡,中央与地方权责相当,此民主共和党其后演变成为今日的共和党(Republican Party)。

第七任总统,即美国第一位平民出身的总统杰克逊,首创今日的民主党(Democratic Party),坚持结合普通百姓反对专制的立场。比起杰斐逊来,杰克逊更接近广大的寻常百姓,他入主白宫,被视为广大中下层人民的胜利。

上述三个党派及其创始人,正好象征和代表着美国不同的民主。联邦党人多出自富豪世家,具有贵族气息,希望稳定、统一、永恒,是纽曼和哈钦斯等理想常经主义者的同道。讲究文辞的优雅、古典的忠贞、习性的矜持,其通识教育显然是崇尚古典语文和文化教养的。在当今美国社会中,富贵阶层或者家世不富贵但个性脾气好于此道者,颇不乏其人,甚至成为一种社会经济地位和个人品位的象征。圣约翰学院学费高昂,课程一律研修古典名著,学生以"王公贵族"子弟为多,在东岸马里兰州设一所不够,在西岸沙漠中新墨西哥州再设一所。但就全国而言,这种"文雅"的学府所占比例已不多了,正如联邦党已消失,而且未来也不可能再有人明目张胆地倡言君主贵族。但是消失并不是消灭,除了少数如圣约翰学院仍旗帜鲜明地孤芳自赏、独自清鸣之外,很多王公贵族或富主世家,在选票至上的政治社会环境中,为取得中产阶层人民的认同,改投到民主党,以"救贫助民"的方式做掩饰，即为明显的例子。

明显不同于"联邦党员"这种贵族文雅习气的，便是杰克逊平民主义作风的"民主党员"。平民大众的文化是务实的，以职业为导向的，欧洲旧大陆的贵族文雅习气是不适用的。这时期表现在文学上，惠特曼（Walt Whitman, 1819-1892）便是平民主义的代言人，他在《草叶集》中，认为民主的地位最为崇高。但是惠特曼的诗是以中西部脚底下最卑微众多的草来象征他心目中新的美国人，说的是"草一般简单的话"。他认为，"人生一如古典建筑那样精确，是子虚乌有的事；它毋宁像自然界的一个物体，组织形式是有的，不过形式是意想不到的，不对称的，甚至是任性的"。进步实用主义自然在开发西部的广大农工商及各阶层中滋生而繁荣。

杰克逊式的平等主义倡导高等教育的大众化，大学科目应注重实用的职业和生活技能，以解决生活的困难，本质上便是进步实用主义的，也促使进步实用主义的设校呼声高涨。1862年的莫里尔法案，便在这种呼声中通过，美国在广大的草原上设立了实用的农工大学。

对这种在中西部草原上建立的农工大学，联邦党员这种理想常经主义分子是要嗤之以鼻的。他们仍带着欧洲的传统口语或腔调睥睨这些大学为"那些养牛的大学"。为了抵抗这些农工大学的牛粪味、机油味、铜臭味，《1828年耶鲁报告》遂为理想常经主义学者经常援引运用，作为抵挡实用学科入侵大学校园的盾牌。

夹在这种联邦党员的理想常经观点和民主党员的进步实用

主张之间,便发展了"杰斐逊式的均等主义"。"均等"的内涵是指机会的均等,一如每个人在5000米赛跑的起跑点上应一致而平等一样,但在跑的过程中,个人的先天资质和后天努力有所不同,跑到终点的时间各不相同。甚或在整个学程中,有些人是全程跑完,有些人是未必要跑完的,也不是人人都适合跑5000米长跑的,有的人更适合短跑,或者跳高、游泳、球类等,不一定人人都要跑博士轨道的万米竞赛。

另外,杰斐逊式的"均等主义"也不同于杰克逊式的"平等主义",平等主义是要求终点的平等、结果的平等、分配的平等,无论劳逸和贡献多少,结果要平等。这种主张当然是中下阶层所喜欢的,而才智人士和财富人士则认为是不公的。民主党要照顾绝大多数的平民百姓,而且民主政治是一人一票的选举,主张平等或平民主义,号称照顾弱势中小阶层,较能赢得大众民心。杰斐逊式的"均等主义"是主张经由个人才能和奋斗而来的"才智上的贵族",不同于古希腊"世袭的贵族"。"才智的贵族"是可以经由教育而促成的,并进而导致社会变迁和资源、利益重新分配,但其基本条件是要个人充分努力和勤劳方能得到的,这并不受一般广大民众喜欢和支持。

联邦党员在美国史上"消失"之后,有一部分人是掩饰性地隐匿到民主党,另外有一部分人则公然性地投靠到共和党。因此,后来的民主党通常以中下劳工阶层代言人自居,注重社会福利,向富人课重税,以"大政府"来照顾弱小广大民众。相反,共和党则常为财富阶层着想,主张各凭本事,自由竞争,政府以不加干涉、管得愈少愈好的"小政府"为施政理念。因为在自由竞争当中，具有才智、财富或肯努力的人总得到较好的生活和资源利益。

民主党的"大政府"要照顾广大弱小阶层人士的高等教育，必须主张"大众化的高等教育"，让人人可以进大学。大学生的异质性高，则科目就要各式各类，无所不包，满足各人所需，以解决生活实际问题为课程的先导。这样，进步实用主义的理念自然受到民主党人士的推崇和运用。而共和党的"小政府"认为，依才智和学费而言，高等教育是少数人的，主张"精英式的高等教育"，什么人能上大学，需经一番奋斗和选择。能读大学的学生，其同质性自然较高，则科目和要求规定希望统一，有共同的核心，具有相同的理想和目标，为社会、国家、人类作贡献，这与理想常经主义人士一样，或者倾向精粹本质主义的学理。

1947年，杜鲁门总统委员会的高等教育和通识课程实施方案，便是着眼于广大劳工阶层，以进步实用主义的理念加以推行，大学生修课各取所需，自由自在。但是1957年苏联人造卫星发射成功，给美国带去了无比的震撼，并因而引发社会各界深刻的反省、检讨。在共和党艾森豪威尔总统执政期间，《国防教育法案》立刻要求大学生必须在自然科学、数学、外文和历史这四门美国大学生最头痛的课程中，加紧共同研习，加重学业要求，提高毕业水准。

1960年代，经历了艾森豪威尔军人主政和麦卡锡的"白色恐怖"之后，美国人民的紧张心理得到缓解。肯尼迪政府适时提出"新边疆"（New Frontier）口号——政府要大有作为，带领美国跨越无法预卜的良机和危险的新边疆，开创美好未来。肯尼迪壮志未酬,继任的约翰逊总统更进一步,提出新的政治口号——"伟大社会"(Great Society),制定了一个庞大的社会福利立法计划,其中就包含联邦政府对教育的大力扶持。一时间,大学之门大大开放,无围墙的大学、无门户的大学等各种开放式的大学,无奇不有,似乎真的是大同平等的伟大社会,但也导致无课堂、无教科书、无教授的学生自由大学,从西岸的伯克利加州大学一路延伸到东岸的布朗大学。

就在大学校园一片开放——课程开放、教学开放、管理开放、性开放、吸毒开放——当中,越南战争挫败的阴影愈来愈大,内政自由开放却混乱无章,军事外交连年失败,高唱"伟大社会"的民主党总统约翰逊,自忖无法竞选连任,含泪退出总统大选,换共和党登场。尼克松就是以"法律与秩序"为竞选口号,主张结束越南战争,恢复法律与秩序,重建美国声威,最终赢得总统职位。这种口号主张自然得到政商、教育等各界的支持和赞助,符合理想常经主义的论调,一起合作夺回了白宫和校长室。但是尼克松"水门"丑闻终于揭开其"法律与秩序"的虚假面目,美国是宁可被打败却不能被欺骗的民族,尤其是大学生看透了这些假道学,把越战失败受挫的抑郁心理,也发泄到共和党身上,攻击理想常经主义者向来维护的西方文明和道德价值。

这时,来自南方基督教浸信会的民主党人卡特,虽在全国政坛上默默无闻,却正好显示其清新不染,在民众厌恶高官政客言行不一的嘴脸之中,特别显其朴实和拙真。他的当选是又一次民主党广大人民的胜利。人们寄望这位诚朴的"邻家叔叔"让美国返璞归真,重整道德。

然而，不知是由于卡特这位种花生出身的总统欠缺治国雄才，还是美国的确沉疴已久，美国人初期对民主党和卡特的期盼慢慢消退。卡特原初纯真朴拙的露齿憨笑，很快成为国内外各种政治媒体漫画嘲讽、揶揄的写照，甚至变成代表美国人的图像。这当然是美国人不能忍受的，在痛苦忍受卡特四年的民主党执政中，人民大众生活经验的"痛苦指数"不断上扬，又要换共和党来掌权了。

其后轮到虽笑容可掬但处事简明快捷的里根总统上任。里根在州长任内，敢于将名震学界的加州大学总校长克尔革职逼走，正好象征共和党人的理想常经主义逼走了克尔这位进步实用主义在伯克利加州大学的代表人物。大学教育在"里根革命"中重回坚强的保守阵容，对 1960-1970 年代进行检讨整肃，将散漫、自由、任性、学生兴趣本位的大学作风，一律加以规范或限制。一时大学校园的厕所门墙上，涂满对里根的愤恨，诅咒他是"美国的希特勒"和法西斯。

里根更对高等教育经费大砍大杀，希望大学少开那些不伦不类、新奇怪异的科目，诸如捏泥巴的陶艺，怪声怪气的表演艺术，阴阳不分、雌雄莫辨的新女性主义研究等，这些都是纽曼、哈钦斯等理想常经主义者绝不能容忍的科目。

以"教育总统"自诩的老布什也许怀念其母校耶鲁大学典雅端庄的课程，期望大学通识课程要紧凑而文雅。他任命的全国人文基金会（NEH）主席琳恩·切尼，在通识教育改革计划《50 学分：大学的核心课程》中力主通识教育要维护西方传统及其道德规范与恒久价值，足显信奉理想常经主义的共和党人依然声势仍在,对美国社会仍存有相当影响力。

民主党人克林顿上任后,力图扮好民主党总统的亲民作风,到青年人聚集的场合吹奏萨克斯,与劳工同乐,高歌一曲,继承"大政府"要实施全民健康保险方案,为中下阶级奔波辛劳。然而克林顿似乎正在重复当年的卡特,甚至比卡特还糟。因为卡特还有宗教伦理、爱国、读海军军官学校、对妻子忠贞不贰的美德,相较之下,克林顿逃避兵役、白水案财务不明、任州长时与不少女性不清不白,中年以上的人是难以认同的,共和党的青年也开始有了微词。因此1994年的期中选举,民主党一败涂地,多年参众两院的优势,居然落入共和党人手中。

民主党在白宫掌理行政,信誓旦旦要为家境贫寒的大学生增加助学贷款,让人人可以上大学,增加学校的经费预算,鼓励开设各式各样的科目。艾滋病的防治固然要让大学生都懂,同性恋的研习也是容许的,因为这是个人的权益、个人的差异,如果依传统认为只有男女才可以结婚,反而会被视为顽固保守,甚至没有学识。因为学术界正在为各种奇怪行为做学理的辩护,发表"语不惊人死不休"的结论,不用些新奇怪异的名词术语就显不出学术的样子,似乎唯有新奇、怪异才是进步的、实用的、新潮的、后现代的。

共和党夺回艾森豪威尔之后沦陷40年的参众两院,反映民意并不充分赞同激进前卫的进步实用主义作风。

最高法院方面,自老布什之后,九位大法官一直维持着理想常经的保守派和进步实用的自由派的均势。州长方面,1994年中期选举后,改选的36州及未改选的24州合并而计,共和党州长由20人变为31人，增加11人，民主党州长由29人成为18人，减少11人，缅因州州长为无党籍人士。共和党于各地州长力量方面，亦如参众两院的态势，快速增加。在改选的36州州长中，有24位共和党州长，11位民主党州长，1位无党籍州长。他们对高等教育和通识教育的看法，经笔者的研究分析，明显可见共和党州长绝大多数主张提高入学标准，提高教育品质，要求课程有共同核心，提高学费，家庭要多负担学费等。民主党的州长则正好相反，绝大部分主张大学要继续大众化，尤其对少数族裔和中低收入阶层的子女，州政府要提供更多的补助或奖学金，州政府增加高等教育经费预算，鼓励各校广开各类课程，帮助学生解决毕业后的工作问题，增加学生就学年限的弹性等。这些都表明，共和党州长的理念倾向理想常经主义，而民主党州长则偏向进步实用主义。

其中，新墨西哥州共和党新任州长约翰逊（Gory Johnson）要否决前任民主党州长对公立大学增加经费的各项"讨好方案"（Pork Projects），主张提高学费，并由各自家庭负担学费，大学和家庭都不要仰赖政府的补贴。小布什宣称以往民主党用彩票税支付高等教育的做法是不道德的，大学经费不足应该由学校自行负责筹募或提高学费，而不应该用引人入罪的"大家乐""六合彩"税收这种肮脏钱来玷污大学神圣的学术殿堂。

然而，俄勒冈州民主党州长基察伯（John Kitzhaber）却认为前任民主党州长所拨的教育经费仍不够，承诺在1995—1997年高等教育预算大幅提高，并增加大学生的助学金，提高助学贷款，使家庭、社会、经济地位较低的子女均能读大学。内华达州和佛蒙特州两位民主党州长米勒（Miller）和迪安（Dean）也都在选举中力主增加大学的经费预算，并且在课程中增加与职业有关的科目，以利于学生就业。南方佐治亚州的新任民主党米勒（Miller）州长，更具体地规划要补助开授农、工、渔方面的科目，鼓励学生到山区或海边找工作。

另外，阿肯色州民主党州长塔克（Tucker）却在这次选举中与克林顿保持距离而获当选连任，他独倡高中成绩只要平均分数（GPA）达到2.0，即可进入公立大学院校，主张大学大门要继续广开，但到大二下学期时，要举行"升大三的考试"（rising junior exam），即广开入学大门，但要求学生努力学习，大二时进行评估。这表明他虽为民主党，但有中庸的主张，接近精粹本质主义或者说杰斐逊式的观点。

在共和党方面，加州连任获胜的威尔逊（Wilson）州长说要提高学费，以维持大学教育的必要水准，但也同时增加州政府对贫穷学生的助学金和助学贷款，让更多人得以进入大学，并且通过州教育董事会让各大学对其资源运用和课程安排有较大的自主权，显示共和党人士当中也有趋向中庸的现象，或接受杰斐逊式的精粹本质主义。

面对21世纪，美国学院和大学协会会长施奈德（Carol Gerry Schneider）在2016年该协会所属通识教育与评估学会（IGEA）的年度大会开幕致辞中，多处引用该协会所属"哈特研究学会"（Hart Research Associates）2015年调查报告之数据资料，该报告调查全美318位大大小小的各式各类公司雇主，证明大学通识教育在大学生毕业就业后，比其主修更有价值。施奈德会长强调：

（1）95%的雇主认为其公司在雇用人员时，会将申请者的广泛心智和人际关系能力列为优先考虑项目；

（2）93%的雇主注重求职者在思路敏锐、沟通清晰、解决复杂问题的能力方面，要比他们在大学主修什么学系更重要；

（3）91%的雇主认为，不管主修学系为何，求职者必须在解决困难时，能展现出与许多不同主修学系人员的合作经验或能力；

（4）80%的雇主表示，所有大学生应该在通识教育方面有广泛的学习；

（5）已受雇员工在职务升迁和长远生涯成功当中，哪方面比较重要？55%认为专门知识能力和广博知识能力需两者兼备；29%认为只要具有某一部门内各阶层知识能力；16%认为只要具有某一部门内某一项工作的知识能力；

（6）这些受访雇主被问及对自己的儿女或年轻人是否会推荐认真研读通识教育时，74%说会，7%说不会，19%说视情况而定。

由上可知，绝大部分的公司或工厂雇主，都相当认同大学通识教育的重要性。

美国《高等教育内情》于2019年1月23日报道"2019年学院和大学教务主管之调查"，针对全美公私立大学475位教务主管进行调查，有关通识教育部分的结果如下：

（1）91%的教务长认为通识教育是本科生教育的重心；

（2）66%的教务长认为通识教育对大学毕业生就业时有所

助益；

（3）62.5%的教务长认为美国大学通识教育的品质并没有下降；

（4）31%的教务长认为他们的学生了解必修通识教育课程的目的；

（5）62.5%的教务长认为当前的政治人物、大学校长和校董逐渐不关切通识教育；

（6）85%的教务长认为通识教育的理念、目标、功能等概念，在美国并未得到良好的认识。

由此调查结果可知，前三项是对美国大学通识教育正向的、具鼓励性的，然而后三项却是负向的、具警示性的。或谓教务主管是在家长、政客、校长校董、青年学生等不重视通识教育的环境氛围当中，努力维系或加强改善大学通识教育。

时序进到21世纪的开始，正好由共和党人小布什担任总统两任8年（2001-2009），他对美国社会在前任克林顿时期的自由激进和散乱开放至表不满，因而大力提倡家庭价值和基督教文明，捍卫正统西方文化。"9·11"事件之后，美国政府在反恐策略中，推行《美国爱国者法案》(USA Patriot Act)，强化政府对有关信息和人民言论的管控，以及警察对人民行为的监管，因而直接或间接、有形或无形对大学的学术自由和通识教育产生了负面影响。

小布什政府发动的伊拉克战争和阿富汗战争并没有达到预期的成效，久而久之民间抱怨和反对之声四起，尤其对小布什宣称伊拉克拥有大规模杀伤性武器，但在推翻伊拉克政权后却查无实据,反战和反共和党之气焰高涨。而此时,民主党的奥巴马便以"改变"为竞选口号,于2009年赢得大选并连任两届总统(2009—2017)。

奥巴马上任之初,虽极力缩小伊拉克和阿富汗的战争规模,甚至逐渐退出,以致在其第二任时(2015年),取消了共和党时期的《美国爱国者法案》,代之以民主党的《美国自由法案》(USA Freedom Act),放宽了言论和学术自由,缩减了警察权,社会氛围得以开放。2016年年初,提出"全民电脑科学"(Computer Science for All)方案,倡议电脑资讯信息的知能和广泛使用"远距教学""自主学习""学生中心""生活问题解决"等教学在大学通识教育中成为主流,实用进步主义教育哲学又大行其道。然而,奥巴马的柔性反恐策略并未使恐怖袭击减少减轻,反而促使新兴的"伊斯兰国"的恐怖行动甚至战争行为,美国疲于奔命,元气大伤。

2016年,共和党人特朗普批评民主党软弱、空疏,高唱"让美国再次伟大",激发美国人特别是中上阶层白人的爱国心,赢得总统选举。特朗普的"美国优先"政策取向,在某种程度上或可视为美国理想常经主义思潮的彰显。然而,2020年,民主党候选人拜登击败特朗普,赢得大选。这恐将对美国大学的通识教育有相当程度的影响。

长期以来,行政权、立法权、司法权是民主党和共和党相互竞争抗衡的焦点,两党分庭抗礼,也正显示人民在政治的意识形态、经济的利益分配、社会的阶层力量和文化的生活风尚各方面,常处在拉锯拔河当中:一方是右派的理想常经主义,或习称的保守派,以共和党为代表;另一方是左派的进步实用主义,即通称的自由派,以民主党为代表。

以拉锯拔河作比喻,似乎未必恰当。因为拔河总是两组固定的人进行竞赛,而绝大部分美国人平时是连自己也分不清是哪一党派的,视选前的情势而定,拔河是临时参赛的。更确切地说,应该是像钟摆,钟摆只有自己一只,左摆右摆还是同一人,右边的保守派和左边的自由派只是两个吸力,在左右力量没有哪一边是绝对强或绝对弱时,停摆在中间,或者中间偏左、中间偏右。真正最大的平衡力量是介乎理想常经主义和进步实用主义中间的精粹本质主义。如果民主党与共和党在未来都没有大失误,各自吸引选民,则中间多数的选民自会做聪明的选择,让两党分治或共治,相互监督而进行势均力敌的良性竞争,则精粹本质主义是未来的中庸大道,而且是最"可能的"(possible)和最"可欲的"(desirable)发展趋势。

二 学理发展

理想常经主义、进步实用主义、精粹本质主义三者至今均各有其立场,而且彼此争论不休,互有消长。理想常经主义者当今颇不乏其人,自1986年以来,由保守主义派的里根任命的教育部长贝内特,在其《拯救文明》(*To Reclaim A Legacy*, 1984)一书中力主对西方文明、共同价值、学术水准提出要求。1986年在哈佛毕业典礼的致词中,他不满哈佛核心课程中没有要求全体学生必修西方文明等传统课程。1987年,赫什在其《文化的辨认能力——每一个美国人应知道的》（*Cultural Literacy：What Every American Need to Know*, 1987）中，认为每一位美国人应该能读得通《纽约时报》（*New York Times*）和《大西洋月刊》（*Atlantic Monthly*）的各类文章。布鲁姆也于1987年在其《走向封闭的美国心灵》中，悲叹大学生对西方文明和伦理价值的空洞无知和漠然隔阂。琳恩·切尼在1988年《美国的人文主义：对总统、国会和美国人民的报告》中力言要重振美国的人文主义，并于1989年在其《50学分：大学生的核心课程》中主张大学应实施强有力的、核心的、共同的科目，更于1990年在《专制暴虐的机械》（*Tyrannical Machines*）一书中，控诉当今美国社会因机械文明而导致的精神衰败，人类成为暴虐专制机器的可怜仆从，人失去了自主性和主体性。

面对21世纪，美国高校管理委员会协会（AGB）于2014年2月之报道中认为，通识教育和专门教育并非对抗，引用希恩（Larry D. Shinn）《博雅教育对抗专业教育：谬误的选择》的调查数据和观点，特别提及通识教育和专门教育相互融合的重要性与趋势，并指出美国许多大学重视并开设科际融合与统整型的课程。亚利桑那州立大学（Arizona State University）削减许多传统性的学科分类的科系，而创新出十多个科际整合型的科系、部门或学院，有些新型科系要求学生同时必修人文、社会、自然领域或方法，或以人类某项困难问题（如战争、灾害、环保等），或以该校所在地凤凰城（Phoenix）地区为主题焦点进行探究，以致该校校长以"新型美国大学"自况自许。

美国学术界自然科学顶尖学者组成的全美科学、工程、医学学会2018年5月出版《人文艺术和科学、工程以及医学在高等教育之整合——来自同一棵树的枝干》一书，强调21世纪高等教育的整合，是大学通识教育的未来重要趋势。这些学者一再叙述自身的研究经验，说明只凭自己单一专精学门的高深研究，如何遇到困境或瓶颈，而最后有赖人文艺术和本身各自专长的数理、科技、工程和医学（STEMM）相互融合统整，方能解决和前进。

自21世纪开始以来，美国大学本科生的STEM、STEAM、STEARM教育，在大学通识教育颇受重视，起自2006年美国总统乔治·布什（George Bush）公布美国竞争力计划（American Competitiveness Initiative, ACI），提出教育目标要培养具有"科学、技术、工程、数学"（STEM）素养的综合人才。这一计划相当符合各大学通识教育提倡各类知识和能力宜统整的理念和要求，因而STEM教育不仅在全美中小学大力倡导实施，在各大学的通识课程中也努力研发开授，强调融合统整，其后更觉得STEM只有理工数学，还应加上人文艺术（Arts），才更具创新创发力，因而成为"STEAM"；经实施之后，又深觉学生的阅读和写作更是基本能力或基本功，因而又增加强调阅读和写作，最终成为"STEARM"，期使能有阅读和写作的基本和表达能力，加上数理科技的扎实功底，再加上文学艺术的创造创新能力，才能有综合的、整体的竞争力。

2016年9月，美国教育部发布《STEM2026：STEM教育的创新愿景》。2018年12月，川普政府继2013年奥巴马政府的第一个"STEM五年战略计划"之后，又发布第二个"STEM五年战略计划"《制定成功路线：美国的STEM教育策略》，又称"北极星计划"（North Star Plan），在高等教育中，特别指出要培养大学生能综合统整并应用各领域知识的能力。21 世纪以来，乔治·布什、奥巴马和特朗普政府都重视大学本科生的通识教育，并大力给予经费支持和师资培训，鼓励各大学实施 STEM 或 STEAM 或 STEARM 的通识教育。

上述这些理想常经主义学者的诉求很容易打动人心，所描绘的现代文明对人类心灵的冲击也让人深有同感，因而获得许多人的共鸣，纷纷主张要在通识课程中加强人文精神的涵养、语文写作的精练、语意沟通的明确、心灵内在的丰硕等。这种学理在人类心目中自古有之，追求永恒、普遍，希望共同、一统，有相同的规范、共守的价值、社会的稳定，本来就是早年文雅教育的重要目标之一。只要工业文明、机器世界、商场文化继续存在，理想常经主义的呼声或哀鸣相信不会停止，纽曼、哈钦斯的信徒不会减少，人文科目和文化伦理的教学应该不致中断。

然而，理想常经主义者通常因卫道而悲观，以古代的价值标准来衡量现代，对当今变动的社会是不易适应或看不惯的，对机械操作也是排斥和轻视的。纽曼的大学中不准有弦乐的弹奏，他认为歌唱是可以的，是人类天赋的歌喉展练，符合其"官能的训练"和"心灵的扩展"理想，但是抚琴弄弦、操弄乐器这些"外物"是不可原谅的，属于他心目中的"奇技淫巧"。体育亦同，跑步这些徒手运动是有益身心健康的，尤其是"心"的健康发展。哈钦斯算是比纽曼开通而识时务些了，学生可以弹琴吹箫，但还是禁止芝加哥大学生打美式足球，认为那是野蛮人的玩意儿，不配在大学这种学术殿堂出现。美国有不少教会学校特别是天主教牧师领导的学府，当年电脑出现时，硬是不准教职员和学生的文书或作业用电脑字体显示，认为电脑字体生硬而丑陋，没有人情味，哪能比得上修女神父之手工细细写出的有灵性？甚至机灵的神父修女也以其人之道还治其人之身，半训斥半揶揄地对学生说："你们不是常说要有个性、要有独特风格吗？电脑统一印出来的字，哪有个别差异？哪有你玛丽、约翰的风格？"那时快到21世纪了，但还是有不少"书法国粹派"的教师，看见学生的报告作业上用传统打字（甚至工整秀丽的手写体）时，无形中有意无意地多加几分，在受访的美国大学生中，多数人有这种表示和经验。

进步实用主义在1960-1970年代大出风头，但也自由过头，导致80年代被痛加批评检讨，稍微收敛些。但到1986年里根气势稍弱时，哈佛大学著名的教育心理学家克罗斯（Cross）立刻提出"改进大学教学的建议——或——什么是认真教学的真意"，从学生学习心理学的角度，反对统一的、共同的、标准的教学和评分，主张真正认真的教学，是考虑到个别学生的、不同习性的、不同目的的情形，而订出不同内容的、不同方式的、不同作业的、不同要求的教学，教育就是要个别化、多样化、自由化。克罗斯其后于1988年和其同事安杰洛（Angelo）共同研究发展出一套教学评估技术，证明他们可以做得到教学的多样化和评估的个别化，鼓励教师自由地应用，多方发挥，千万别让学生被理想常经主义者那种刻板僵硬的标准卡死。

1989年，施莱辛格在其《美国心灵的开放》一书中，批判布鲁姆夸大其词的"走向封闭的美国心灵"，认为美国人天生就是个人主义的,喜欢独自享有绝对的自由,家园不受邻人干扰,最好离群索居,梭罗的《瓦尔登湖》即为最佳写照。屋顶、马车、汽车、电视坏了,自己动手修,这是务实的、实用主义的。甚至,汽车机件好端端的,也最好没事时拆下来修修补补、敲敲打打,似乎美国人的手不能停,而"心"倒可以长年不动。美国人的心灵是来自手脚,来自生活的务实操作,而不是用脑筋冥思苦索的。"经验第一!理性的?没听说!"受访的美国大学生喜欢半认真、半开玩笑地这么说。

用自己的经验得来的知识是最宝贵的,错误和失败得来的教训也是最令人真切难忘的,教科书上写的似乎都是"他人的故事",而且年代古早,不切当今。美国学生最怕历史,美国二百年历史都记不清,还要记古希腊罗马历史?何况,古希腊、古罗马在哪里?没去过哪能有什么经验?既无经验,又哪来印象值得死记硬背?教历史的老师,常会被美国学生气得半死。这种情况,短期内不会有什么改变,长期而言,似乎也看不出有太大的改变。

进步实用主义者认为,学数学是为了解决生活上的实际需要,而非如理想常经主义者主张的所谓心能训练或智力培养,背一大堆数学公理、公式烦人又无必要,甚至中小学生的"九九乘法表"都可以不必背诵,因为现代人只要会按计算器或手机就可以了,既快又准。生活是不需要太多"心灵"的,"走向封闭的美国心灵"是理想常经主义者如此造成的,想要"美国心灵的开放",就要返璞归真,少用心思,常葆赤子之心。"我们美国人本来都是天真、诚实、呆呆的,就是书读多了之后变得狡诈、虚伪、假假的。"受访的美国大学生常会这么说。

理想常经派和进步实用派的争吵，在美国历时长久，于今依然为烈，但是长期争论不休之余，逐渐趋中调和，便显示了精粹本质主义的重要性。以哈佛大学为例，早年殖民时期的哈佛沿袭欧洲古老大学的理想常经主义，但开发西部时便融入了进步实用主义，艾略特校长（1869-1909在任）力倡选修制度，允许学生自由研习，人文与科技得以对话。但继任的洛厄尔校长（1909-1933在任）注重古典，显然理想常经主义又还魂，而且把持当道。继任的科南特校长（1933-1953在任）有鉴于此，以其精粹本质主义的观点平息校园内的两派争斗，于1945年"二战"后实施《哈佛红皮书》。继任的普西校长（1953-1971在任），个性刚烈，倾向理想常经主义，但在校园民主风潮、学生校园运动中只好辞职，由博克任校长（1971-1991在任）。博克上任初期也颇欣赏进步实用主义，但发现自由过头、漫无章法终非哈佛所愿，因而任命罗索夫斯基规划核心课程，采用精粹本质主义，实施至今。但师生们实在是自由惯了，对核心课程少量而必要的规定仍心有不满，之后鲁登斯坦（Rudenstine）校长（1991-2001在任）上任之初也顺应民心和时代风潮，采用民主多元、教授治校、学生自治等措施，但实在感到多元冲突、沟通协调的痛楚和缓慢，心力交瘁，而改采用稍微集中或中间偏右的政策。他颇感伤神伤身，于1994年年底病倒请长假。一时间，校园内左右两派又觊觎纷争。经过多方协议，最后还是请他于1995年2月尽快复职，足显其间的共识，还是宜由精粹本质主义的中庸之道为佳。哈佛仅一例而已，就全美而论，由加夫（1991）的调查研究也可看到，即使目前各种学理派别纷杂交错，互有消长，但趋中调和是必要的和必然的。霍华德（Howard）于1992年在其《通识教育之理论》(*Theories of General Education*)的最后一章《通识教育的理论批判》检讨、分析美国大学的通识教育理论之后，虽然他本人倾向进步实用的观点，但也承认不能没有另外的力量来加以平衡。他虽未明言（或者不愿承认）所谓另外的力量为何，但字里行间中可以察觉到就是理想常经主义。吾人或可建议诸如霍华德这样内心喜欢进步实用主义的个人自由主义，在不甘愿被理想常经主义捆住，甚至连名称都不愿使用时，不妨考虑中庸之道的精粹本质思想。

到了21世纪，理想常经主义、进步实用主义、精粹本质主义，依然主导和代表美国大学通识教育的学理派别，而且将会继续下去。

三　课程动态

在通识课程的总学分方面，1967年占大学生毕业总学分的43.1%，1974年占33.5%，1988年占37.9%，1990年占39.5%。这显示1960年代学生运动以前，通识学分比例相当高，达到总学分的43.1%，但也因松散废弛和教学不力等因素，到1970年代后半期迅速降低到33.5%，跌幅接近10%，颇为惊人，反映出学生的不满和抗议。到1980年代检讨反省之后，1988年恢复到37.9%，爬升4.4%；到90年代又再升2%，达到39.9%。以上是就全美大学和学院而言的，如仅就大学而论，笔者1994年的调查中也高达35%，占全部毕业总学分的三分之一以上。

依前述美国社会影响和学理发展的论据,20世纪末的四五年,通识总学分应不致有太大的变化,总体而言,维持在35%左右最有可能,当然美国各校学理不一,左右相差颇大,0或100%的少数案例可能继续存在,表现美国的多元性和奇特性。

在课程类别方面,通识课程的三大形态——共同核心、分类必修、自由任选——代表一种连续的光谱,也反映出理想常经、精粹本质、进步实用三大学理的课程设计。

依据卡耐基基金会"1976年大学院校概况研究"和"1975-1976卡耐基调查"得知,1976年全美大学实施分类必修者最多,占85%;次为共同核心,占10%;最少为自由选修2%,其余3%为其他,但就教师的支持赞成情形而言,则47%赞成支持共同核心,46%赞成支持分类必修,只有6%赞成支持自由任选。

本书第五章显示,很多大学是先从共同核心移向自由任选,然后再回到中间。如莱文研究的8所原先颇负盛名的共同核心课程大学,在1975年学生运动时期,其中7所大学改为分类必修,1所改为自由任选;而这7所大学改为分类必修当中,也都是由指定的分类必修,朝向少量的指定分类必修(Levine, 1970, p.14)。布莱克本的研究报告亦指出,在1967-1974年间,270所大学院校的通识课程,可以分为两个阶段的改变或移动态势,即先从指定的科目移向分类必修,然后再从分类必修移向自由任选,这些情形是1970年代的态势(Blackburn, 1976, p.37)。

但1980年代中期之后,除了前述的社会影响和学理发展两项因素之外,即依1976年教师的赞同支持意见,以及近年回归望治的期盼而言，课程趋中，走分类必修将仍然会占多数。即使共同核心也将分为共同科目和核心课程两大类，前者如圣约翰学院所代表的人人修相同所有科目，后者以哈佛为代表的课程中"类别领域"必须都相同，但各"类别领域"中的科目，则由学生任选。至于"自由选修"除了少数学校如布朗、伯克利这种自由派的大本营之外，大概不会有很多学校再盲目跟进了。

1960—1970年代，各大学一窝蜂地自由而盲目地向伯克利、布朗跟进，是由学生主导的（当然，进步实用主义者从旁暗喜而暗助），这批学生后来都已成为50岁上下的中年人，不再年轻胡闹，不再盲目跟进，但也不想要当时的年轻人非学习他们不可，既不想做当年激进的前卫，也不固守祖父时代的理想，务实成为主流，雅痞代替了嬉皮，只想管好自己，不想做示范，没有"以天下为己任"的雄心壮志或者说不切实际的幻想。因此，当1986年理想常经主义的前教育部长贝内特在哈佛350周年的庆祝会中，批评哈佛的核心课程欠缺西方的传统价值，不能作为美国的典范时，哈佛校长博克不以为然，认为"哈佛大学的所作所为是针对自身的需要，既不是为其他学校做模范，也不是为全国设计蓝图"（毛奕龄、金传春，1991，p.71）。罗索夫斯基1990年也对其所规划的哈佛核心课程提出辩解，"由于美国高等教育的多样性，要讨论或订出各校通识教育的共同必修是很困难的。……我不认为有一个唯一完美的通识课程能适合全美国的大学生，而且即使我们认为有这样一种完美的标准，也不太可能适合各式各样学生的才能和习性"（Rosovsky, 1990, pp.113—114）。推进核心课程改革的斯坦福大学校长卡斯伯1994年10月也说其改革报告

"仅供本校内部参考,无意作他校或全国各校的蓝图"。上述几个例证足以显示,务实及发展各校自己的特色已成趋势,因美国具有示范作用的著名大学都刻意不想做全国的表率,各校得以自由发展,各具特色。然而,从反面的角度来看,这也表示这些"旗舰式"著名大学的核心课程改革,依然影响深远,如果不深受各方关切寄望和有意模仿学习,何必如此大费周折地言明"此地无银三百两"?也足见这种精粹本质主义的核心课程将逐渐成为通识课程的未来趋势或主流。

美国许多大学21世纪以来的通识课程改革朝向"主题式"（Theme-based）课程,以主题或某些议题为轴心,运用科际整合,打破传统以各门"学科式"（Disciplined）形态。依据2014年1月27日美国《高等教育内情》上弗莱厄蒂（Colleen Flaherty）的《主题上的变奏》一文,2014年在美国学院和大学协会（AAC & U）的年会中,调查学院和大学的行政主管（如校长、副校长等）对通识教育的"主题式课程"是否赞同时,绝大部分表达同意或持正面积极的看法。然而,不少实际负责安排或任教通识科目之教授却并不普遍赞同,其中加州州立大学溪口校区（CSU, Chico）的本科教育主任（在美国通常实际负责通识课程之安排）威廉·洛克（William Locker）却在小组会议中毫不留情又不失幽默地指出,经过将近两年的实施主题式课程和教学,可以用狂热、混乱、理想破灭以及对无辜者惩罚来形容。

负责加州州立大学系统"赋予学生罗盘计划"（Project for Give Students a Compass）的德布拉·大卫（Debra David）主任,在AAC & U这次年会的小组报告中,认为"主题式"的课程和教学,对学生的经验富有较大意义,而且效果比较能维持长久。然而,学校行政主管和任课教师现在却必须经常思考:"我们到底要确定哪些主题?要确定多少个主题?每个主题关联哪些学科?每个主题宜由哪些教师授课?"要回答这些问题,参加这次AAC & U年会小组的亚特兰大学文理学院院长柯克西(Kirksey)说,该校花了将近三年的时间讨论和规划其"主题式课程和教学",却一直尚未有明确和普遍认同的答案。

从上述三校的报告可知,"主题式"课程和教学,在理念上以及学校高层领道的意识中,都相当同意或赞赏,然而,一旦落实到要如何确切规划,尤其是如何具体教学时,便显得意见纷杂,莫衷一是。

1995年成立的美国新设学院和大学联盟(NAC & U),旗下有四十多所学校,其联盟主旨在于"努力将博雅教育、专业准备和公民职责作有意义和目标的统整",因而在2018年11月报道联盟中许多学校正进行"为今日学生迎向明日世界的核心课程更新",摘述如下。

(一)瓦格纳学院(Wagner College,位于纽约市),与汉姆莱大学(Hamline University,位于明尼苏达州圣保罗市)都删除了以往的基础科目如写作、数学、历史、英语文学、科技等各类介绍性、概论性科目,改为要求学生修习"创造、批判思考与分析、科技知能/资讯知能、书写沟通、口语沟通以及数量推理"等综合性、学科整合性的新形态科目,注重能力展现而非学科知识。

(二)将通识教学与学校宗旨、使命紧密结合,如瓦尔帕雷索大学(Valparaiso University,位于印第安纳州瓦尔帕雷索市)

要求在通识课程中，必须包含"四项学校标志性的科目"：两门写作、一门社会认同、一门"社会正义的实验学习"。其他如中北学院（North Central College）、圣爱德华大学（St. Edward's University）、德鲁里大学（Drury University）等十多所大学院校，均有类似通识科目和学分要求。

（三）强调学校地区特色的通识科目和教学，特别是学校位置在非都会区，或人们不甚熟悉地区的大学院校，增设如畜牧、渔猎、滑雪、极地探险、高地天文探测等通识科目，从该地区的特色探究通识意义，或从通识的意涵探究该地区的生活形态，将地区的特殊性和通识的博雅性相互对照和印证。

面对21世纪，美国加州州立大学（California State University, CSU）系统所属的23所大学，鉴于当前的通识教育，特别着眼于未来2025年起各大学通识教育之改进和加强，于2017年组成通识教育专案小组，成员包含加州大学系统之学术评议会主席、评议员、各校代表等20人，经过两年之研究讨论和决议，在2019年发表《通识教育专案小组报告——对通识教育检讨和改革之建议》，兹将其重要建议摘要叙述如下：

（一）改革必须给各校教授充分的参与权和自治权以利定方案。

（二）拟将加州州立大学（CSU）23校之通识教育学分由现行的48学分降低为42学分，并将CSU各校现行的通识课程架构建议于2025年更改为：（1）基本技能，包含书面沟通、口语沟通、批判思考、数量推理各3学分，共12学分；（2）各学科的了解，包含艺术、人文、生命科学、物理科学、社会科学五学科各3学分，共15学分;(3)跨领域价值,包含多元性与社会正义、美国的民主、全球意识与公民参与各3学分,共9学分;(4)统整经验,包含服务学习、问题中心学习、协同研究、社区学习等项目,共6学分。

然而,加州州立大学专案小组此项改革建议的报告2019年2月发表后立刻引起多方争论,支持者固有,但反对者更多更强烈,例如位于旧金山的加州州立大学溪口校区的学术评议会,于2019年3月发布"拒绝专案小组报告之决议",其主要理由如下:(1)专案小组的报告并未确切指明现有的通识课程架构到底有何重大缺失;(2)担任通识课程的教师绝大多数都勤勉于教学,科目内容也相当切题和中肯,此项改革无理地增加教师的教学负担;(3)专案小组所拟的课程架构并无明显确切的学理依据,也无实证的调查数据,仅凭自我信念或臆测;(4)小组成员是如何组成的,会议情况是如何进行的,都欠缺透明度,难以得到教师们的支持或信赖。

此外,加州州立大学其他校区也纷纷表示反对此项专案小组的报告,特别是历史学科的教授,认为现行通识课程6学分的"美国历史和政府"将被减半为3学分,或将用3学分的"人类学"取代之,是轻忽了历史在通识教育中的重要性,更是严重侵犯历史学科教授的学术地位。圣地亚哥校区历史教授,同时也是历史学会会长的安德鲁·威斯(Andrew Wiese)认为"美国历史和政府"和"美国民主"课程,不但是加州州立大学系统自1960年创立时起就列为文献记录,更是"二战"时期强调要加强成为大学通识必修的课程。他直指此项专案报告之建议忽略了历史文献,违反了法律程序，侵犯了学术自由。

由于支持和反对的意见强烈不同，引发加州甚至全美学界和政界的广泛关注，终于在 2019 年 5 月间在加州州议会中决定暂时撤回提案，以寻求培养共识，预计在未来四五年再研议。

从上述加州州立大学专案小组之报告可以看出，现行的课程架构和科目内容，明显是学科本位，强调各类学科的基本内涵，是倾向理想常经主义的教育哲学。然而专案小组的课程架构和科目内容，明显是生活本位，强调各类学科之间的融合统整，是倾向进步实用主义的教育哲学。以历史为例，现行方案注重历史学科内涵的体系性和完整性，因而有 6 学分的历史课；而建议方案注重的是在各类学科历史的发展脉络，亦即将历史课分散在各类科目当中，以寻求融合统整，因而在建议方案中，历史课程减半成为 3 学分，而且这 3 学分的历史类课程，还可以采用"人类学"科目抵充，因而引起历史学科教授的反对。

详察双方的争论，除了涉及通识课程的架构和科目内容之外，还涉及该小组成员的合理性、学科代表性、学术权威性以及会议讨论的透明性等问题，这些均属于程序而非实质的议题，在议案讨论中是优先的，反对者以程序正义发难，有其法理基础或依据，显示反对者以此作为利器或把柄，予以强力反击。该专案小组亦未能确切说明，因而州议会只能暂时撤回而搁置，有待未来四五年再研议，足以看出一项改革建议，在美国特别是加州这种多元社会，常引起理想常经主义和进步实用主义两大思潮之间的抗衡。未来将会如何发展与定案，值得继续观察与关切。

四　教学趋势

教学的实际科目内容,是实践课程目标的具体材料。20世纪末期的动态,由加夫1991年的调查报告和各校1993-1994年的课程目录教学科目内容说明,可以得知下列科目、内容、方法,将日趋普遍而重要。

1. 基本学术能力的加强。英文写作、口语表达、逻辑思考、批判能力、数学统计、自然科学等六项成为各大学的"基本必修"或称"基础能力"。1980年代中期以来,美国"回归基本"的呼声已在90年代科目内涵中具体呈现,而进入21世纪,此项基本要求将继续成为人们的共识。英文写作和口语表达系表达能力,逻辑思考和批判能力属推理能力,数学统计和自然科学为应用能力,"思考、应用、表达"将成为通识课程基本的"小三门"。

2. 新生研习课程的重视。以往的"新生训练"或"新生始业教育",不少学校师生感到不够全面和深入,愈来愈多的大学在大一时开授一学期(季)的新生研习课程,让大一学生对全校有充分了解,对整个学校先来一下通识,授课人员自校长以至各单位主管或专职资深通识教师都有,一般反应均佳,终将成为各校参考模仿。

3. 西方文化价值的传授。在理想常经主义和精粹本质主义的人士心目中,传统西方文化具有根稳本固而后枝发叶长的重要性,即使大学生再怎么不重视,以及进步实用主义者再怎么轻忽,都会在科目表中排出,否则依当前政治、经济、社会、文化态势和未来动向,哈钦斯和阿德勒这些"国粹派"的信徒,绝不会轻易罢休。

4. 多元文化科目的增设。大学成为大众化教育之后,大学生异质性自然增大,各族裔势力在美国兴起,要求平等,不接受歧视或白人沙文主义的传统观点,师生都会不断地从自我历史文化中寻根,开授非洲、亚洲、大洋洲的本土语言、历史、文化等科目,民主党人士会强烈支持。

5. 人类全球一家的探讨。世界愈来愈小,地球村的概念和事实都已经呈现,"全球研究"这种科目已经出现在各大学的课程目录中。理想常经主义者是希望探讨全体人类是否有共同普遍的真理价值,有这种倾向的教师会强调人类的心理认同;进步实用主义人士想要证明各地人类生活的方式不一,解决问题的办法各殊,左右两派都支持;中间的精粹本质主义者,相信不会反对。

6. 各类知识科际的整合。除了传统的各学科本身内容的讲授之外,科际整合的科目将不断出现,如妇女研究、环境保护、东亚文明、后现代社会、后人类文化等新科目,都日新月异地排在科目表上,以求知识的整合,或者是满足奇幻的想象。

7. 各类教学方法的运用。传统的讲述、媒体运用、分组讨论等教学方法继续存在之外,协同教学、个别教学、独立研习、远距教学、网路非同步教学等不断发展。

8. 学习成果标准的提高。除了通识科目或学分数目不会降低之外,对学生的学习会加强要求。虽然大学入学是从严还是从宽争论不休,但要求毕业水准提高则已达成共识,平日学生必须比以往更努力，即使通识科目也会提高作业分量，提高课后要求，贯彻大学容易进来但难保一定毕业的政策。

9. 对教师在职进修的重视。通识科目内容不断增广和加深，教学方法不断翻新和改变，学生的反应和评价日渐有用，教师不论是在主动的心理还是被动的情势中，都得参加各式各样的在职进修。何况，在职进修除对教学有助益之外，对研究、人际公关的服务均有作用。

10. 对通识教育评估的研究。教师是最直接的教学人员，对学校通识教育的整体课程设计，各科目内容是否适宜，教学方法的运用是否有效，学生学习成果如何评估得精确，对学校行政支援有何建议、意见等，通识科目任课教师最有切身感受和实际经验。许多大学的教师进行研究，探讨方案，并向校内外取得经费补助和资源支持，改变通识教师以往被视为只会以教学为主而很少研究的成见。此种趋势，在各方支持、赞助中，将会继续发展。

2015年11月，美国学院和大学协会在其"校园典范和个案研究"（Campus Models & Case studies）的报道中，以《超越菜单：威廉与玛丽学院教授们领导通识教育之革新》为题，报道威廉与玛丽学院的通识教师，感于通识科目之教学必须革新改进，发起由通识授课教师自行以3-9人为一组的小组，协同执教某一课程领域自大一至大四的教学内容，修课学生必须充分参与并提出报告。如此可避免许多通识科目内容近似、程度类如高中、学习或研究方法单一等通病，获知该学科之意义价值以及在人类文明中的角色地位。除了学生的习得收获之外，该校许多教师纷纷表示，经由这种教学的改进，教师本身由于合作才真正"通识"

起来，真正体悟到"教学相长"，真正感受到大学是"一群学者的园地"。

上述威廉与玛丽学院的教学革新措施，相当范围和程度上影响美国其他大学院校，例如2018年《高等教育内情》报道弗莱厄蒂所撰之《学院如何将陈腐的通识分类必修予以不再陈腐之分享》一文，摘要叙述如下：

1. 位于马里兰州巴尔的摩近郊的古彻学院，任教通识课程的教授团2017年自发地发展出"古彻共同学习"（Goucher Commons）方案，学生没有传统的固定分类必修，让学生自大一至大四时，每年均修读一门研习课，经由科际整合的视角探看处理当前真实世界的问题。与此同时，学生必须选读至少三个"轴心配对的探究式科目"，例如，（1）"疾病与歧视"，探讨病理学与心理学、社会学、政治学的配合；（2）"莎士比亚与纷争"，探讨莎士比亚戏剧中各式各类在伦理学、心理学、文学、美学等之冲突或纷争；（3）"自1968年起在巴尔的摩的生活"，探讨自1968年以来影响该地的历史、文化、气候、地理、政治、经济等变迁和问题。经由这三个"轴心配对的探究式科目"，学生可以自由再选读其他通识科目。上述这些科目之教学，教师之间必须通力协同合作教学。

2. 位于威斯康星州中东部的里彭学院（Ripon College，在麦迪逊威斯康星大学附近），亦由该校担任通识科目之教师策划成立"催化剂课程"（Catalyst Curriculum），于2016年试行，让大一、大二学生每学期先修读一门研习课，共四门。大一之教学内容着重在英文写作、信息能力、小组讨论能力、搜集文献能力等，大二着重于数量推理能力、口语沟通表达能力、批判思考能力等，大三时再修读一门"应用性革新研习课"，着重在各种文化和各种学科之间的重要知识和整合能力。这种大一至大三共五门的"催化剂课程"，目的在强化学生通识教育的基本功和统整力，以便其后修读其他通识科目时有坚实的基础和广博的视野。为达此目的，教授之间必须对彼此原先任教科目的内容和方法有充分的了解，以求得整合与合作，以改变学生原先对通识科目僵化和隔阂的印象，激发、催化通识教育的功能。在该文作者的访谈中，威廉与玛丽学院、古彻学院、里彭学院都提及改变教师固有的教学方法是很难的，但是，经过二至三年的不断实验和调整，如今大多数教师不但习惯与其他教师合作授课，而且认为经由教师们自己的整合，学生耳濡目染，在通识科目的学习当中，自然地也朝向"融合统整"（Flaherty, 2018）。

五 学生心态

美国"大学入学考试委员会"（CEEB）1975年和1984年对美国高三学生准备上大学就读哪一科系的调查显示，1975-1984年十年之间，经比较可以发现明显地趋向职业、科技、工作、实用的导向。例如，就读人数大量降低的科系依次为历史（-61.2%）、生命科学（-58.1%）、哲学与宗教（-53.7%）、数学（-50.4%）、教育（-45.3%）、外国语文（-38.2%）、物理（-34.4%）、英语及文学（-29.7%），这些人文学科和数理、生命基础科学，就读人数都大量地减少。相反，大量增加就读人数的科系,都集中在电脑(+555.5%)、工程(+93.7%)、商业金融(+79.6%)、传播(+48.2%)等科系(Westbury and Purves, 1988, p.215)。

但这种一窝蜂趋向职业、工作、实用、科技的情形,到1980年代中期达至最高峰后,便逐渐下降。到90年代初期,人文艺术等科系恢复上升,而工程技艺等科系下降,整个情势几乎反过来。依据美国《高等教育纪事报》1994年的"年鉴大事"记载,根据美国大学生在1986-1987年和1991-1992年两个学年度不同科系学士学位的人数变化比例,明显看出人文、社会科学人数大量增加,依次为"公园、休闲、娱乐"类(+98%)、"法律和法学"类(+82%)、"艺术、文化、伦理"类(+56%)、"英语和文学"类(+51%)、"心理学"(+48%)、"多元文化"类(+48%)等,工程、应用、技艺类则明显下降,依次为"传播科技"(-48%)、"电脑与信息科学"(-38%)、"工程与科技"类(-34%)、"图书馆应用"(-29%)、"商贸金融"(-17%)等(Almanac Issue, Sep.1.1994, p.31)。

展望21世纪,《美国高等教育纪事报》1994年的"年鉴大事"发表其对全美427所高等院校22万余大一新生的调查报告,在其"大一学生的态度倾向和行为特征"的统计结果如下:

1. 大一学生上大学的主要理由依次为:①"未来能够获得较好的工作"(82.1%);②"学习更多我有兴趣的东西"(75.2%);③"未来能够赚更多钱"(75.1%);④"获得通识教育和理念的认知鉴赏"(65.3%);⑤"为了准备读研究所或高深专业学院"(61.1%);⑥"改进阅读和学习能力"(42.6%);⑦"希望成为较

有文化的人"（42.6%）；⑧"爸妈要我来的"（34.6%）。其他理由比例均不高，如：⑨"可以逃离家庭约束"（17.8%）；⑩"找不到工作，只好来"（9.3%）；⑪"没其他可混的"（3.2%）。

2. 大一学生选择学校时考虑的主要因素依次为：①"良好的学术声望"（51.6%）；②"该校毕业生都有好工作"（43.4%）；③"学校的规模大小"（37.7%）；④"学费低廉"（32.0%）；⑤"能否提供经费补助"（31.6%）；⑥"该校在社交活动场合有好名声"（25.6%）。至于较不受影响的因素（亦即比例得分较低者），依次为"体育运动或球类比赛杰出，被该校征召"（5.8%）；"该校为教会学校"（5.2%）；"高中老师的辅导劝告"（4.8%）；"没有其他学校可选了，非来此不可"（2.9%）。

3. 过去一年当中，美国大一学生做些什么活动，最多的依次为：①"与同学一起读书"（85.1%）；②"参加教会的活动"（82.2%）；③"整晚熬夜"（80.6%，但未知其系为功课熬夜苦读，抑或通宵玩乐，统计中未说明）；④"担任义工"（67.7%）；⑤"无法按时交作业"（65.6%）；⑥"喝烈酒"（54.7%）；⑦"仅喝啤酒而已"（54.4%）；⑧"上课迟到或逃课"（54.4%）；⑨"玩乐器"（37.4%）；⑩"上课时无聊或昏睡"（32.4%）。

4. 大一新生预估自己未来三至五年内最希望或可能的事依次为：①"取得学士学位"（67.7%）；②"在大学生活得愉快"（48.0%）；③"至少得到B的学业成绩"（46.5%）；④"找到工作付学费"（39.4%）；⑤"参加校园的社团或兄弟姊妹会"（16.2%）。

5. 大一新生对校园外的社会情势，赞同、支持的项目依次为：①"一个男人曾和某一女人上过床，不能就表示他们一定相爱"（89.3%）；②"联邦政府对环保做得还不够"（84.4%）；③"联邦政府应该对枪支管制再努力"（81.8%）；④"雇主应该可以要求其员工做药物反应的检查"（79.6%）；⑤"全民健康医疗方案应该包含每一个人的医药费用"（76.8%）；⑥"联邦政府要对能源的消耗做更大的管制"（74.7%）；⑦"有钱人应该比现在缴更多的税"（71.9%）；⑧"联邦政府目前对消费者的保护，以及缉查不良货品和服务，做得还不够"（71.9%）；⑨"法院对罪犯的权利考虑得太多"（67.7%）；⑩"核军备的裁减是必要而且可以做到的"（64.3%）。

6. 大一新生对于比较长远的未来，哪些是他们重要的目标，依次为：①"金钱财物上非常富有"（74.5%）；②"结婚和养家"（70.6%）；③"在自己的工作领域中具有权威"（67.5%）；④"帮助有困难的人"（63.6%）；⑤"得到同事的认同支持和友好关系"（54.3%）；⑥"发展有意义的生活哲学"（44.6%）；⑦"在自己经营的事业上成功发达"（42.6%）；⑧"协助促进种族之间的了解"（41.5%）；⑨"对别人的工作，担负行政的职责"（40.9%）；⑩"对政治事务能随时关切而不落伍"（37.6%）。

2005年秋，美国学院和大学协会（AAC & U）的旗舰期刊《博雅教育》登载汉弗莱（Humphrey）和达文波特（Davenport）合撰的《大学真实情形是什么：大学生如何看待和评价博雅教育？》一文，述说AAC & U自2000年以来，提倡"博雅教育和美国的承诺"，备受大学的重视，因其两大立论前提为：（1）工商政界、专业界以及学术界都具共识，认为优良品质的本科生博雅教育是国家的重要基石,是美国大学教育的特色和承诺;(2)据此共识,所有美国大学本科生,无论其就读之校院和科系,均应在博雅教育的理念宣道和具体实施方面予以强调和重视。以这前提为基础,AAC & U 于 2003 年秋至 2004 年夏成立调查委员会,针对全美东南西北不同地区大学的大三、大四学生进行抽样的质性访谈,于 2005 年秋发表结果,略述如下:

(一)社会各界普遍认同博雅教育的重要性,学生却普遍不了解,甚或认为无关紧要。

(二)就博雅教育或通识教育而言,学生的观点如下:

1. 最重要的学习成果应为:

(1)成熟的意识和如何获得成功;

(2)时间管理的技巧;

(3)良好的工作习惯;

(4)自制自律;

(5)团队合作的技能;

2. 中层的学习成果应为:

(6)弹性的事业技能和自己工作领域中的专门知识与能力;

(7)独立和批判性的推理思考能力;

(8)良好的书面和口语表达能力;

(9)增进分析问题和解决问题的能力;

(10)在事业上展现才能;

(11)领导技能;

3. 最低价值的学习成果应为:

(12)价值、原则和伦理的意识;

（13）容忍和尊重他人的背景、种族、国籍和生活形态；

（14）对电脑应用的技能；

（15）扩展文化和全球的认知与了解；

（16）理解自己的公民角色和公共服务职责。

从上述学生的观点和在大学中经由博雅教育或通识教育的习得成果得知，社会各界（或可谓成年人世界）认为最重要的，如价值、原则、伦理意识、世界文化、全球意识等，却是学生认为最无价值的。他们认为这些在高中时就已经习知，无须到大学时再来浪费时间。

（三）调查访谈发现，近年大学提倡而流行的"服务学习"，多数学生却认为分散或转移了他们学习的主要方面，因而不是学生上大学的主要理由。

（四）许多人士认为大学博雅教育或通识教育应重视：

1. 增进美国之外的文化和社会知识；

2. 增进美国历史和政府的知识；

3. 增进数理科学的知识。

这些方面，却是多数美国大学生最不喜欢或认为与上大学最无关紧要的知识，或者认为这些知识在高中时已经学过而知道了。

（五）多数的大学生不了解博雅教育或通识教育的精义，多认为它是美国"文理学院"的事，而非"大学"的事。

综上可知，美国大学生在此项面对面的直接个人访谈调查中，多数认为上大学最重要、最直接的是就业，对于主修科系之外的博雅或通识教育，并无太多心思和时间去学习。学生的心态、学习状态与成年人社会，特别是 AAC＆U 近年大力提倡的内涵与旨意,落差很大。

2015年美国《通识教育期刊》刊登克拉丽沙·汤普森（Clarissa A. Thompson）等人的《一所大型公立大学学生对通识教育必修课的认知》一文,指出美国大学重视通识教育,但是很少去研究大学生对通识教育的认识和感觉到底如何,他们因而以俄克拉何马大学为研究对象,该校综合排名在全美大学列130名上下,系中上程度之公立大学,学生约3万人,通识教育40学分占毕业120总学分的1/3。该研究是在2013年秋季学期,对修读心理学概论作为通识课程的约1100名学生进行线上问卷调查,有效回答问卷者925人（约84%）,75%为大一和大二学生,94%出生于美国,70%为白人,很能代表美国绝大多数的一般大学。研究结果如下：

（1）只有不足四分之一（24.7%）的学生正确回答出该校通识教育学分为40。约三分之一（33.8%）未填答,而多数学生（41.5%）的答案是错的。

（2）只有不足四分之一（23.4%）的学生正确回答出该校通识课程包含五项核心领域,约四分之一强（26.3%）回答为四项,而约三分之一（33.2%）未填答。

（3）有关该校通识教育的四项陈述句,是非题（如：本校所有学生必须修读相同的通识科目）当中,能四题全答对者占46.4%,能三题答对者占40.2%,其余13.4%为答对二至一题或未回答。

（4）认为"通识课的教师会告知通识科目与学生主修科系或未来生涯相关",同意（44.7%）和非常同意（5.1%）合计占

49.8%，接近一半。

（5）认为"通识科目的主要目的在于协助学生成为更健全的人和负责的公民"，同意者26%，中立者29%，不同意者32%，未回答者13%。

（6）认为"如果通识课程不是本校规定必修，则可能就不会读这些通识科目"，学生非常同意者13.2%，同意者36.8%，两者合计占50%，显示半数大学生修读通识科目，主因在于学生规定必修，而非自愿。

（7）认为"我宁愿多读些自己主修科系的科目来代替相同数目的通识科目"，学生非常同意者21.7%，同意者49.9%，两者合计占71.6%，超过三分之二，显示很大一部分学生宁愿多修主修科目以取代通识科目。

（8）认为"通识科目比我的主修科目轻松容易"，学生非常同意者6.8%，同意者32.4%，两者合计占39.2%，中立看法者占41%。

（9）认为"本校至少有一位行政人员或课堂教师曾向我清晰解说通识科目必修之原因"，学生非常同意者5.2%，同意者28.9%，两者合计占34.1%，此题也正好符合前述约有三分之二的该校学生不甚明了学校的通识教育或课程。

（10）有30.6%的学生计划选读他校的通识科目，作为本校的通识学分。

综合上述几项研究成果可以看出，美国大学生面对未来是相当务实的，基本上是以个人主义的实用立场为出发点，坦率真诚，自己的学习和未来的工作第一，金钱财富为先，但是也并非没有理想和助人的道德，"兼济天下"的抱负也许不强，但"己立而后立人，己达而后达人"的热诚是有的，而且不好高骛远，切近而平实。至于长远的未来，"谁晓得？依情况再看吧！"在笔者访问的美国大学生中，绝大多数是这么表示的。这种以进步实用主义为出发点，但却不会没有理想的人生，最好以精粹本质主义的观点为之解说和引导。

六　行政前景

1991年，加夫在对全美325所大学院校教务主管的调查报告中提出，学校行政主管、通识教师、学生三者对学校通识教育态度的改变有令人欣喜的趋势（表8.1）。

表8.1　美国大学院校对通识教育态度的改变

人群	较不正面肯定	变化不大	较正面肯定
教师	5%	33%	62%
学生	7%	53%	40%
行政主管	5%	25%	70%

（资料来源：Gaff, 1991, p.82）

表8.1显示，对通识教育有更积极正面的肯定（More Favorable）态度方面，以行政主管最多（70%），次为通识教师（62%），学生较少（40%）；态度没有太大改变的以学生最多（53%），次为通识教师（33%），而行政主管最少（25%）；较不积极正面的肯定（Less Favorable）的都很少，分别为学生7%，通识教师5%，行政主管5%。由此可知，行政主管最对通识教育持正面积极的态度。

进一步深入分析，如果就学校通识教育改革规模的大小、所影响师生的态度而论，可由表 8.2 显示。

表 8.2　通识教育改革规模大小对师生态度的影响

	小规模	大规模
行政主管	42%	89%
教师	29%	85%
学生	26%	49%

（资料来源：Gaff, 1991, p.95）

由表 8.2 得知，通识教育有大规模改革的学校，对通识教育的积极正面肯定态度，无论师生均比小规模改变的学校好得多，高达两三倍，这显示出行政主管在大规模的通识改革中能有所认同，肯予支持。这种情形较之 1970 年代要好得很多。

笔者于 1994 年 5 月的问卷调查也显示（详第七章），各校在实施通识教育的最大助力方面，首先来自行政主管的支持，其次为通识教师本身的努力，再次为学生选读的兴趣，证实加夫 1991 年调查时的情形依然存在，而且顺序也相同。

在美国《高等教育纪事报》1994 年的"年鉴大事"中，据全国各州的普查结果发现，在"九项影响未来高等教育的论争事项"中，有两项与大学通识教育密切相关：一项为要求提高担任英语教师和助教的资格能力，方得发给证书；另一项为对学生通识教育的成效结果，要求大学做评估测量。这两项年度争论和要求的大事，反映出美国公民大众对大学通识教学和行政的批评与期盼，相信会造成一种压力，使其在未来有所改革和回应，行政主管的行政工作和资源分配等，必须予以加强。

美国大学通识教育的行政除了各校的行政组织之外,非常重要的全国性组织是"美国学院和大学协会"(AAC & U),该协会对全美通识教育的行政前景,每隔3年至5年进行普查、提出报告和建议。

尤值一提的是,该协会非常重视美国大学通识教育的未来发展和前瞻警示,例如在旧金山召开的2019年年会,以"创造21世纪的通识教育"为主题,郑重宣示其前瞻规划:"有一个明显和必要的改革正在大学通识教育中发生。"大学的行政主管、教授、课程专家等,正在大力研究探讨大学博雅教育的改革,改革的基础就是基于认知21世纪的通识教育。

(1)必须是一个中心轴的机制,来统整知识和发展高层次的学习能力,而不是一组一组互不相关联的概论介绍性的科目;

(2)必须与学生的主修、学生事务处的业务和学生终生学习的目标密切联结;

(3)为培养学生对当前和未来公民参与的公正公平奠定基础;

(4)促使学生坚毅和完整;

(5)提供学生珍贵、健全和永恒的专业生涯。

大会强调在21世纪的当下和未来,鉴于美国的社会、经济、人口(含种族和年龄等)以及世界局势的快速变化,通识教育必须培养学生:

(1)创造意义和知觉以面对各种各类的诽谤或中伤;

(2)运用批判的思考、反省和审慎的判断以面对突发性、仓促性的决策、猜忌和分化;

(3)珍视不同和多元的观点作为昌盛民主的基石。

在本次年会中，将具体的研议讨论面对21世纪：

（1）怎样组建通识教育，使学生获得跨学科的统整知识和能力？

（2）怎样让疏离的处室部门相互合作？

（3）怎样提升通识教师的职责和地位？

（4）怎样进行通识教师的教学评估？

（5）怎样确认21世纪通识教育的重点？

AAC & U虽然是民间组织，却是一个强有力的机构，在美国大学通识教育的行政领导上颇具影响力。

美国大学的通识教育除了各校的行政运作之外，有不少全国性的各校联合协会、研究机构、学会报章等民间组织，对各校的通识教育颇具影响和作用，举其重要者如下。

（1）美国学院和大学协会（AAC & U）

AAC & U 1915年成立，当时即明言其主旨之一为"将通识教育和包容性的卓越，作为美国高等教育目标和教育实践的基础"，注重大学本科教育，推动改进通识教育，成员包含美国公私立的学院和大学约1500所，几乎全美主要大学和学院均在其中，以"博雅教育之声音和力量"自许。协会总部在美国首都华盛顿，领导全美大学之通识教育，出版许多刊物。

每年定期召开年会，如2020年2月之年会，以"在纷乱年代中的沉思和制订意义"（Reflection and Meaning: Making in Turbulent Times）为大会主题，探讨2020年通识教育之理念、课程、教学、行政和评估等。此外，协会之下设有许多分支机构，其中"通识教育与评估学会"与通识教育最密切，影响颇大。

（2）通识教育与评估学会（IGEA）

IGEA 是 ACC & U 的一个重要机构，本着五项原则提供各大学通识教育在课程、教学和行政等方面之改进和进行评估：（1）精熟性；（2）投注力和自我规划；（3）统整性的学习和问题导向的探讨；（4）公平性；（5）意向积极性、透明性和自我评估。此五项评估和改进之参考建议，每年由 AAC & U 会员大学轮流主办并提出报告，对全美各大学之通识教育颇具影响。

（3）美国大学董事会和校友协会（ACTA）

ACTA 成立于 1995 年，总部在美国首都华盛顿，主旨在监督和报道美国公私立大学、学院的教育品质，其中特别关切其博雅教育或通识教育。自 2009 年起，每年以大学院校是否将作文、文学、外语、数学、科学、经济学、美国史或政府这七门核心科目开设为必修，以及授课内容等情形，作为指标项目，检视美国 1100 多所公私立大学，并将结果以"他们会学到什么？"为题提出报告，颇受重视，深具影响力。

（4）大学实况（College Factual）

CF 成立于 2012 年，总部在纽约州特洛伊（Troy），为线上指导学生报考大学之公司，对全美各大学的通识教育特别关注而予以介绍。近年每 3 年至 5 年提供《全美最佳通识教育校院》排名报告，是以颁授有"通识教育学士学位"之大学院校作为评比、排名；此外，也提供《全美最佳博雅学系》排名报告，以设置有"博雅学系"之大学院校进行评比、排名。以上两项评比，均先对全美 1800 多所大学的总体排名前 10%（约 180 所）当中，再进行"通识教育学士学位"和"博雅学系"之评比，提供考生和家长升学选校选系之参考，有其功能和影响。

（5）通识博雅教育研究协会（AGLS）

AGLS成立于1960年，总部在印第安纳州中部的哥伦布市（Columbus），是集合学者和实际从事大学通识教育或博雅教育的教授、行政主管而成立的社群机构，其主旨在提供策略性、有效性和创新性之理念和协助给关切和执行大学通识教育的人员。2020年有学校团体会员50多所，个人会员2000多人，每年除有定期的年会之外，还有每月线上午餐会一次，交换各种新近信息，贡献颇大。

（6）核心原典与科目协会（ACTC）

ACTC成立于1994年，主旨在促进美国大学通识教育研读世界经典和核心原典，强调伟大的经典巨著是"历万古而长青"的，认为当今美国大学的通识教育许多是"无目的的课程选择"以及被"职业性的、专门性的课程"所支配，因而必须正本清源，重新正确认识博雅教育或通识教育的精义和功能。

（7）通识教育期刊

1946年，美国宾夕法尼亚州立大学为探讨、研究、改进美国大学通识教育，出版《通识教育期刊》（*Journal of General Education*），每年出刊四次（季刊），至2020年，成为探究通识教育的重要刊物，贡献颇大。

本章小结

美国大学通识教育的目前动态和未来趋势，可归纳和简述如下：

1. 社会影响的趋中化

共和与民主两党分掌联邦政府的行政、立法、司法部门，白宫虽由民主党发号施令，但各州的州长却以共和党人士居多，在保守与自由两大派别或左右两股势力的制衡与监督当中，协调趋中的稳健或谓中间的温和派将逐渐成为多数。

2. 学术理论的精粹化

理想常经主义者坚持古典文雅，要求统一共同；进步实用主义者主张职业技艺，注重个别差异。在两者冲击争论之中，精粹本质主义务实而具有理想，共同当中允许差异，将成为较能接受的共识，形成坚强的中道理论，或谓第三势力。

3. 课程结构的整合化

无论是共同科目的紧密课程理论，还是自由任选的松散课程理论，都期望科目之间能做到有机的组合。只是前者由教师多费心安排规定，后者由学生自行抉择适应，其过程方式或选择自由度不同而已，目标则均希望达到整合或运用的效果。

4. 教学方法的革新化

配合课程的改革、学生的异质化、教学媒体的进步等情势，加上学生反应或教师评鉴的压力，教学将不断地以在职进修或研究发表的形式，改进革新教学方式。

5. 学生心态的易变化

大学生正由青年前期走向青年中期，与家庭、社会原有的伦理价值有冲突，自我意识渐趋成熟稳定中，在破坏当中想塑造新秩序或自我，在怀疑当中想要自定一些规范，其心态多变且焦躁不安。

6.行政事务的适应化

行政配合、支持通识教育的目的、课程、教学,行政事务是为教师和学生服务的。行政主管对通识教育的倡导、改革计划的支持、经费资源的支持等,均将有积极肯定的正面态度和作为。

第九章
对美国的意义和启示

在对美国大学通识教育过去的了解、近况的分析和未来的趋势进行探讨当中，心中略有心得，常有感触，想要宣达。作为一位留学美国并多次赴美的学者，笔者承受许多美国师友的教益和关切、邻居及路人的友谊，其间有请益、辩论、抱怨、申诉、吵架，也尝过各种冷暖辛酸、温馨亲切的照顾、不痛不痒的保持距离、种族主义的歧视漠然……但都感到是出于真正的表达、诚实的流露。这些使我学得了勇于真正地评论、诚实地建议。

一　文雅教育和通识教育内涵不同

文雅教育系西方古老大学的课程，即使七艺的科目中，含有算术、音乐，实际的授课和师生心目中仍是偏重文法、逻辑、修辞三艺，这在西洋古代教育史的典籍中有大量确切无疑的记载。而且，早年的大学是精英教育取向的，因而文雅教育自然结合了精英教育，文雅教育是学科内容，而精英教育是教学目的，因而文雅教育逐渐成为贵族的、昂贵的、高贵的教育的象征。

贵族王公是比较喜欢稳定、统一、永恒、普遍的，因为这样既符合他们现有的地位利益，也期望这种形势能够代代沿袭，传诸子孙万代。因此，文雅教育在王公贵族的支助下，就易于倾向坚持永恒、普遍的理想常经主义。试看理想常经主义者，通常都具有贵族的习性和气派，主张大学就应该是文雅的学科、高贵的气质。因而当美国中西部建立起一些以农工为主的大学时，他们当然要强烈地反对，最后不得已时，也常抱着嗤之以鼻的态度，讥之为"那些养牛的大学"。

但是，文雅教育的真正意图并非那么狭窄或那么贵族，七艺中几何、天文、算术、音乐四艺，本就属于数理和技艺，也含有实用的功能，而三艺的文法、逻辑、修辞也具有解决生活问题的实用价值。七艺科目，其实是兼具抽象思考和具体操作两大学习途径，或者说是理性的思维和经验的尝试两大教学理论。

而且，七艺基本涵盖了当时人文、社会、自然等各领域的知识与技能。因此在古代，文雅教育实可称为"广博"之"博雅教育"，但是自20世纪以来，这种以古典语文和人文艺术为主导的文雅教育，实难谓之"博"，而以"文雅教育"称之较为恰当，否则，如果以为文雅教育既"博"又"雅"，便规定所有大学生只要读此就可以了，那么非贵族财富子弟的一般学生，如何面对人生实际的工作和生活需要？这是我们的隐忧，也是文雅教育在今日大学教育中显示其不足的明证。

美国大学在中西部大草原上，其农、工、商学院得势之后，乘胜追击，各科要专精，要分化，学校成为庞大的组织，但大家在其中却是互不认识，甚至"鸡犬相闻，老死不相往来"，各做各的，各管各的，只知道要买机器做实验，要埋头努力研究，但很少问问实验、研究之目的何在，结果发表的东西是淑世益人还是祸害灾难。许多科技的"新贵族"在大学里产生，只是不同于"七艺"时期的旧贵族，科技新贵族是不问伦理价值的，因为科学技术是价值中立的。

科学技术虽然是价值中立的，但研究科学技术的学者和使用科学技术的广大民众，都是人，是人便不可能有所谓"价值中立"或没有价值伦理规范。更可怕的是，万一其价值观念是反社会、反人类（这种情形并非没有）的，则科学恶魔可能会不断出现，而成为我们的又一种隐忧。

通识教育便是在上述两种隐忧当中寻求解决的途径。通识教育，不但名称出现得远比文雅教育要晚很多，属"新生事物"，其内容也远比文雅教育要广得多，除了原有的古典语文、人文学科、艺术数理等文雅教育的学科之外，通识教育还包含许多工作职业、实用技艺的科目，亦即人文、社会、自然科目均有，心灵培养和生活实用兼容。正因为如此，力倡通识教育的哈佛校长艾略特才会说："本校不认为人文和科技不能兼容。"以农工为主的康奈尔大学，其创校时期的怀特校长不也说"本大学教任何人所需的任何科目"吗？

由此可知，通识教育并不排斥职业科目。难道心灵是生活，物质肉体就不是生活？如果说养牛是职业，难道语文、法律、神学就不是谋生手段吗？没有"那些养牛的大学"育种栽培、精心研究，美国人天天要吃的牛奶、乳酪、巧克力、冰淇淋，从何而来？

"通识教育"一词最初开始时的称呼与使用,虽无具体可考,但一般都认为可能就是那些文雅高贵人士,认为那种含有形而下的职业内涵的教育,不能与以高贵文雅为尚的 Liberal 相提并论,因而称之甚或有意贬之为 General(普普通通的)教育。

通识教育虽不排斥职业科目和生活实用,但也强调文化陶冶和心灵培养是均衡的、完整的,以补救 20 世纪以来专门教育的专精或偏失。提倡通识教育的人士当然不会承认"General"是表示"普普通通,无关紧要"的,而是力言其"广博开通,人人必识"的性质,这种"通识"因而是共同的、核心的、必备的。可见,General 在早期,是受到 Liberal 文雅旧贵族的轻视,在当今科技时期又受到专门、专精新贵族的忽略。

然而,也因为如此,正显示出"通识教育"一词或"通识"一词的重要和可贵。在美国早期历史上,当文雅教育瞧不起职业教育时,是通识教育支持、维护了职业教育。但是,如今当职业教育羽毛已丰,翅膀已硬,成长为专门教育时,却反过来瞧不起当年呵护它的通识教育。通识教育在大学史上扮演着这样令人尊敬又令人叹息的角色。

令人尊敬、令人叹息,并不表示通识教育已经功成名就了。在莎士比亚戏剧中,当李尔王将王国分给三个女儿之后,三个小王国的物产、地形、人民等各有特色、特长,都比较专、精,三小国都专门埋头研究发展,一时成为新王、新贵。可惜,时日一久,这三个小国都发现自己各有所缺,人文国没有社会、科技,社会国没有人文、科技,科技国没有人文、社会。这三个小国只好明争暗斗,你抢我夺,亲姊妹成为死对头,大家民不聊生,筋疲力尽。

最后，才想到那位快被人们忘记的老国王，他的国土被一一分割了，他已经没有任何属于自己的专门领土，但他从来没有忘记这三个专门小国的女儿，她们既有专长而可爱，又有缺点而可怜。虽然受尽了儿女们的嘲讽和冷落，但他还是努力在三个专门王国之间沟通，使他们达成共识，而且让三个专门王国整合起来，使其力量更大，达到共富的目标。沟通和整合便是通识的精义和价值所在。莎士比亚的《李尔王》，除寓意着通识教育的重要性之外，也显示出通识教育的意义在于统整、融合、通观，其内涵便是人文、社会、自然三大知识范畴的结合。

二 对西方价值的领悟和维护

近年来，美国大学生的个人主义和功利思想越来越占"主流"，通识课程中最核心的"西方文明或价值"这类科目，有兴趣选读的越来越少了。美国人为追求信仰和理想，早年横渡大西洋到新大陆、两次世界大战为人类自由民主而斗争的豪情壮志、理想情怀，似乎在当今年轻人的身上已经不见了踪影。他们学乖了，更加现实，不想承担世界责任，因此对所谓西方的文明价值或者美国的文化理念有所质疑和动摇，甚至轻视和否定，这是可以理解和谅解的。

美国是当今世界的超强大国，选课的时候，那些新近成为热门的"全球研究"，是否真正是美国年轻人想认真研究的科目，还是因为比较新鲜而用以取代那些老掉牙的"西方价值文明"？以全球的视野选修全球研究课当然是好的，只是我怀疑，如果没有真正认真的研究，要对其他国家、其他地区有深刻的认知，是很不容易的。相对而言，如果选读"西方价值文明"，并做相等程度的努力，他们对西方文化和价值理念就会远比对他国研究的了解深刻得多，这是美国文化的根，没有广博和深入的研读，难以发现其中的奥义和精髓，虽然日常生活中可以多方体验，但没有理性的解说和严谨的系统。

缺乏西方文明的价值，特别是基督教（广义的）的伦理规范（古希腊罗马的民主自由平等是不用担心的），终将导致今日看似超强的美国可能趋于衰落甚或崩溃。吉本（Edward Gibbon）在《罗马帝国衰亡史》中便指出，罗马人从苦干实干的民族，成为欧洲霸权之后，便因伦理道德的松弛而快速衰亡崩溃。斯宾格勒（Oswald Spengler）在《西方的没落》中亦提出此一论点。不少人已经喊出："美国人是今天的罗马人。"预言美国将在21世纪衰亡。美国人可贵的伦理规范一旦丧失，那些人的预言便会成真。

三 对世界文明的了解和尊重

很难想象，号称维护西方文明的人，会敌视或者轻视其他文化——可是，即使纽曼枢机主教都难免有这种倾向。他在谈及大学生的"心灵扩展"时，说不要受到中国文化的影响，一位在西方大学教育领域如此著名的理想常经主义者，怎么会对中国文化有如此的认识？同样是天主教的利玛窦（Matteo Ricci, 1552-1610）、艾儒略（Giulio Aleni, 1582-1649）、汤若望（Johannes von Bell, 1591-1666）等人，在16-17世纪就已经到中国传教，并进行中西文化交流，他们中的一些人回欧洲之后在天主教学术界传播中国文化，而将近两百年之后号称博学多识的纽曼，怎么会对中国文化如此欠缺了解？怎么会对"心灵的扩展"如此自我设限？

除纽曼之外，理想常经主义者的另一位重要代表哈钦斯，在其列举的经典名著中，全是西方的。纽曼还属于19世纪，哈钦斯已是20世纪中叶的人，难道除西方之外没有值得美国人读的经典名著？这种经典名著课程，一直到2019-2020学年圣约翰学院的课程目录上都一样，没有一本西方之外的名著。如果说是"西方经典名著"也许还说得过去，但是圣约翰学院的课程目录上明明是标着"经典名著书单"，不是妄自尊大，便是视野有限了。

1919年哥伦比亚大学首开"当代文明"课程作为大学生必修时，其理念亦如哈钦斯一样，是以"西方"代表"当代"，课程内容只是"西方文明"，却要硬称作"当代文明"。西方能代表整个当代？当代就只有西方？

何以坚持理想常经主义的人士或学校，会有意无意地以西方涵盖世界，以"西方"代表"当代"？也许理想常经主义者认为天下普遍同一，世界永远一样，读西方的典籍便可包含一切。在某种程度上，我是同意伟大典籍或西方文明颇具示范的典型功能，也能呼应人类共同的心声，助益人类的天下大同。但是，没有一样事物或道理是全世界都适用的。而且，如果世界上有普遍而永恒的典籍名著，为什么都落在西方几个国家呢？中国的、印度的、埃及的、阿拉伯的、南美各国的，其经典名著就没有普遍永恒而值得西方人学习的？如果是，那么什么叫做永恒普遍？

因此，理想常经主义者追求永恒普遍的宏图大志是令人佩服的，但是请千万不要陷入以自我的标准当作人人的标准的泥沼，种族优越主义、种族偏见常常在理想常经主义者不经意甚至故意的心理中滋生。

幸好美国不全是理想常经主义者，进步实用主义者的观点常会适时出现。例如，许多大学前述的"当代文明"课程，经过研究，于1950年代纷纷改称为"西方文明"课程，以符合实际。其后又发现"文明"（Civilization）一词在语意上有较"文化"（Culture）一词更高之意，也比较狭义。1960-1970年代，响应多元文化的诉求，"西方文明"又再改称为"西方文化"，以与各种文化多元共存，平等相待。近年来，斯坦福大学干脆将"西方文化"又易名为"文化、观念和价值"（Cultures, Ideas and Values），常简称为"CIV"，也许是要适应加州各色各样人种的"文化、观念和价值"吧？1994年年底，斯坦福大学这门"CIV"课程，又在检讨修订当中。但维持和取消的正反意见争论不休，为求折中调和，直到2008年，终将"CIV"这门必修课程取消，而改为"全球研究"（Global Studies）和"世界视野和伦理"（World View and Ethics）两类课程中各选修一门科目，作为替代或择中缓和。

我在前述劝勉选读"西方文明价值"方面的科目，是期望美国大学生不要"忘本"，对西方基本的伦理文化价值要深刻地探讨认知，真正地"通识"西方文明价值，是不至于排斥非西方文明，甚至是会更包容的。我在这里提醒美国人除了西方文明之外，世界上还有许多灿烂光辉的人类文明，一如西方的文明同样珍贵，颇值研习，以得到更开阔广博的智慧。

四　通识教育理论的沟通和了解

美国大学通识教育的学术理论或理念观点，学者有其不同的看法或角度，而且言人人殊，颇为分歧，笔者将之归纳为理想常经主义、进步实用主义、精粹本质主义，系一种综合性的大致分类。

笔者以此三类来分析美国学者对通识教育或整个高等教育理念的诸多争议、辩论，可以明显看出，布鲁姆、贝内特、阿德勒、赫什、切尼等人属于理想常经的右派，或称保守人士；克尔、贝利、克罗斯、施莱辛格、加姆森等人无疑是进步实用的左派，或称自由分子；而博克、罗索夫斯基、波义耳、加夫、莱文等人则系精粹本质的中间派，或称稳健学者。

大学通识教育的学术理论和整个社会的思想文化理念是息息相关的。美国从早年的米克尔约翰主张强大的中央集权"联邦党"，到理想常经主义式地要求各州一致，中央统一，寄望普遍和永恒。在此时期，认为不可中央集权，而和联邦党的汉密尔顿做过精彩有力辩论的杰斐逊，力主以州的权力为中心，中央联邦政府应该是"小政府"，扮演协调联络各州和督导倡议的前瞻角色。

等到中西部因大开发而势力兴起之后，杰克逊以"草原代言人"身份进入白宫。作为平民总统，他力倡人民平等主义（Egalitarianism），要求高等教育实现大众化，以符合广大人民要求一切平等的呼声，这种"杰克逊式"的民主，在法国大革命之后很鼓舞人心，但是也很容易导致暴民政治。有别于此，杰斐逊所主张的民主却是均等主义（Equalitarianism），其出发点是机会的均等，而不是结果的平等，中间的历程是要看个人的能力和努力奋斗的，这种"杰斐逊式"的民主，显然不同于"杰克逊式"的民主。杰斐逊心目中要建立的是"理想的民主国"（Ideal Democracy）或称"民主的共和国"（Democratic Republic），他所创立的党即称为"民主共和党"（Democratic-Republican），既有别于今天的民主党，也和现在的共和党不同。因为现在的民主党是倾向进步实用主义的，共和党是倾向理想常经主义的，而杰斐逊式的民主或杰斐逊的民主共和党便明显的是倾向精粹本质主义的。

许多学者（包括美国学者在内）常在其著作中，将杰斐逊和杰克逊做对比，认为两者相反，以杰克逊代表民主，而以杰斐逊代表贵族，因为杰斐逊常喜言"才智的贵族"（Talented Aristocrat）。其实两者并没有"相反"，而只是"相异"。杰斐逊所论"才智的贵族"，与"世袭的贵族"（Hereditary Aristocrat）不同。才智的贵族系比喻那些先天才能优异而后天又努力奋发、终于有成的人士，亦为其机会均等的解说。

这些奋斗成功的"贵族"，有很多人是待人亲切、不认为自己有何特殊、性喜与民同乐的，这种来自民间的贵族，自然的尊贵、个性的高贵，实在就是通识教育希望塑造的典范。但是，确实也有不少这类"贵族"，也许基于性情的孤僻，不善言辞，或者在奋斗过程当中，尝尽人情冷暖，受过各种委屈，成功后便显冷峻孤傲，甚至傲世离群，那么这种"贵族"就很需要通识教育来抚慰，使其过去的苦难辛酸有倾诉流泪的书、画、音乐，足以让他们宣泄，感受到人类伟大的心灵，也都是在痛苦辛酸中挣扎煎熬的。

经典名著的描述刻画，不也就是他的心路历程吗？

另外，"才智的贵族"不仅指传统上古典人文学科，也指各式各类天赋的才能技艺，包含音乐、美术、体育等能力，这是相当符合进步实用主义的多样性和个别化的。杰斐逊的精粹本质主义主张，基本上人人可以自由发挥，但在某一团体中有其伦理规范，正如打篮球，每位球员平时练球可以充分发挥自己的特色和技巧，以备正式球赛时，一个球队中有各类专长者各司其职，各展其才。然而在球赛中，每一位球员必须听从教练的指挥调度，讲究团队合作精神，不能只顾彰显个人英雄主义、自我表现，否则遭到队友的抱怨和教练的指责是很自然的。不仅如此，双方球员和教练又都得听从裁判的规范裁决。人生的游戏亦同球赛，有大家共守的规则，理想常经主义主张共同核心，不是没有道理的。把看篮球的视野，从球员到教练，到裁判，再扩大到整个球场，连裁判也是要受观众裁判的，其裁决是否公平，标准是否一致，是观众所关切的。最后，我们更要关切审视这种公平一致，是否真正公平一致？或者思考这场球赛目的是什么？球赛的意义是什么？

如果教练平时不欣赏个别球员的差异性，只训练几个动作，赛球时采取"永恒普遍"而固定的战术打法，甚至规定球员一律要由右边带球切入，那么，他们不能适应瞬息万变的赛场，食古不化而终于失败是当然的。这种理想常经式的教练是不合时宜的。

再者，"才智的贵族"是没有特权的，不像传统"世袭的贵族"那样。"才智的贵族"并不因他们球打得特别好，成为受人崇拜的偶像之后，便可以杀妻虐妻而逍遥法外，"才智的贵族"如果用欺诈的方式而得到，例如1988年奥运会破一百米纪录的"超速约翰逊"，在被发现是服了禁药之后，其奥运的光环是要被立刻取消的。杰斐逊的"才智的贵族"是相当平民化的。

最后，平民化的"才智的贵族"更具有积极的意义：经过努力而得来的"才智的贵族"，依然要保持着艰辛岁月的磨炼，对那些真实生活的肯定，因而常怀赤子之心，常怀感恩之情，并不因富贵而骄奢，不因财大而气粗。住在大厦里，仍有草根的气息；衣着高雅，依然有泥土的芳香。不刻意去学所谓"上流社会"的装腔作势和虚情假意，而在平凡中显出真情，在平实中显示伟大，在平淡中显露高贵，这是平民化"才智的贵族"自然而高贵的情操，是通识教育要培养的"有教养的人"。

五 通识教学的改进建议

检讨美国大学通识教育时，1960-1970年代几乎是大家交相指责的时期，都认为那是一个"灾难时代的灾害领域"，年轻大学生不专心上课而闹学潮，浪费了大好青春岁月，的确令人痛心，是要受责备的。但是，造成学生校园运动的诸多因素当中，有一个重要因素是通识教育的课程和教师教学直接或间接带来的。

所谓间接带来的，系指校园外整个社会的因素或情境。责备1960-1970年代的校园动乱和青年学生的喧闹，这类言论和著作在美国已经汗牛充栋，即使当时的保守派政治新星、后来的共和党的众议院议长金里奇（Newt Kingrich），在其历次演说中均指控1960—1970年代对美国的伤害。但是,这种指控颇多地方是倒果为因的。

1960—1970年代的校园动乱不是突然从空中掉下来的,而是持续渐进而来的。同样,这一时期各种应该受责备的东西,仔细检讨分析后可知,大多是50年代带来的。50年代,美国在"二战"后成为超强大国,国富民强,居世界第一,但骄傲、自满之心也因此油然而生。但可怕的是,因工商社会高速发展,国内道德伦常渐渐松弛,俨然是个享乐主义初兴的年代。大人、父母暗中在喜滋滋地享乐、偷欢,但对其子女却摆出一副道学的说教和理想的宣示,青年子女终于识破,反其道而行之,乃至"青出于蓝",不必偷偷摸摸,而是公然为之了。青年人的抗争意识、愤世嫉俗、犬儒主义,当时的长辈没有责任吗?

对1960—1970年代的检讨,放在整个美国史来观照,可能要比切割式的断代研究更有意义。1994年,一群美国年轻的学者,诸如得州农工大学的安德森(Terry Anderson)、麻省理工学院的阿培伊(Christian Appey)、艾奥瓦大学的卡米尔(Ken Camiel)、俄亥俄大学的帕克(Chester Pach)等人,都对1960—1970年代受大众指责的时代进行过辩解或"脱罪"。

当然,我这么为1960—1970年代的青年人申辩,并不是为那时以及1990年代的青年人的行为做合理化的解释。相反,我是期盼在经过深刻的或另一面的分析解释之后,习得通达和容忍。因为1960—1970年代闹学潮的青年,正是后来的社会中坚力量,也是未来主导美国各行各业的主要力量。我期盼他们在历经1960—1970年代的欢乐或痛苦时,对现在和未来的年轻人要有一番认识与了解、沟通与容忍。大家都年轻过,谁没有犯过错,没有让父母烦忧、责备?如果年轻人都不会犯错,成年人的作用是什么?

然而,沟通、容忍并不是放任不管,我们固然不必像1950年代以前的父母那样耳提面命,或以道德伦理长篇训示不休,那是理想常经主义式的,现代倾向于进步实用主义的年轻人是不会接受的,一如当年的我们。在既不能自由放任又不能长篇说教当中,用引导式的、示范式的教育方法,便是精粹本质主义倾向的父母该采用的方法吧?大家都是"二战"后出生,当年曾亲自在学生校园运动中展露过身手的克林顿总统和金里奇议长,前者的进步实用主义倾向和后者的理想常经主义倾向,能够沟通与容忍,共趋于精粹本质主义。

1950年代对1960-1970年代通识教育直接的负面影响,应该是校园内本身的问题,特别是通识课程的编排和教学问题。1945年的《哈佛红皮书》课程要求,到了50年代渐渐废弛,哥伦比亚大学的"当代文明"课程、芝加哥大学的"哈钦斯"课程也渐趋式微。既然外部社会都松散自由起来,在大学中坚持核心、必修课程,当然是渐趋落伍的。教师要求太多,恐怕要落个"食古不化"(Tough)的封号。何况,学生也是希望轻松一点。

当然,学生是希望轻松一点儿,而且愈松愈好。但是,如果师长也和学生一起轻松,还要老师干什么?年轻人可以说"老师教得松,所以我们学得松",但是,老师却不该说"学生学得松,所以我们教得松"。老师的功能角色是什么?何况,学生学得松了,日后还是把没学好这笔账算在老师头上的。年轻人多半是现实的，责任心或许没那么强。然而，如我前面所述，这正是青年人的本质或天性。1960-1970年代青年学生的不满，导因于50年代以来对通识课程编排和教学的不满。当然，也有1960-1970年代学生自己没有认真上课的事实。但是，年轻人是喜欢责怪他人而少检讨自己的。然而，如果不是这样，怎么叫做年轻人？而且，谁叫他们是年轻人呢？

另外，美国教师大多视学生为兄弟姐妹，而不像中国的师生关系倾向于师徒式那么严格，有其颇多的优点，这是令我欣赏的，但同时也令我忧虑，因为老师视大学生为成年人，行事自行负责，不太愿意过问学生的生活，以免干涉个人的隐私或人权。这也是好的，但就易于落得少管而尊重、不管而清闲，最后是不识而冷漠。而且，美国教师似乎对所谓"师道"方面较少讲求，教师似乎和一般的行业不分，不像中国人对为人师表有较严的规范。中国的老师在做"经师"之外还要做"人师"（moral teacher），固然不可能每位教师都达到这两项标准，但有此标准，较能维持相当程度的师道风范。

我们并不是要刻意指控1950年代的通识教学，而是希望引以为鉴。因为卡耐基基金会在1976年所做的两个调查——"课程目录，1975-1976"和"卡耐基调查，1976"都显示，有46%的教师在调查时希望采用核心课程的课程教学，但实际上教师真正采用核心课程教学方式的，却只有13%。再依笔者2020年1-3月的查阅（详见前述），美国大学纯粹只采用核心课程与教学的学校，只占24%；而兼采分类必修和核心课程与教学的学校，则占58%；此外，本书前述哈佛大学2019年的课程调整为"4+3+1"，亦明显看出,是减少核心课程而增加分类必修,足以看出核心课程虽是很理想,但教学是很困难的,要准备很多,教材要重新做特别编选,要与其他教师协同教学,教师便在现实中放弃了理想。核心课程的确是理想而困难的。要立刻就全面达到理想,也是强人所难。笔者建议或许可以先从部分课程或科目中先行做试验,朝向核心课程而改进,即渐进稳健的改革,而不是一时理想的革命。

六　科系本位主义的化解

美国通识教育受到的批评和指责当中,许多来自没有担任过通识课程的大学教师。他们的不少评论和责备有些是爱之深、责之切,是可以理解甚至赞许的,但有些则是因科系的本位主义而对通识课程采取敌视或漠视的态度:敌视是因为担心通识教学会削减其专门教育的经费等资源,漠视则可能是认为通识教育无关紧要。这两种态度对通识教育功效的不彰,其实也要承担一些责任,因为美国仍有很多大学院校的通识课程和通识教学是采用分类必修的方式,学生到各院系上各院系现有的科目,充作通识科目,各院系却很少花足够的人员和资源来精心设计、规划、执行这些通识科目,因为来修课的学生大多是非本院系的。担任通识的教师成为科系的边缘人或次等教师,其痛苦也部分是由此造成的。

通识教育的功能之补助于专门教育,早已定论,无须赘言。在此要特别申明的,则是有些通识科目更需要以专门科目作为基础来进阶。专门科目有时候是某些通识科目的先修必备,专门有时候未必就是精深的,通识更不代表普通,而是指通达和融通。

而且,专门教育其实也是要达到精深通达的目标。一位精研生物学的教授能从显微镜中领悟到"一花一世界",物理化学教授能从量子分子看到宇宙的生机奥妙,土木工程教授能从结构力学体会到人类社会结构的力量,而数学更是一种宇宙天地秩序的美。专门学科的教授能在这方面更具体深刻地向学生进行通识教育。那么,为什么要忽视通识教育?为什么轻忽其他人专门做这方面的教学?如果担任通识科目的老师原本是在专门领域素有精研的资深教授,或者是初入专门领域的资浅教师,他们肯教大家都不愿担任的通识科目,耽误了自己的研究,这种奉献精神,我们能用"次等教师"来称呼吗?或者视通识教学轻松?纽曼主张大学只是教学,而力斥研究和服务,就是因为他认为研究的专精和全神投入,不可能使教师认真教学。他还认为服务实质上是大学和外界勾结,谋求经费和教授的知名度而已。其看法可能过分偏激,但也说中了部分事实,因为通识和专门比较而言,前者是教学导向,而后者是研究和服务导向。

我们不妨建议,全系的每一位教师都轮流担任通识科目教师,全系的事不就是全体教师的责任吗?为何总由少数几位教师"独享"或"独苦"?大家应"同甘共苦"。此项建议,乍闻之下,似觉有点醋酸味,但仔细分析,是有意义的。其一,每一位教师真的都能适任通识科目的教学吗?如果不行,我们能说教通识课是轻松容易的吗?其二,我们每一位任职的大学教师,都需要在任教通识科目中教学相长,使教师本身也获得通识。当老师的喜欢勉励学生要时刻学习、终身学习,所谓"生有涯,学无涯"。要终身学习的,可能未必都是专门教育,而是通识教育的分量较多一些吧?

七　科层与专业冲突的解决

无论是教专门科目还是教通识科目的教师,其实都是专业人员,而专业人员是很容易在今天科层组织的现代大学中与大学的行政要求发生冲突的。学理上和事实上也都证实了这一点。然而,如果我们仔细分析科层组织和专业人员的基本特征,会发现专业人员和科层组织的冲突是可以避免的。固然科层原则和专业原则之间有其差异,但两者之间依然有其相同点,比如说需要知识技术,强调客观,要求公正无私。因为科层人员和专业人员都要在各自的工作中,具备相当的知识和技术,在工作中要维持客观的态度,在行为上要无私无我。就这些相似之处而言,专业人员和科层组织是没有冲突的。

即使科层和专业之间有不同的原则,这两者之间的冲突也可以用冲突管理的原则来解决。许多冲突管理的著作提供了专业人员和科层组织之间冲突的解决之道。事实上,专业人员和其服务的科层组织是相互依存的,而且是可以相互适应的。

大专院校可以调整其内部的组织结构以适应其教师教学和科研的需要。教师的意见不应只是咨询性质的,而应具有实质的决策性质。如果教师的专业自治能获得充分的尊重和发挥较大的影响力,教师和学校的冲突便可大大减少。

在现代的社会环境中，专业人员应该学习如何在科层组织中工作。有许多适应的方法可以让专业人员在科层化环境中顺利工作，而仍然维持着专业的完整性和独立性。专注热忱是一个重要的适应方式。学校强调整合性的发展和有效率的管理，而大学教师却重视各自的专业自治和要求参与校政决策。然而教师应该体认到，教学与研究必须依靠学校的资源，而学校也应该了解到学校的声誉主要是依靠教师的教学与研究，两者之间存有紧密的互依关系。学校行政人员固然无法完全取代教师，教师也无法完全取代行政人员，双方相互适应，相互配合，才能互惠互利。

八　利益或意气之争的化除

通识教育的阻力，有时既不是基于不同学理的不合而争执（纯粹由此而引起的争执，由于学理愈辩愈明，再加上考虑学校的各种特性和资源这种现实，是可以很快得到解决的），也不是来自科系的本位主义（科系本位从另一角度而言，也是为学生专门教育而费神费力的，为学生着想的），更不是所谓专业与科层的冲突（教师专业的执著和为学生而设想的专业风范，是令人敬佩的）。这三种阻力都是公开的、显见的、可以示人的，然而另一种阻力，却是私下的、潜隐的、不能告人的，即基于利益或意气而来的阻力，在文献书面上见不到，却在实际运作中可以体验到，而且力道不小。

虽然两者都是潜在而隐私的，但利益的冲突就比较具体，诸如教师担任某一科目的争执,该科目如果受学校、学生或外界重视,使用资源时就富裕(通识贫穷中的富裕),又比如教师研究室和停车位的争执、排课时间的争执,甚至哪种科目女生较多或男生较多等。意气可能来自各种利益争执,利益争执总有停息或解决的时候,意气于有些教师或行政人员却是"历久弥新"甚至"永续发展"的。有些意气之争,来自政治意识形态的彼此不容,或看不惯对方的某种言论行径、衣着打扮,或者某些难以叙说却经常存在的情绪、莫名的脾气。

因利益和意气而争执,如果仅限个人之间还算不幸中的大幸,最令人担心的是,它会演进扩大为集体对抗。然而,无论个人的或集体的,为反对而反对,其阻力无形而有力。搞通识教育的教师既任"通"情达理,非一般见"识"的教学,亟须主动前往"释罪请恕",通常有一方主动,其实人皆可谅解冰释。因为这些利益究竟是小儿科,意气也属令人啼笑皆非的东西。争吵的化除都起于双方内心真正的表露,是坦率而可贵的,是人性而可谅的。美国人喜欢在争斗中成为好友,中国人常说不打不相识,这种惺惺相惜可成为日后的莫逆之交,共同修"通识教育"的人生课程。

九 为通识教育而通力合作

我对美国大学前述八项的评论当中,大多是从负面的角度出发,列举其缺失并提供一些建议。这是因为,一方面我知道美国人是可以承受得住失败,受得了批评的。美国人常说:"美国人可以被击败，不能被欺骗！"（American can be defeated, but no deceived.）诚哉斯言！我是以林肯"诚实为最上策"（Honesty is the best policy）的心态来做批评的；另一方面，美国人是喜欢听别人意见的，但不喜欢依照他人意见行事的。美国朋友经常会说："我们接受差异，但是按照我们的喜好而行"（We accept different, but act as we like.）诚哉斯言！我是以中国人"尽人事，听天命"（Do my best , then I pray.）的义务和乐观来做建议的。

通识教育是所有人的事，必须通力合作以求改善。美国人是好辩的，有一个主意或观念出来，立刻便会有不同的意见或批评，一有"走向封闭的美国心灵"的说法，马上就有"美国心灵的开放"的驳斥。好辩是好事，是民主的基础，是多元的必然，它促成美国人心灵的开放。但是教育的实施成效是很缓慢的，中国人常道"十年树木，百年树人"，要某一套课程实验或改革方案立刻有快速明显的进步效果，是很难的。美国人在"时间就是金钱"的快速习性中，可能要学些中国人慢吞吞的文化，教育不是速食品。从美国大学通识教育的历次改革或实验方案中看，好多都是短促如流星，虽耀眼却易逝。仔细研究这些改革或实验，可以发现不是各方交相指责，就是各界要求快速见到成效而未果，然后又来另一个改革或实验，再期盼或指责。然而，欲速则不达。

在美国民主多元的文化中，也容易形成简易明白、让人一见就懂的教育，这是好的。不绕圈子，开门见山，很符合大多数美国人坦率、简洁、明快的个性，但是因为讲究"愈简单愈好"，容易造成不喜欢多思考，日久形成官能直接反射的文化。但是官能反射的快感是会经过多次反应而弹性疲乏或功效递减的,最后官能失效,想回复心灵思考时已经太晚了,便只好用药物来刺激官能,或刺激脑筋产生不必思考而得的精神幻象。

美国正处在这种多方的试误当中,但是我相信他们能在失误的代价中得到经验或教训。美国的年轻人常说的"没有痛苦,就没有收获"(No pains, no gains)是可以这么解释的。但是此格言的另一种解释是"一分耕耘,一分收获",辛勤努力是痛苦的,但天下没有不劳而获的简单速成。通识教育正是如此,"No pains, no gains",亦有两层涵义,亟待各方的合作与努力。

美国通识教育在检讨了1960-1970年代的失败之后,1980-2000年代是改革力振的好时机,但各项改革多在争议当中。面对21世纪,诚如狄更斯所言:这是一个最好的时代,也是一个最坏的时代;是希望的春天,也是失望的冬天;我们正在通往地狱,也正在走向天堂。美国的心灵,既不全是闭锁,也不全是开放,它正在攀登。攀登中有孤苦而难以与人言说的闭锁,也有欢欣而乐与人分享的开放;攀登未必一定能登上山顶,也可能会掉进万丈深渊,但不能停止,需不断向前。

十 自然人→社会人→理想人

我是倾向于精粹本质主义的,但是必须澄清一点,精粹本质主义是既实用又理想的,是既主张常经主义也支持进步主义的。

用二分法识别一群人是比较容易辨识的,托克维尔(Alexis de Tocqueville)1831年到美国时,发现美国人有两大类:"在美国人中间，仍能找到热心的基督徒。他们的头脑受到一些与未来生活有关的思想的滋养，他们欣然拥护人类自由的事业，以之作为一切道德上的伟大源泉。宣称一切人在上帝眼中都是平等的基督徒……在这些笃信宗教的人旁边，我分辨出一些别的人，他们的思想与其说朝向天堂，不如说朝向人间。这些人是自由的斗士，不仅把自由视为最高贵的来源，更重要的是把自由当作一切实用利益的根本，而且他们诚恳地想要保障自由的权威，将它的福泽给予人类。"

很清楚，托克维尔在其《美国的民主》一书中描述的两类人，前者显然是理想常经主义者，而后者为进步实用主义者。但是仔细再分辨一下，这两类人中，在前者的基督徒里面，难道没有"把自由视为最高贵的来源，把自由当作一切实用利益的根本"的人吗？同样，后者那思想朝向人间的人群当中，一定没有"欣然拥护人类自由的事业，以之作为一切道德的伟大源泉"的人吗？在这两大类人中，实在含有相同属性的第三类人士，既拥护上帝的平等，也拥护人类的自由，可称之为精粹本质主义者。

更要澄清的是，一个人的实用和理想是同时并存、互不相斥的。其区别只是：理想常经主义者由上往下看，先决定目的再寻找方法，进步实用主义者由下往上看，先观察现况，再决定未来，而精粹本质主义者则由下而上、由上而下看两次，然后再决定行动。事实上，一个人是可以三者兼具的。

就人的发展而言，是经历自然人发展到社会人然后进化到理想人的过程（图9.1）。自然人的本质系生物的无律性，尊重物竞天择，以竞争为原则，是兽性的；社会人的特征是外在的他律性，

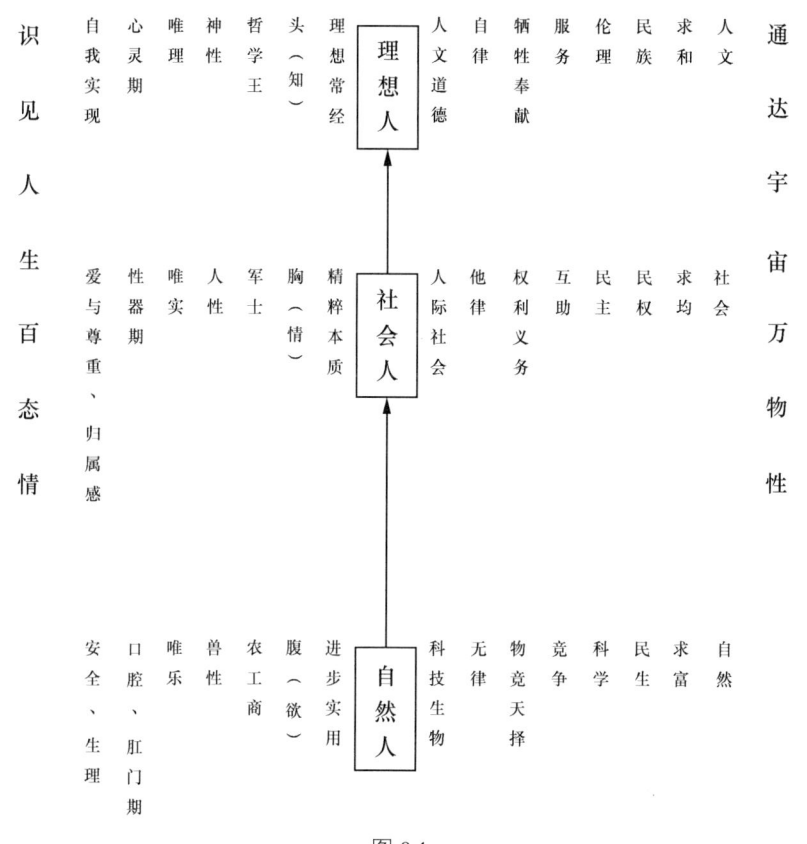

图 9.1

	理想人	社会人	自然人
识见人生百态情	自我实现	爱与尊重、归属感	安全、生理
	心灵期	性器期	口腔、肛门期
	唯理	唯实	唯乐
	神性	人性	兽性
	哲学王	军士	农工商
	头（知）	胸（情）	腹（欲）
	理想常经	精粹本质	进步实用
	人文道德	人际社会	科技生物
	自律	他律	无律
	牺牲奉献	权利义务	物竞天择
	服务	互助	竞争
	伦理	民主	科学
	民族	民权	民生
	求和	求均	求富
	人文	社会	自然
通达宇宙万物性			

讲求权利义务，以互助为原则，是人性的；理想人的诉求是内在的自律性，强调牺牲奉献，以服务为原则，是神性的。

柏拉图将人分为三等，以头（知）、胸（情）、腹（欲）为喻，分别以哲学王、军士、农工商为代表。弗洛伊德将人的一生分为口腔期和肛门期、性器期、心灵期。马斯洛将人的需求和欲望分为生理、安全、归属感、爱与尊重、自我实现五个阶层。大致而言，上述这些划分或分期，即科技生物、人际社会、人文道德三阶段。科技生物属科学的范畴，是民生主义求富；人际社会属民主的范畴,是民权主义求均;人文道德属伦理的范畴,是民族主义求和。以上皆为通识教育的内涵。自然人(进步实用主义)、社会人(精粹本质主义)、理想人(理想常经主义),就其发展历程而言,需先以自然人为基础,通过社会人的磨炼,达到理想人的目标。这些主义、理论、划分阶段,或可作通识的正式课程。

参考文献

巴道维编、胡叔仁译:《杰斐逊传》,香港今日世界出版社 1975 年版。
陈舜芬:《核心课程与分类课程选修的比较——从哈佛大学通识课程说起》,《通识教育学刊》创刊号,2008 年 6 月。
程国强:《美国史》,台北华欣文化 1985 年版。
胡乐乐:《哈佛大学实行新通识教育》,《教育视界》,上海市教育委员会官方微信《教师博雅》,2019 年。
黄坤锦:《专业与科层的冲突》,台北二十一世纪基金会 1992 年。
黄坤锦:《哈佛大学通识教育的改革与启示》,《教育改革》,台北师大书苑 1994 年版。
金传春:《最具影响力的美国教育家克尔》,《远见杂志》1987 年 10 月号。
金耀基:《大学之理念》,台北时报出版公司 1983 年版。
克尔著、张建邦译:《大学的功用》,,台北淡江大学出版部 1984 年。
李本京主编:《美国研究论文集》,台北正中书局 1980 年版。
李会春:《哈佛大学通识教育改革新动向及其教育理念探讨》,《复旦教育论坛》2007 年第 5 期。
李慧、王全喜、张民选:《美国 STEM 教育的探析及启示》,《上海师范大学学报(哲学社会科学版)》,2016 年第 5 期。
梁尚勇:《美国高等教育新论》,台北广文书局 1973 年版。
梁尚勇:《高等教育研究》,高雄复文出版社 1985 年版。
马库斯·堪利夫著、张芳杰译:《美国的文学》,香港今日世界出版社 1985 年版。
Owen Chadwick 著、彭淮栋译:《纽曼》,联经出版公司 1984 年版。

托克维尔著,李宜培、汤新楣译:《美国的民主》,香港今日世界出版社 1966 年版。

徐宗林:《赫琴斯教育思想之研究》,台北文景出版社 1973 年版。

徐宗林:《美国高等教育哲学研究》,台湾《师大学报》1988 年第 33 期。

杨国赐:《现代教育思潮》,台北黎明公司 1980 年版。

Abbott, Max G. (1969). "Hierarchical Impediments to Innovation in Educational Organization." In Fred Carver and Thomas Sergiovanni (eds.), *Organizations and Human Behavior: Focus on Schools*. New York: McGraw-Hill Book Company, pp.42−50.

Academic Affairs Council (2019). "GE Task Force Report: Update and Next Steps," https://www2.calstate.edu/csu-system/faculty-staff/academic-senate. April. 9.2019.

Adler, M. J. (1990). *Reforming Education—the Opening of the American Mind*. New York: MacMillan Company.

American Association for Higher Education (1990). *Preliminary Program for 1991 National Conference*. Washington, D. C.: American Association for Higher Education, 1990.

American Association for the Advancement of Science (1990). *The Liberal Art of Science: Agenda for Action*. Washington, D. C.: American Association for the Advancement of Science, 1990.

American Association of State Colleges and Universities (1986). "Defining and Assessing Baccalaureate Skills: Ten Case Studies. A Report on the Academic Program Evaluation Project.", Washington D. C.

American Council of Trustees and Alumni, ACTA (2019, 2020). What Will They learn? (2018—2019, 2019—2020), A Survey of Core Requirements at Our Nation's Colleges and Universities.

Arrey, Taylor (2019). "CSU General Education Task Force Suggests Changes to Program," http://dailytitan.com/2019/02.

Association of American Colleges (1985). *Integrity in the College Curriculum*. Washington, D. C.: Association of American Colleges.

Association of American Colleges (1989). *Engaging Cultural Legacies: Shaping Core Curricula in the Humanities*. A proposal to the National Endowment for the Humanities, Washington, D. C.

Association of American Colleges (1991). *Liberal Learning and the Arts and Sciences Major*. Vol. 1: *The Challenge of Connecting Learning*. Washington, D. C.: Association of American Colleges, 1991.

Association of American Colleges & Universities (2015). "Getting Beyond the Menu : Faculty Lead General Education Innovation at William and Mary," AAC & U, November, 2015.

Association of American Colleges & Universities (2019). "Creating a 21st-Century General Education," AAC & U, 2019.

Bailey (1977). *The Purposes of Education*. Bloomington, Ind.: Phi Delta Kappa Education Foundation.

Banta, T. W. (1991). "Contemporary Approaches to Assessing Student Achievement of General Education Outcomes", *Journal of General Education*, Vol. 40, 1991, pp.203−223.

Bauerlein, Mark. (2020). "How a revision of the Western CIV curriculum resulted in no curriculum at all," *Inside Higher Education*, February 19, 2020.

Bear, Ashley and David Skorton (2018). *The Integration of the Humanities and Arts with Sciences, Engineering, and Medicine in Higher Education-Branches from the Same Tree*. National Academics Press (US), Washington D. C. May 7, 2018.

Beck, R. E. (1981). *Career Patterns: The Liberal Arts Major in Bell System Management*. Washington, D. C.: Association of American Colleges.

Bell, D. (1968). *Reforming of General Education: The Columbia College Experience in its Natural Setting*. Garden City, N. Y.: Anchor Books.

Bennett, W. (1984). *To Reclaim A Legacy*. Washington, D. C.: National Endowment for the Humanities.

Blackburn, R. T. and others (1976). *Changing Practices in Undergraduate Education*. Berkeley, Calif.: Carnegie Council on Policy Studies.

Bloom, A. (1987). *Closing of the American Mind*. New York: Simon and Schuster.

Bok, D. (1982). *Beyond the Ivory Tower*. Cambridge: Harvard University Press.

Bok, D. (1986). *Higher Learning*. Cambridge: Harvard U. Press.

Bok, D. (1990). *University and the Future of America*. Durham: Duke University Press.

Booth, W. C. (1988). "Cultural Literacy and Liberal Learning: An Open Letter

to E. D. Hirsch, Jr." *Change*, July/Aug. 1988, pp.11-21.
Boyer, E. L. (1987). *College: The Undergraduate Experience in America*. New York: Harper & Row.
Boyer, E. L. and M. Kaplan (1977). *Educating for Survival*. New Rochelle, N. Y.: Change Magazine Press.
Boyer, E. L., and A. Levine (1981). *A Quest for Common Learning*. Washington, D. C.: Carnegie Foundation for the Improvement of Teaching.
Bresciani, M. J. (2007). *Assessing General Education: Good Practice Case Studies*. Bolton, Mass.: Anker, 2007.
Carey, Karen W. and Charles F. Elton (1990). *The Appalachian College Assessment Consortium* (Lexington: University of Kentucky).
Carnegie Forum on Education and the Economy (1986). *A Nation Prepared: Teachers for the Twenty-First Century*. Washington, D. C.: Carnegie Forum on Education and the Economy.
Carnegie Foundation for the Advancement of Teaching (1977). *Missions of the College Curriculum: A Contemporary Review with Suggestions*. San Francisco: Jossey-Bass.
Carnegie Foundation for the Advancement of Teaching (1987). *A Classification of Institutions of Higher Education*. Princeton, N. J.: Carnegie Foundation for the Advancement of Teaching.
Carnegie Foundation for the Advancement of Teaching (1990). *Campus Life: In Search of Community*. Princeton, N. J.: Princeton University Press.
Carnegie Foundation for the Advancement of Teaching, "Carnegie Surveys, 1969—1970".
Carnegie Foundation for the Advancement of Teaching, "Carnegie Surveys, 1975—1976".
Carnegie Foundation for the Advancement of Teaching, "Catalog Study, 1976".
Carnochan, W. B. (1993). *The Battle Ground of the Curriculum-Liberal Education and American Experience*. Stanford: Stanford University Press.
Catlin, D. (1982). *Liberal Education at Yale*. Washington, D. C.: University Press of America.
Center for Studies in Higher Education, UC Berkeley (2007): General Education in the 21st Century, retrieved from http://berbeley.edu/research/gec.
Cheney, L. V. (1989). *50 Hours: A Core Curriculum for College Students*.

Washington, D. C.: National Endowment for the Humanities.

Cheney, L. V. (1990). *Tyrannical Machines*. Washington, D. C.: National Endowment for the Humanities.

Chronicle of Higher Education (1990). "Further Debate on the Core Curriculum." *Chronicle of Higher Education*, Jan. 24, 1990, p.17.

College Factual (2019). "The Best Colleges for General Education in the United States." Retrieved from https://www.collegefactual.com.

Commission on the Core Curriculum (1988). *Report of the Commission on the Core Curriculum*. New York: Columbia College.

Conant, J. B. (1947). *On Understanding Science*. New Heaven, Mass.: Yale University.

Conant, J. B. (1949). *Education in a Divided World*. Cambridge, Mass.: Harvard University.

Conant, J. B. (1951). *Science and Common Sense*. New Heaven, Mass.: Yale University.

Conant, J. B. (1952a). *Modern Science and Modern Man*. New York: Columbia University.

Conant, J. B. (1952b). *Education and Liberty*. Cambridge, Mass.: Harvard University.

Conant, J. B. (1956). *The Citadel of Learning*. New Heaven, Mass.: Yale University.

Conant, J. B. (1958). *Germany and Freedom*. London: Oxford University.

Conant, J. B. (1959). *The American High School Today*. New York: McGraw-Hill Co.

Conant, J. B. (1959). *The Child, the Parents, and the State*. Cambridge, Mass.: Harvard U.

Conant, J. B. (1960). *Education in the Junior High School Years*. Princeton, N. J. ETS.

Conant, J. B. (1961). *Slums and Suburbs*. New York: McGraw-Hill Co.

Conant, J. B. (1963). *The Education of American Teachers*. New York: McGraw-Hill Co.

Conant, J. B. (1963). *Thomas Jefferson and the Development of American Public Education*. Berkeley, Ca: University of California.

Conant, J. B. (1964). *Shaping Education Policy*. New York: McGraw-Hill Co.

Conant, J. B. (1964). *Two Modes of Thought*. New York: S & S.

Conant, J. B. (1967). *Scientific Principles and Moral Conduct*. London; Cambridge U.

Conant, J. B. (1967). *The Comprehensive High School*. New York: McGraw-Hill Co.

Conant, J. B. (1970). *My Several Lives*. New York: Harper & Row.

Corwin, Ronald G. (1965). "Professional Persons in Public Organizations." *Educational Administration*, Quarterly, 1: 12–15.

Corwin, Ronald G. (1966). *Staff Conflict in the Public School*. Washington, D. C.: US Office of Education, Cooperative Research Project No. 2637.

Cross, K. P. (1986). "A Proposal to Improve College Teaching-or-What 'Taking Teaching Seriously' Should Mean." AAHE Bulletin, *American Association for Higher Education*, 1986, pp.9–14.

Cross, K. P. and T. A. Angelo, (1988). *Classroom Assessment Techniques*. Ann Arbor: National Center for Research to Improve Postsecondary Education, University of Michigan.

Dewey, John (1959). *Experience and Nature, La Salle, Illinois: Open Court Publishing Company, 1959, originally published in 1925*.

Dewey, John (1916). *Democracy and Education*. New York: Macmillan.

Dewey, John (1922). *Human Nature and Conduct*. New York: Henry Holt.

Dewey, John (1933). *How Do We Think: A Restatement of the Relation of Reflective Thinking to the Educative Process*. Boston: D. C. Heath.

Dewey, John (1960). *The Quest for Certainty: A Study of the Relation of Knowledge and Action*. New York: G. P. Putnam's Sons, 1960, originally published in 1929.

Douglas, G. (1992). *Education Without Impact—How Our Universities Fail the Young*. Secaucus, N. J.: A Birch Lane Press Book.

Dressel, P. L. and De Lisle, F. (1969). *Undergraduate Curriculum Trends*. Washington, D. C.: American Council on Education.

D'souza, D. (1991). *Illiberal Education: The Politics of Race and Sex on Campus*. New York: Free Press/Macmillan.

Eble, K. E. and W. J. McKeachie, (1985). *Improving Undergraduate Education Through Faculty Development: An Analysis of Effective Programs and Practices*. San Francisco: Jossey-Bass.

El-Khawas, Elaine (1989). "Campus Trends." *Higher Education Panel Report No. 78* (Washington D. C.: American Council on Education. July 1989). vii.

El-Khawas, Elaine (1990). "Campus Trends." *Higher Education Panel Report No. 80* (Washington D. C.: American Council on Education. July 1990). vii.

Etzioni, Amitai (1959). "Authority structure and Organizational Effectiveness." *Administrative Science* Quarterly, 443–467.

Falcone and Others (1994). "Teaching Cultural Diversity in the Core Curriculum" *Journal of General Education*, Vol. 43, No. 3, 1994, pp.230–240.

Feldman, M. J. (1994). "A Strategy for Using Student Perceptions in the Assessment of General Education" *Journal of General Education*, Vol. 43, No. 3, 1994, pp.151–166.

Flaherty, Colleen (2014). "Variations on a Theme." *Inside Higher Education*, Jan. 27, 2014.

Flaherty, Colleen (2018). "Colleges Share How They Made their General Education Programs More Than a Laundry list of Distribution Requirements." *Inside Higher Education*, Jan. 29, 2018.

Franklin, P. (1988). "The Prospects for General Education in American Higher Education." In I. Westbury and A. C. Purves (eds.), *Cultural Literacy and the Idea of General Education*. Chicago: National Society for the Study of Education.

Fredonia Designs Socio-ethical Assessment Measures (1989). *Assessment Update* 1(4) (1989): 4.

Free University (1966). *Free University Catalog*. Berkeley, 1966.

Fuller, T. (1989). *The Voice of Liberal Learning*. New Heaven: Yale University Press.

Gaff, J. G. (1983). *General Education Today: A Critical Analysis of Controversies, Practices, and Reforms*. San Francisco: Jossey-Bass.

Gaff, J. G. (1991). *New Life for the College Curriculum*. San Francisco: Jossey-Bass.

Gaff, J. G., and Davis, M. L. (1981). "Student Views of General Education." *Liberal Education*, Summer 1981, pp.112–123.

Gaff, Jerry (1990). "Assessing General Education." Panel presentation at the FIPSE Project Directors' Meeting. Washington, D. C., 27 October 1990.

Gamson, Z. F. (1989). "Changing the Meaning of Liberal Education." *Liberal Education*, Nov./Dec. 1989, pp.10-11.

Gaston, Paul L. and Jerry G. Gaff (2009). "Revising General Education-and Avoiding the Patholes: A Guide for Curricular Change." Feb. 20, 2009.

General Education Program Review Task Force (2018). "Final Report and Recommendations." The University of Arizona. August, 2018.

General Education Task Force Report (2019). "Recommendations for GE Review and Reform." California State University Office of the Chancellor. February, 2019.

Giamatti, A. B. (1988). *A free and Ordered Space—The Real World of the University*. New York: W. W. Norton & Company.

Goldthwait and Others (1994). "A General Education Program Seen Fifty Years Later" *Journal of General Education*, Vol. 43, No. 1, 1994, pp.44-58.

Goodman, Kathleen and Pascarella, Ernest T. (2006). "First-Year Seminars Increase Persistence and Retention. AAC & U." Summer, 2006.

Goodwin, G. L. (1989). *Opening Remarks at a Faculty Meeting*, College of St. Scholastica, Duluth, Minn., Sept. 1989.

Hall, J. W. (1982). *In Opposition to Core Curriculum*. Westpost, Connecticut: Greenwood Press.

Hart Research Associates (2010). "Raising the Bar: Employer's Views on College Learning in the Wake of the Economic Downturn." AAC & U. 2010.

Hart Research Associates (2016). "Trends in Learning Outcomes Assessment." AAC & U, February 17, 2016.

Hart Research Associates (2018). "Fulfilling the American Dream: Liberal Education and the Future of Work. Selected findings from online surveys of business executives and hiring managers." Washington D. C. AAC & U. 2018.

Hart Research Associates. (2016). "Recent trends in general education design, learning outcomes, and teaching approaches: Key findings from a survey among administrators at AAC & U member institutions." AAC & U. 2016.

Harvard Committee (1945). *General Education In A Free Society*. Cambridge, Harvard University Press.

Harvard Committee (1945). *General Education in a Free Society*. Cambridge,

Mass.: Harvard University Press.

Harvard Committee (1978). *Report on the Core Curriculum*. Cambridge, Mass.: Office of the Dean, Faculty of Arts and Sciences, Harvard University.

Harvard University (1967). *Courses of Instruction*. Cambridge, Harvard University Press.

Harvard University (1991). *Handbook for Students*. Cambridge, Faculty of Arts and Science, Harvard University.

Harvard University (1992). *Core Syllabi-Fall 1992*. Cambridge: Faculty of Arts and Science, Harvard University, 1992b.

Harvard University (1992). CUE: *Course Evaluation Guide*. Committee on Undergraduate Education, 1992a.

Harvard University (1993). *Introduction To the Core Curriculum*. Cambridge: Harvard University Press.

Harvard University (1994). *Courses of Instruction*. Cambridge: Harvard University Press.

Harvard University (2009). "Report of the Committee on General Education." Harvard University Faculty of Arts and Sciences.

Hefferlin, J. L. (1972). "Hauling Academic Trunks." In U. Walker (Ed.), *Elements Involved in Academic Change*. Washington, D. C.: Association of American Colleges.

Hirsch, E. D., Jr (1987). *Cultural Literacy*. Boston: Houghton-Mifflin.

Howard, C. C. (1992). *Theories of General Education*. New York: St. Martin's Press.

Hoy, Wayne K. and Cecil G. Miskel, (1982). *Educational Administration*. New York: Random House.

Hughes, J. A. (1991). "General Education in Research Universities: Training Programs for Teaching Assistants" *Innovative Higher Education*, Vol. 16, No. 1, Fall 1991, pp.79–90.

Humphrey, Debra and Davenport, Abigail (2005). "What Really Matters in College: How Students View and Value Liberal Education." *Liberal Education*, Sum-Fall 2005.

Hutchins, Robert Maynard (1936). *The Higher Learning in America*. New Heaven: Yale University Press.

Hutchins, Robert Maynard (1947). *Education for Freedom*. Baton Rouge, La:

Louisiana State University Press.

Hutchins, Robert Maynard (1953). *The Conflict in Education*. New York: Harper & Brothers.

Inside Higher Ed (2019). "Study of American Democracy on Cal State Chopping Block." https://www.insidehighered.com/news/2019/02/27.

Jaijairam, Paul (2016). "First-Year Seminar: The Advantages That This Courses offers." *Journal of Education and Learning*, 2016.

Jaschik, Scott (2019). "2019 Survey of College and University Chief Academic Officers." *Inside Higher Education,* January 23, 2019.

Jaschik, Scott (2019). "For Provosts, More Pressure on Tough Issues." *Inside Higher Education*, January 23, 2019.

Johnston, J. S., Jr., and others. "The Demand Side of General Education: Attending to Student Attitudes and Understandings." *Journal of General Education, forthcoming.*

Jones and Raticliff (1991). "Which General Education Curriculum is Better: Core Curriculum or the Distributional Requirement？" *Journal of General Education*, Vol. 40, 1991, pp.69-101.

Journal of Chemical Education (1979). "Why Higher Education Continues to Fail." *Journal of Chemical Education*, Feb. 1979, p.69.

Kanter, London, and Gamson (1991). "The Implementation of General Education: Some Early Findings" *Journal of General Education*, Vol. 40, 1991, pp.119-132.

Kennedy, D. (1990). *Text of address to the Academic Council and the general campus community*. Reprinted in Campus Report, Apr. 11, 1990, Stanford University, Palo Alto, California.

Kerr, C. (1977). "Foreword." In F. Rudolph, *Curriculum: A History of the American Undergraduate Course of Study Since 1636*. San Francisco: Jossey-Bass.

Kerr, C. (1994). "Knowledge Ethics and the New Academic Culture" *Change*, Jan./Feb., 1994, pp.9-15.

Kerr, Clark (1982). *The Uses of the University 3rd ed*. Cambridge, Mass: Harvard University Press.

Kimball, B. A. (1988). "The Historical and Cultured Dimensions of the Recent Reports." *American Journal of Education*, 1988, 98, 293-322.

Kimball, R. (1990). *Tenured Radicals*. New York: Harper & Row.

Lawrence, John W. (2018). "Student Evaluations of Teaching are Not Valid." American Association of University Professors. June 28, 2018.

Levine, A. (1988). *Handbook on Undergraduate Curriculum*. San Francisco: Jossey-Bass.

Liberal Education and America's Promise (2015). "The LEAP : Vision for Learning." AAC & U, 2015.

Lutzer, David (1990). "Assessing General Education." Panel presentation at the FIPSE Project Directors' Meeting. Washington, D. C., 27 October 1990.

MacAloon, J. J. (1992). *General Education in the Social Sciences—Contennial Reflection on the College of the University of Chicago*. Chicago: The University of Chicago Press.

Maher, T. M. (1978). "Congratulations, But …" AAHE Bulletin [American Association for Higher Education], Sept. 1978, pp.3-8.

Maher, T. M. (1980). "General Education in the Land of the Body Snatchers." Paper presented at annual conference, Association for General and Liberal Studies. *University of Dallas*, Oct. 1980.

Maher, T. M. (1982). *Personal letter to Dr. William Lavery, President, Virginia Polytechnic Institute and State University*, 10 Feb. 1982.

McMurtrie, B. (2018, November). "Reforming Gen Ed: Strategies for Success on Your Campus. Chronicle for Higher Education," https://store.chronicle.com/products/reforming-gen-ed.

Miller, R. (1990). *Major American Higher Education Issues and Challenges in the 1990s*. London: Jessica Kingsley Publishers.

Moseley, M (1992). "Educating Faculty for Teaching in an Interdisciplinary General Education Sequence" *Journal of General Education*, Vol. 41, 1992, pp.8-17.

Morse, Robert and Matt Mason (2019). "Programs to Look for; First-Year Experiences: 2020 Colleges with Great First-Year Experiences." *US News and World Report*. Sep.8, 2019.

Murchland, B. (1994). "The Eclipse of the Liberal Arts" *Change*, May/June, 1994, pp.31-32.

National Resource Center (2013). 2012-2013 National Survey of First-Year Seminar.

National Resource Center (2017). 2017 National Survey on The First-Year Experience.

Nelsen, W. C. (1981). *Renewal of the Teacher Scholar*. Washington, D. C.: Association of American Colleges.

Nelsen, W. C., and M. E. Siegel (1980). *Effective Approaches to Faculty Development*. Washington, D. C.: Association of American Colleges.

Newell and Davis (1988). "Education for Citizenship: the Role of Progressive Education and Interdisciplinary Studies." *Innovative Higher Education*, Vol. 13, No. 1, Fall/Winter 1988, pp.27-37.

Newman, John Henry (1947). *The Idea of University*. New York: Longman's Green, 1947, originally published in 1873.

Paulson, Karen (2012). "Faculty Perceptions of General Education and the Use of High-Impact Practices." AAC & U, Summer 2012.

Penn, Jeremy D. (2011). "The Case for Assessing Complex General Education Student Learning Outcomes. ERIC," Wiley Online Library. April 22, 2011.

Pike, Gary R. (1990). "Comparison of ACT COMP and College BASE." in *1989—1990 Performance Funding Report for the University of Tennessee, Knoxville (Knoxville: Center for Assessment Research and Development, University of Tennessee, 1990)*, 47-57.

Ratcliff, James L. and Jerry G. Gaff, et. Al. (2001). "The Status of General Education in the Year 2000: Summary of A National Survey." Association of American Colleges and Universities, AAC & U, 2001.

Redwine, J. A. (1980). "Teaching and Advising in General Education." In *Project on General Education Models, General Education: Issues and Resources*. Washington, D. C.: Association of American Colleges.

Riesman, David (1981). *On Higher Education: The Academic Enterprise in an Era of Rising Student Consumerism*. San Francisco: Jossey-Bass.

Robinson, Ben (1989). "Making Students Saft for Democracy—The Core Curriculum and Intellectual Management." in *How Harvard Rules*, edited by John Trumpbour. Boston; South End Press.

Rosovsky, Henry (1990). *The University—An Owner's Manual*. New York: W. W. Norton & Company.

Rudolph, F. (1977). *Curriculum: A History of the American Undergraduate Course of Study Since 1636*. San Francisco: Jossey-Bass.

Rudolph, F. (1990). *The American College and University—A History*. Athens and London: The University of Georgia Press.

Ryans, M. B. (1992). "Residential Colleges—A Legacy of Living and Learning Together." *Change*, Sep. /Oct., 1992, pp.26-35.

Schlesinger, A., Jr (1989). "The Opening of the American Mind." *New York Review of Books*, 1989, p.1.

Schneider, Carol Geary (2016). "General Education for the 21st Century: Mapping the Pathways; Supporting Students' Signature Work." AAC & U. June 4, 2016.

Schwyzer, Hugo (2007). "The Educrats' Attack on Teaching." *Inside Higher Education*, October 8, 2007.

Scott, B. A. (1991). *The Liberal Arts in A Time of Crisis*. New York: Praeger.

Scott, Richard W. (1966). "Professionals in Bureaucracy-Area of Conflict," in Howard M. Vollmer and Donald L Mills (eds.): *Professionalization*. Englewood Cliff. N. J.: Prentice-hall, pp.265-275.

Seamans and Hansen (1981). "Engineering Education for the Future." *Technology Review*, Feb. /Mar., 1981, pp.22-23.

Shills, E. (1991). *Remember the University of Chicago*. Chicago: The University of Chicago Press.

Schwyzer, Hugo (2007). "The Educrats' Attack on Teaching." *Inside Higher Education*, October 8, 2007.

Shinn, Larry D. (2014). "Liberal Education VS. Professional Education: The False Choice." AGB, January / February, 2014.

Shulte, Judeen (1990). *Refocusing General Education Outcomes Through Assessment-as-Learning*. paper presented at the FIPSE Project Directors' Meeting. Washington, D. C. 27 October 1990.

Siefert, Linda (2011). "Assessing General Education Learning Outcomes." *Peer Review*, AAC & U, Fall/Winter, 2011.

Siegel, M. E. (1980). "Empirical Findings on Faculty Development Programs," in W. C. Nelsen and M. E. Siegel, *Effective Approaches to Faculty Development*. Washington, D. C.: Association of American Colleges.

Smith, R. N. (1986). *The Harvard Century—The Making of A University To A Nation*. New York: Simon and Schuster.

Spitzberg, I. J. (1980). "The Professoriate in General Education." *Academe*,

December 1980, pp.426-427.

Sullivan, Samantha L. (2019). "Why Students Should Take That Optional First-Year Seminar." Best Colleges, May 21.

Task Force on Implementation on General Education (1980). *Report*. State University of New York at Buffalo.

Task Force on the Future of Journalism and Mass Communication Education(1989). "Challenges and Opportunities in Journalism and Mass Communication Education." *Journalism Educator*, Spring 1989.

Task Group on General Education (1988). *A New Vitality in General Education*. Washington, D. C.: Association of American Colleges.

Terenzini and Pascarella (1994). "Living with Myths", *Change*, Jan. /Feb., 1994, pp.28-32.

The Committee on STEM Education of the National Science and Technology Council (CoSTEM) (2013). Federal Science, Technology, Engineering, and Nathematics (STEM) Education 5-Year Strategic Plan.

The Committee on STEM Education of the National Science and Technology Council (CoSTEM) (2018). "Charting A Course For Success: America's Strategy For STEM Education."

The New American Colleges & Universities (2018). "Core Curriculum Updates Prepare Today's Students for Tomorrow's World." AAC & U. November 8.

The University of Chicago (1992). *The Idea and Practice of General Education—An Account of the College of the University of Chicago*.

Thomas, R. (1962). *The Search for a Common Learning: General Education, 1800—1960*. New York: McGraw-Hill.

Thompson, Clarissa A. et al. (2015). "Student Perceptions of General Education Requirements at a Large Public University." *The Journal of General Education*, Volume 64, Number 4, 2015.

Thorndike, Robert M (1989). "Assessment Measures." *Assessment Update* I(3) (1989): 8.

Tomcho, Norcross, and Correia (1994). "Great Books Curricula: What is Being Read?" *Journal of General Education*, Vol. 43, No. 2, 1994, pp.90-101.

Toombs, Amey and Chen (1991). "General Education: an Analysis of Contemporary Practice." *Journal of General Education*, Vol. 40, 1991, pp.102-118.

Toombs, W., J. Fairweather, A. Chen, and M. Amey (1989). *Open to View: Practice and Purpose in General Education 1988.* University Park, Pa.: Center for the Study of Higher Education, Pennsylvania State University.

Torgersen, P. E. (1979). "Engineering Education and the Second Obligation." *Engineering Education,* Nov. 1979, pp.169-174.

Trilling, L. (1980). "The Uncertain Future of the Humanistic Educational Ideal." In M. Kaplan (ed.), *What Is An Educated Person?* New York: Praeger.

Unumb, D. (1981). "From Task Force to Director: Meditations on a Job Description." GEM [General Education Models] *News-letter,* June 1981, pp.6-7.

Watt, James (1990). "Assessing General Education Outcomes: An Institution-Specific Approach." In *Fund for the Improvement of Postsecondary Education Program Book* (Washington D. C.: FIPSE, 1990), 60.

Weaver, F. S. (1991). *Liberal Education—Critical Essays on Professions, Pedagogy, and Structure.* New York: Teacher College, Columbia University.

Wegner, C. (1978). *Liberal Education and the Modern University.* Chicago: University of Chicago.

Westbury and Purves (1988). *Cultural Literacy and the Idea of General Education.* Chicago: The University of Chicago Press.

White, C. R. (1994). "A Model for Comprehensive Reform in General Education: Portland State University." *Journal of General Education,* Vol. 43, No. 3, 1994, pp.168-229.

Wilson, J. Q. (1978). "Harvard Core Curriculum: An Inside View." *Change,* Nov. 1978, pp.40-43.

Winston, G. C. (1994). "The Decline in Undergraduate Teaching—More Failure or Market Pressure?" *Change,* Sep. /Oct., 1994, pp.8-15.

Wright, Barbara D. (1990). "But How Do We Know It'll Work?" *AAHE Bulletin* 42(8),pp.14-17.

Zemsky, R. (1989). *Structure and Coherence.* Washington, D. C.: Association of American Colleges.

跋

本书最早于 1995 年在台湾师大书苑出版，当时台湾地区的大学通识教育受到多方关切，笔者躬逢其盛，在台湾交通大学任教通识教育，对此有所探究，遂发心撰写《美国大学的通识教育》，在台湾出版后受到重视，十年之后受北京大学之邀出版简体字版。

自 2020 年 7 月起，笔者以一年多的时间，除了修订旧版之外，最主要的是补充了 21 世纪以来的新资料和当前态势，涉及当今美国大学通识教育的重要事件、现状的改进，以及争议主题等。笔者近十多年来，因两岸学术研习之交流，多次受邀到大陆不少大学参加与通识教育有关的研讨会、授课和演讲，并受邀担任若干大学通识教育改进计划之咨询等，因而对大陆高校之通识教育有基本之了解，更有深切之期许。

诚盼此书之增订出版，能对大陆的大学有所参酌帮助，并请指正，祈使"21 世纪是中国人世纪"之伟大民族复兴，早日实现。笔者深信，一个国家的伟大除了经济富裕、军事强大之外，更需要教育发达、文化昌盛；而教育，除了在专门教育之外，更需要通识教育之发达、素质教育之昌盛。

2022 年 4 月 20 日